U0874116

新编21世纪社会学系列教材

定性研究方法

陆益龙 著

Qualitative Research Methods

中国人民大学出版社
·北京·

内容简介

本书系统地介绍和阐释了社会科学研究中的定性研究方法。内容包括定性研究方法论、定性研究的主要范式、定性研究的设计方法、定性资料的收集方法、定性资料的整理和分析方法、定性研究的理论构建方法、应用定性研究方法等。全书本着“找回定性研究方法”的宗旨，既注重定性研究方法的学理解析，也强调与定量研究方法的逻辑比较，并观照定性研究方法的实际应用。

作者简介

陆益龙　1966年生，安徽枞阳人，北京大学社会学博士，中国人民大学博士后。现为中国人民大学社会学理论与方法研究中心副主任、“杰出学者”特聘教授、博士生导师，中央“马克思主义理论研究和建设工程”重点教材编写课题组首席专家。两度获得教育部高等学校科学研究优秀成果奖（第六届和第八届），两部著作入选《国家社科基金成果文库》。研究领域主要包括农村社会学、法律社会学、户籍制度研究、水资源与社会研究等。出版《纠纷风险防范与和谐社会建设》《后乡土中国》等十余部学术著作，在《中国社会科学》《人民日报》等报刊发表学术论文百余篇。

找回定性方法（自序）

“授人以鱼不如授人以渔”这一谚语所表达的哲理是：给人一种实物，不如教会他们一种方法。 传授定性研究之方法正是本书研究的出发点。如今，定性研究之方法五花八门，非常发达。其实，本书研究的目的并不在于发明和创造那些先进的、发达的方法，而是要和大家一起，找回我们研究人文历史与社会科学的传统方法——定性方法。

方法的研究需要以经验为基础，没有研究经验的积累，可能难以真正理解和掌握有效的研究方法。但是，仅仅靠经验又不能构成方法之研究。如果没有对方法的系统探讨和研究，就难以形成系统的科学研究。马克斯·韦伯（M. Weber）曾尖锐地指出：“在中国，有高度发达的史学，却不曾有过修昔底德的方法；在印度，固然有马基雅弗利的前驱，但所有的印度政治思想都缺乏一种可与亚里士多德的方法相比拟的系统的方法。”由此可见，如果只有丰富的思想，而无系统的方法，那么丰富的思想只能停留在分散的知识中而不会形成系统的科学。

对于研究者来说，不论是在自然科学领域还是在人文社会科学领域，都不仅要运用方法，而且更需要有方法意识。因为方法不仅仅是一种工具、一种技术，更重要的是，方法为我们提供了一套规则和理论构建的模式。我们没有理由像法伊尔阿本德（P. Feyerabend）那样“反对方法”。虽然科学研究之方法不是具体的、全能的工具，掌握了它并不等于学会了研究，但方法训练和方法意识是引导我们走向规范、系统研究的重要路径。

然而，方法是相对于研究行动乃至行动主体而言的，方法之于自然科学和人文社会科学来说，肯定是不一样的。在自然科学研究中通行的实验法和定量研究法，并不一定在人文社会科学中也适合。正如李凯尔特（H. Rickert）所认为的那样，人文社会科学与自然科学有着本质的区别，因而两种科学的主要研究方法也应该有本质的区别。所以，科学研究的方法论范式应该是自然科学和人文社会科学两类方法集合的并集。

在人文社会科学中，虽然研究方法在各学科之间存在一些差异，但也有着诸多共通之处，最为显著的共同点就是：定性研究是它们传统且非常重要的研究方法。定性研究以其语言性、理解性、参与性以及互动性等特征，为人们揭示观念的、历史的、文化的和社会的结构，帮助人们去理解其中的意义。因为人文社会科学所要研究的课题离不开人。无论什么课题，都会涉及人和人的行动后果。对人的研究和认识，显然不同于物。人，不论是研究对象还是研究者，都是有主体性的，都会在具体实践中具有能动性、创造性和互动性。所以，在人文社会科学研究中，几乎不可能把人绝对地对象化、客观化。按照自然科学的研究逻辑，即实证主义的实验逻辑，把研究对象绝对对象化，非但不可能，反而会使得科学研究背离社会伦理，出现科学研究的“异化”现象，也就是由人开展的科学研究，却把人自己绝对地物化和对象化了。这一问题在一些与人关系较近的自然科学研究中已逐步显现出来，如生命科学中的“克隆人”研究，无疑将给人类社会带来极大的挑战。

当代社会科学在其发展过程中，还存在着一种背离其传统的趋势，那就是似乎把定量研究看作科学研究的唯一模式，进而把定量方法视为唯一的科学方法，把是否运用定量方法作为科学评价的核心标准，把一个学科运用数学模型的程度当作考察学科发展程度的依据。这种社会科学纯量化、纯技术化倾向在当代经济学中尤为突出。虽然数字确是衡量经济活动规律的重要依据，但正如波拉尼（K. Polany）所说，经济活动总是“嵌入”社会关系之中，传统社会如此，现代社会也不例外。所以，经济研究的纯数字化实际上就是一种社会科学研究的去主体化与主体缺失现象。这种研究的结果只告诉人们抽象的数字，而创造这些数字的人和社会却被忽视、被遮蔽、被遗忘。用这样所谓的科学研究成果作为社会决策的依据，其实是十分危险的，因为这种研究在方法论上过于追求科学主义而背离了人文主义的基本原则。

社会科学研究对数字的过于迷信，以及对主体的漠视，使得研究过程变得越来越技术化，研究者似乎成了控制和摆弄技术的专业技术人员。不管是对经济，还是对政治甚至是社会与文化的研究，研究者都越来越不需要与所要研究的人进行互动交流，甚至可以不考虑社会中的人究竟怎样，是怎样活动的，又是怎样联系起来的。这些问题在只关注数字的定量研究中，变得越来越不重要。研究者越来越关注的是自己所想象的数学模型是否高级、是否精致，画出的统计图是否美妙、是否奇特。

在科学主义思潮泛滥的情况下，在数字崇拜的时代，我们有必要找回本该属于人文社会学科的传统方法——定性方法。找回定性方法，并不是要反对定量方法，更不是要放弃定量方法，而是要反抗定量化和数字化霸权，为定性研究找回合法的地位。定性方法与定量方法之间不是势不两立的关系，之所以要找回定性方法，是因为定量研究的话语霸权逐渐消解了定性研究的合法性，似乎只有定量研究是唯一的科学研究模式。找回定性方法，也不是主张定性方法的唯一性、优越性，而是要让人文学科的研究回归到主体之中，重新确立主体性与科学性之间的良性关系而非对立关系。定性研究的显著特点是强调研究者和研究对象的在场，即倡导主体进入研究现场，也就是要在社会实际经验中去研究社会。而科学主义的主张则极力地回避主体性的介入，认为主体参与和介入会导致主观性，从而影响研究的科学性。这样的观念为一些定量研究者缺席研究活动提供了合理化的托词，使得越来越多的定量研究者只拿些数字来分析一下，根本不去关心与这些数字相关的人和社会。

事实上，在人文社会科学领域，定性方法有着悠久的历史，可以说是人文社会学科的传统方法。但是，正如邓津（N. Dezin）和林肯（Y. Licoln）所说的那样，定性方法有着“痛苦的历史”，特别是在北美地区，20 世纪 60 年代定性研究出现了严重危机，这一危机正是由定量研究的话语霸权的挤压所致。后来格拉泽（B. Glaser）和斯特劳斯（A. Strauss）通过“发现扎根理论”，为定性研究挽回了一点余地。

如今在中国，可能还没有出现那种定性研究的危机，不过不容忽视的是，由科学主义推动的定量化潮流也正对人文社会科学研究格局产生越来越大的冲击。推动对定性方法的系统研究，目的不外乎两个方面：一是找回定性研究的传统；二是发展定性研究方法。找回传统不是倒退，而是要继承人文社会科学研究中的方法传统，维护定性研究的合法性。发展定性方法则是要不断丰富和深化定性研究的理论和方法论内涵，不断提高定性研究的方法和技术手段的水平，为人文社会科学研究提供另一种有效的方法选择。

定性方法所涉及的领域非常广泛，而且定性研究的范式和风格多种多样，因此，要想就定性方法达成完全一致的体系可能是比较困难的。但是，从研究的逻辑构成角度看，无论何种理论倾向的研究，研究方法都会包含方法论的基本原理、收集资料的方法、处理和分析资料的方法、研究解释的基本方式等几个核心部分。本书对定性方法的研究，基本上是按照这样的逻辑思路展开的，并尽可能抓住那些重点的、已形成经验的方法及手段，系统地加以分析、研究和拓展。

再版说明

本书以《定性社会研究方法》为名于 2011 年在商务印书馆初版，以教材形式在中国人民大学出版社再版，冥冥之中是一种回归。因为在十年前，我一直给中国人民大学社会学系的本科生和硕士研究生讲授“定性研究方法”这门课，在一段时间的教学和研究积淀的基础上，写成了该书，原本就想在中国人民大学出版社作为教材出版。在机缘巧合中，该选题在商务印书馆顺利通过，并由商务印书馆申报了 2011 年国家社会科学基金后期资助项目，且成功地获得立项。这样，《定性社会研究方法》以学术著作形式得以顺利出版。

《定性社会研究方法》一书出版发行之后，在学界受到一定程度的关注，一些高校老师在研究方法课上，推荐并使用该书作为教科书。中国人民大学出版社人文分社的策划编辑也曾建议我对该书加以适当的修订，以便在他们出版社作为教材出版。出于对出版合同版权规则的尊重，也为了保留原著的风格、特征，我没有选择修订该书。

2021 年，中国人民大学出版社的策划编辑再次提议，让我修订《定性社会研究方法》，并以教材形式出版。本人在与商务印书馆相关方面进行了沟通、商议后，商务印书馆同意了我的计划，并表示理解和支持。在此，向商务印书馆致以衷心的感谢！

为了做好修订工作，本人曾做了较为充分的准备。在给中国人民大学社会与人口学院 2020 级博士研究生讲授“定性研究方法”课的时候，我让学生分组分章节阅读《定性社会研究方法》一书，要求学生在课堂上分享展示读书体会，并针对书中存在的问题和他们的疑惑进行讨论。同学们都认真地阅读了该书，且提出了不少有价值的意见和建议，对我的修订工作帮助很大，真正达到了教学相长的效果。为此，对同学们的贡献表示诚挚的感谢！ 感谢同事兼好友王卫东副教授帮助绘制了一些图表!

在这次修订再版过程中，我将书名改为《定性研究方法》，并对书中的相应表述做了一致的修订。做这样的修订主要考虑本书作为教材，适合更多的人文社会科学类专业学生选用。

本次修订还增加了两节内容：一是第四章的第五节“网络田野与微信民族志”。增加此节主要考虑在网络社会时代，人文社会科学的研究需要与时俱进，跟上时代发展的节奏，创新网络研究方法。二是第十章的第三节“风险评估法”。增加这一节主要考虑到人文社会科学研究的实用性，通过此节的教学，让学生了解风险评估法——不仅是为了教学生掌握一种评估方法，而且是为了培养学生的风险防范意识。

此外，修订内容还包括对一些文字表述的修改，以及对部分资料的相应更新。我对部分章节的标题也做了一些调整，但全书的整体结构没有大的改动。

一方面，本书的写作基于我讲授这门课的教学经验，我对学生学习和掌握定性研究方法的需要比较熟悉，从而在内容选取上重点突出；另一方面，本书的写作还基于本人在人文社会科学领域的具体研究经验，我的研究虽然主要集中于社会学和人类学，但所涉的领域较为广泛，从户籍制度研究到水资源与社会研究，再到“三农”问题研究、华侨与移民研究、纠纷与法律社会学研究等，所以本人也算得上是一位“多面手”。在积累诸多领域研究经验的基础上，我撰写《定性研究方法》一书，不仅仅是为了介绍一些方法和技术，更注重的是要通过本书，让学生或读者了解到如何独立、系统地思考问题。 这就是我写作本书的初衷，希望本书未来能为学生和研究者独立开展人文社会科学研究提供一种思想方法。

受本人能力和精力所限，本书的写作和修订还会存在差错不足之处，敬请广大读者不吝赐教指正。

陆益龙

2022 年 1 月 6 日

目 录

第一章

定性研究方法论

定性研究（qualitative research）有多种名称，如质的研究[①]、质性研究[②]、质化研究等[③]。其实，无论何种名称，所指或内容都为同一的，即指一种研究方式和方法。这种研究是相对于定量或量化研究而言的，旨在通过对事物性质、质量和特征的考察和判断，揭示事物的内在意义及规律。性质是指代表事物的整体状况和发展趋势的特性，如良性与恶性、一致性与对立性等；质量是指事物结构要素的组合和构成形态，既可以用量的指标来研究，也可以通过定性方法加以鉴赏、甄别和评价；特征是指事物所显现出的具有自身特殊性的表征。

定性研究不仅是人文社会科学研究的一种重要方式，在一些自然科学研究中，定性研究也得以广泛运用。例如在有机化学研究中，定性分析属于常用研究方法之一[④]。相对于自然科学来说，定性研究在人文社会科学中的应用更加广泛，这与人文社会科学的研究对象和理论传统密切相关。

既没有无方法的研究，也没有缺乏理论的纯粹方法。任何一种研究方法，都是建立在某种观念和理论体系基础之上并被使用的。支撑方法及其应用的观念和理论，便是研究的方法论。

人文社会科学定性研究方法论包含了定性研究的哲学理念、逻辑规则和学科理论。不同的哲学方法论是关于世界和人类认识的抽象原则和观念，譬如经验主义哲学提出“经验之外无物”的观念，实际就包含了一种在经验中认识世界的原则。人类的理性思维活动都需要遵循一定的逻辑规则，在这个意义上，逻辑规则也是科学研究的方法原则之一。各种人文社会学科都有自己的理论体系和理论传统，这些理论既是过去研究的结果，又是今后研究的参照系，为后来的研究者提供继承和超越的路径和方式，这种继承和超越过程实则是研究者在对已有理论的理解的基础上形成的认识或研究方式。正如库恩（T. Kuhn）所言：“这个先前形成的，甚至由科学家们亲手描绘的科学形象，主要得自对已有科学成就的研究。这些成就被记录在经

---

① 陈向明．质的研究方法与社会科学研究．北京：教育科学出版社，2000.

② 陈向明．质性研究：反思与评论．重庆：重庆大学出版社，2008.

③ PADGETT D K．质化研究与社会工作．台北：洪叶文化事业有限公司，2000.

④ 杨葆昌，徐秀娟．有机定性分析引论．北京：人民教育出版社，1960.

典著作中，更近期的则被记录在教科书中。每一代新生科学家都从中学会如何从事这一行业。”① 所以，已有的理论从某种意义上说便是基本的方法论，它们可以告诉新的研究者如何去进行该学科的研究。

第一节　科学研究的本质

当今社会，科学与人们越来越近，也越来越密切。在人们的生活中，几乎处处都留有科学活动的痕迹，几乎人人都能享受到科学带来的实惠和便利。或许正因如此，崇尚科学成为现代社会的一种风气，科学也成为现代社会的一个口号、一面旗帜，具有巨大的号召力和影响力。人们尽力把科学作为一种标准，来审视和评判各种观念、方法和社会行动，甚至有人把科学当作一种象征符号，来标榜和确立自己的意识权威。

那么，究竟什么是科学？科学之于人类社会生活的意义何在？如何进行科学研究？对这些问题的理解和回答，需要从人类科学活动的历史发展脉络中去寻找启示。

一、科学活动与人类生活

科学，根据拉丁语“scientia”的词义，是指学问和知识。自近代以来，科学似乎成了自然科学的简称。如科学史学家丹皮尔（W. Dampier）提出：“在我们看来，科学可以说是关于自然现象的有条理的知识，可以说是对于表达自然现象的各种概念之间的关系的理性研究。”②

科学起源于人类运用智力进行思考的过程，即理性思维。按照巴伯（B. Barber）的理解，人类理性思维主要有两种目的。一种是经验性的目的，即通过理性思维来努力寻找有效应对环境的方法，并用这些方法解决问题，由此理性思维便直接产生科学。另一种是非经验性的目的，那是人类对诸如“上帝是否存在”“什么是美的”这样的命题按照逻辑原则进行的系统论证。这种活动虽然包含了理性思维，但用于非经验性的目的，因而与科学不同。用于非经验性目的的理性思维，对科学的产生形成了间接作用，如哲学中对很多非经验性问题的理性思考，其中就有较多内容最终在经验中得以实现，变成科学的内容。巴伯认为：“在人类社会中，科学的幼芽扎根于人类那根深蒂固、永不停息的尝试之中，试图靠运用理性

---

① 库恩．科学革命的结构．北京：北京大学出版社，2003：1.

② 丹皮尔．科学史：上册．北京：商务印书馆，1997：9.

的思考和活动来理解和支配这个他生活在其中的世界。”①

在人类学家看来，科学的起源似乎与巫术、宗教有一定的联系。弗雷泽（J. Frazer）通过收集大量巫术和民间信仰方面的证据，认为巫术是人类最初认识自然和外部环境的基本方式，巫术一方面直接导致了宗教的产生，另一方面也直接导致了科学的产生，因此，它们的顺序应该是巫术、宗教和科学。弗雷泽提出：“深入探究未来之前，我们可以把迄今为止人类思想的发展比作用三种不同的纺线（黑线——巫术，红线——宗教，白线——科学）交织起来的网。在科学研究中，我们可以包括人类多少世纪以来通过观察自然而掌握并积累的那些简单真理。”② 由此看来，科学、巫术和宗教是人类思维活动的基本形式，而且它们之间有着密切的联系，科学只是那种通过经验观察获得的简单真理。

马林诺夫斯基（B. Malinowski）认为，原始人最初用经验和传说的方法处理简单现象，由此逐渐发展成科学；同时原始人对不可控的、神秘的现象采取敬畏和崇拜的方式，由此产生了巫术、神话和宗教③。巫术表现了人类企图通过掌控超自然的力量，来控制和处理在生存环境中遇到的现象和问题。巫术常以表演、祭祀以及巫技施行等方式而被人们接受和运用。虽然巫术也要把握自然界中的规则和规律，但巫术不同于科学之处在于它主要用精神信仰的方法来处理问题，而科学则用理性和经验的方式来把握问题。所以，正如丹皮尔所说：“人们还需要一些更深刻的信仰来满足他们的探索不已的灵魂，因此，科学并不是在一片广阔而有益于健康的草原——愚昧的草原上发芽成长的，而是在一片有害的丛林——巫术和迷信的丛林中发芽成长的，这片丛林一再地对知识的幼苗加以摧残，不让它成长。”④ 这也就是说，科学的发展道路并非平坦的，常常要受到巫术和宗教的影响，甚至是阻碍和残害。

从起源的角度看，科学方法其实并不玄妙，因为它来源于人类的生活，是人们在生活中为了提高劳动效率，在经验中最大限度地运用自己的智力的尝试过程。例如，原始人为了提高采集和狩猎的效率，在经验中积累了种植和驯养的方法。人们为了节省自己的体力，学会了训练牲畜并运用畜力的方法。这些方法虽然现在看起来非常简单，但实则包含了人类充分发挥自己智力的特性，同时也意味着科学方法与经验有密切关系。

二、科学时代

虽然人类在漫长的发展过程中，创造并积累了大量的科学知识，但是人们的科

① 巴伯．科学与社会秩序．北京：生活·读书·新知三联书店，1991：6.

② 弗雷泽．金枝．北京：大众文艺出版社，1998.

③ 马林诺夫斯基．巫术科学宗教与神话．上海：上海文艺出版社，1987.

④ 丹皮尔．科学史：上册．北京：商务印书馆，1997：29.

学意识以及科学对社会生活的影响似乎并不像现在这么强烈。在漫长的古代历史中，尽管人类从未停止过科学探索和科学活动，但科学的发展并非那么一帆风顺。犹如怀特海（A. Whitehead）所说："文明的进展并不完全像是一股奔腾直前日趋佳境的巨流。"[①] 从科学史的角度看，直至公元 16 世纪，西方社会的宗教尤其是基督教发生了分裂，这在某种程度上为科学的发展提供了契机。此后，现代科学才渐渐繁荣发展起来。

现代科学作为一种新的思想和精神风貌，自出现之后便在西方逐渐传播，进而影响到世界。科学新观念、新风尚的出现与伽利略（Galilei）遭遇迫害事件有一定关联，在这一事件过程中，人们的观念和态度发生着巨大变化，那就是逐渐学会如何平心静气地面对无情的事实，由此开启了尊重事实的新风尚。

在科学新风尚的影响下，越来越多的新观点、新思想得以表达和涌现出来，同时新风尚也激励着更多的人运用观察和实验的方法来获得事实，并从这些事实中发现和总结新观点及新思想。在这一潮流中，自然科学因为有了方法的创新而取得了思想的不断进步。在经验观察和重复实验中，科学研究者能够获得大量的、新的事实，这为他们获得新发现、取得新成就奠定了基础。与古代科学活动相比，这是一种系统地、有意识地获得事实依据的过程，而在以往，这些事实依据的获得可能是偶然的、零星的。

系统的、有控制的实验和经验观察，推动了科学知识的快速更新和积累，同时也在不断扩大着科学在社会生活中的影响。经过 17 世纪和 18 世纪两个世纪的发展历程，现代科学已经取得了长足进步，科学技术的成就在社会发展中的作用和地位也越来越凸显。譬如，在近代工业化过程中，处处渗透着科学活动的痕迹，社会的进步和人类的生活似乎已经离不开科学的贡献。在丰富的科学知识积累的基础上，在科学活动越来越盛行的环境里，西方世界的观念系统发生了重大转型。这一转型是普遍的、系统性的，带来的是一种时代精神特征的转变，那就是进入 19 世纪后人类科学时代的到来。

所谓科学时代，是指 19 世纪后在欧洲出现并影响世界的崇尚科学、科学被广泛运用且对社会生活的影响越来越大的历史进程。在这一时期，科学与人们的生活密切相关，科学思想和观念已经深入人心，现代科学思想不仅得到人们的广泛接受，而且成为支配人们行动的重要观念。

科学时代的特征是：（1）现代科学随着新方法的运用而得到更迅速、更系统的发展。如怀特海认为："19 世纪最大的发明就是找到了发明的方法。一种新方法进入人类生活中来了。要理解我们这个时代，许多变化的细节，如铁路、电报、无线电、纺织机、综合燃料等等，都可以不必谈，我们的注意力必须集中于方法本身。这才是震撼古老文明基础的真正新鲜事物。"[②]（2）现代科学的快速发展和进步，加

---

① 怀特海．科学与近代世界．北京：商务印书馆，1959：1.

② 同①94.

快了人类的生活节奏和社会的发展速度。科学活动的系统化、专业化和组织化，改变了过去仅靠天才人物的灵感和偶然发现而获得知识和技术的积累和进步方式，使得科学技术有了持续不断的进步，新知识、新方法、新技术在系统研究中得以不断涌现，并快速更新进步。（3）现代科学精神成为时代流行的观念。也就是说，随着科学技术发展及其与社会生活的关系越来越密切，人们的观念系统也普遍受到科学的影响，按照现代科学思维方式来思考和看待问题成为一种时代特征。

三、现代科学精神

人类进入科学时代后，思想和知识领域面貌一新，突出表现为科学精神得到普遍的崇尚和遵从。现代科学精神与过去的科学知识和思想活动相比，对待自然、世界和社会方面的观念、态度、方法原则都有了极大的转变。正是得益于这种精神的支撑，现代科学技术在短短两百年中迅猛发展，又让人类社会进入了快速的现代化进程和转型之中。

现代科学精神的内核主要包括：第一，对“无情而不以人的意志为转移的事实”的关注和尊重。科学时代到来后，正如怀特海所指出的，人们“对详细事实的这种热烈兴趣，以及对抽象结论的同样倾心就构成了现代世界的新奇观”①。人们对自然和周围环境的认识和思考，已经不局限在用已有的观念内容来进行推理和思辨，而是强调从新的经验事实中去寻找新的发现和答案。这一特点实际上是一种方法论的大转变，即由从思想观念中寻找发现转向从新的事实中寻找发现。

第二，对客观内在秩序的信念。现代科学精神具有不断求索的精神意志，支撑这一精神的力量来自人们对自然界和人类社会中存在内在秩序的坚定信念。尽管自然界和人类社会呈现出的是复杂多变的形式和表象，但现代科学研究者们始终相信，在这些无序的现象和事实背后，一定存在着秩序或规律，科学活动的任务就是从那些无序的事实中寻找自然和社会的秩序。

第三，对人类理性思维的信念。人们在相信自然和社会中存在秩序的同时，也会产生对寻找和发现这些秩序的理性能力的信念。这种对理性的信念，曾在中世纪的神学中出现，但那是对神的理性的信念，即认为神能审视和发现各种事物中的秩序。神学理性信念逐渐导入和影响到人的理性信念。有了人类理性的信念，实际上增强了人们从事科学活动的自信，并促进了现代科学活动走向系统化和组织化。

第四，实验法和观察法被广泛重视和应用。在注重事实的风气作用下，越来越多的现代科学研究者热衷于从观察和实验中获得广泛的事实，并试图从复杂事实中，发现新的秩序或规律，为新的理论和一般原则收集事实证据。

实验法和观察法的普遍运用，对推动现代科学知识增长和技术进步发挥着关键性作用。正因实验法在现代科学中的普遍使用，科学史常把现代自然科学称为实验

---

① 怀特海．科学与近代世界．北京：商务印书馆，1959：3.

科学。有目的、可重复、系统的实验和观察，突破了古代科学活动对一般事实和偶然发现的依赖。实验控制和重复观察，不仅能够把大范围、长时段的复杂现象，集中到范围小、可观察的实验室之中，从而获得发现新发现所必需的大量事实和证据，同时也能对带有普遍性和一般性原则的理论，通过实验获得必要事实来加以验证。所以，对实验法和观察法的推崇，不仅为现代科学发展找到了有效的方法，而且大大提高了现代科学发明的效率。

四、常规科学

在科学史的记述中，人们常常只能看到和了解到那些具有革命性的、重要的科学发明者和科学家，如哥白尼（Copernicus）、牛顿（Newton）、瓦特（Watt）、爱因斯坦（Einstein）等，科学中的一些定律和发明，也常常以那些大家命名。这往往给人一种错觉，使人认为人类科学技术的发展，主要是由那些大科学家推动和完成的。其实，在科学技术的进步和发展过程中，虽然那些伟大的科学家和发明者所做出的贡献非常重要，甚至对科学技术革命和进步来说是关键性的，但是，人类的科学技术发展与那些无名的科学工作者的工作也是分不开的。尤其在现代科学发展历程中，那些普通的科学工作者实际上为科学技术的进步做了大量基础性工作。科学界可能只是为了传播新的发现和新的定律，或便于推广新的发明，于是有意突出重要人物的作用。但不容忽视的事实是，每一项重大发明和创新，都凝聚着大量普通科学工作者的劳动。

为了更加客观地澄清人类科学技术进步的历程，科学哲学家库恩对科学革命与常规科学做了区分。库恩提出："常规科学是指坚实地建立在一种或多种过去科学成就基础上的研究，这些科学成就被某个科学共同体在一段时期内公认为进一步实践的基础。"① 科学革命表面上看是科学发展的必然过程，但其本质上是科学范式的转换，也是世界观的改变。"科学家由一个新范式指引，去采用新工具，注意新领域。甚至更为重要的是，在革命过程中，科学家用熟悉的工具去注意以前注意过的地方时，他们会看到新的不同的东西。"②

常规科学概念的提出，目的在于界定和明确普通的、平常的科学研究活动的本质、特征、任务和方法，同时让人们更清晰地认识科学革命的本质和意义。从某种意义上说，普通科学研究人员，都在从事着常规科学活动，而非科学革命。

常规科学的特征主要包括：（1）研究活动具有较高的确定性，即活动是按照一定的范式（paradigm）进行的。（2）规定研究领域的合理问题和方法。在常规科学活动中，各种科学共同体会达成某些共识，确定哪些问题是可以进一步探索的、哪些方法是有效的。（3）常规科学是关于事实的研究。为了提高科学范式的精确性和

---

① 库恩．科学革命的结构．北京：北京大学出版社，2003：9.

② 同①101.

一致性，常规科学需要收集大量的事实来检验范式中的假设和理论，并不断修订和完善理论。(4) 常规科学工作属于扫尾性工作，也就是说，虽然科学革命给人们提供了一种全新的范式，或一种新的世界观，但这只是一种认识角度，科学技术发展光有新范式还不够，还要依赖大量的常规科学工作者去用新范式展开研究。

范式是常规科学讨论中的一个核心概念。所谓范式，是指科学研究共同体在实际科学活动中形成的、为多数实践者所公认的范例和模式，其中包括人们公认的定律、理论、应用范围和方法。根据库恩的观点，常规科学中的范式对科学家来说，就像既定的轨道一样，对研究活动起着支配性作用，在相互对立的范式之间，科学家只能选择一种。在新范式与旧范式之间，常规科学家似乎只能因循守旧。

由于库恩过于强调范式对科学研究的绝对支配性，而且以范式为标准来区分常规科学与科学革命，因此，倡导科学的可检验性的代表波普尔（K. Popper）对库恩的常规科学理论提出了批评。他认为："库恩意义上的常规科学是存在的。它是一种非革命性的活动，或说得更确切些，是一种缺乏批判性的专业活动。"① 这样的常规科学家让人感到遗憾，或其所受的教育是非常糟糕的。

因此，虽然对于普通的科学研究者来说，需要按照一般的规范来从事科学活动，但这并不意味着完全受范式制约，或无条件地接受范式、因循守旧。虽然普通的科学工作者不一定能做出革命性的科学贡献，但是，这并不等于就要接受现存的范式，而放弃怀疑和批判的精神。

常规科学与科学革命的区分，只在认识科学知识积累规律和先前范式的引导意义方面，对科学方法论具有积极意义。如果将其理解为让一般的科学工作者去做那些循规蹈矩的事，那么将对科学教育和科学发展起到负面作用。

第二节　社会科学研究的逻辑

自 19 世纪以来，科学精神及观念的影响越来越普遍，不仅人们按照科学的原则去认识和探究自然，而且有越来越多的人按照科学原则去研究人类及社会变迁的内在秩序，因而出现了一种从自然科学迈向社会科学的潮流。社会科学也就逐渐成为与自然科学相平行的科学领域之一。

人们赋予探讨和研究人类社会的学问以科学之名，其中就包含了可以用科学的方法来研究和揭示人类社会变迁规律的意义。穆勒（J. Mill）提出，自然科学与社会科学具有同样的逻辑形式，用来揭示自然变迁的原理同样可以被用来揭示人类社会变迁。尽管对这种自然与社会科学逻辑结构同一论的批评很多，但人们似乎也没有找到令人心服口服的区分自然科学与社会科学方法论的一般原则，被较多提及的

---

① 拉卡托斯，马斯格雷夫．批判与知识的增长．北京：华夏出版社，1987：63.

是具体研究技术、概念内涵、解释方式的区别。

以自然现象为对象的自然科学与以人和社会现象为对象的社会科学，存在差异是显然的。自然现象更容易被当作客观的、确定的事物来对待，社会现象则更易受到观念的影响。尽管孔德（A. Comte）认为社会现象也是自然现象，受自然规律支配，但是，人们看待社会事实，正如迪尔凯姆（Durkheim，又译“涂尔干”）所指出的那样，“培根所说的‘成见’更加具有统治人们思想、代替事实真相的能力。社会事物是通过人才能实现的，是人类活动的产物。它们必然要反映在人的意念中，不管这些意念是先天的还是后天的，都可以进入人们的头脑中，并且据此来处理人与人关系中各种各样的事情”[①]。也就是说，社会科学家由于有与生俱来或经验积累的观念或成见，因此难以像自然科学家那样，将研究和观察对象看作客观的事物。不过，迪尔凯姆倡导，社会科学研究要努力将社会现象当作客观事物来对待，否则，科学难以成立。

自然科学和社会科学虽然在具体技术、概念内容、解释形式等方面会有区别，但在方法论方面有着相通的原则，并且都在客观事实的基础上寻找规律和秩序。

一、经验、语言和思想

社会科学研究的基石就是事实，或者如迪尔凯姆所说的“社会事实”。虽然社会科学研究所关注的事实，是不以人的意志为转移的客观事实，但是社会科学研究在收集事实的过程中，有两种主要方式：一是经验，二是资料。

经验就是亲身经历对社会现象的感知，并由此获得相应社会事实。收集经验事实是社会科学经验研究的开始和基础，对社会现象的经验感知，在研究和认识中的作用主要体现为：（1）构成一种知觉图式。例如，当我们亲身经历发生在公共汽车上的某次摩擦和口角事件之后，便会在脑中形成关于这一事件的相对完整的知觉图式，这一图式能够反映整个事件发生的清晰过程。（2）形成一种关于事实的感知序列。如果说知觉图式是一种平面、静态的认识，那么，感知序列便是一种动态的认识。当我们目睹或经历口角事件后，自然会形成事件每个环节进展的先后顺序，并将它们按照一定序列排开。如在公共汽车口角事件中，旁观者就可能会形成这样的感知序列：乘客拥挤—不慎踩到脚—责骂—回骂。（3）建立认知联系和预测直觉。当我们对现象有了直接经验时，在感知系统中就会将现象的诸多要素联系起来，并在此基础上产生一种预测直觉，或者是直觉性解释。例如，在公共汽车口角事件的例子中，我们如果形成了上述那种感知序列，就可能将序列中的各环节联系起来，产生一种诸如拥挤或骂人是口角事件发生的原因的预测直觉或直觉性解释。所以，经验感知在社会科学研究中的意义如哈维（D. Harvey）所认为的那样：“从感知开始，科学就进行到概念图式的建造，它的序列反映着感知的序列，并且将这些图式

① 迪尔凯姆．社会学方法的规则．北京：华夏出版社，1999：16.

与专门化语言联系起来以便做出预测。”①

经验既是直接获得事实的途径和方式，也是获得较为客观的事实的重要途径，因此，在社会科学活动中，经验方法得到了较为广泛的应用。不过，与自然科学不同的是，社会科学的对象较多是人们无法用亲身经验去感知的，或者说是在直接经验之外的。例如，历史学所研究的问题，涉及人们过去的经验，要获得相关的事实，只能从他人的经验表述或记述中去收集，也就是从二手资料中收集事实。

通过资料获得事实的方式，存在着资料的客观性与资料中事实的客观性不完全统一的问题，也就是说，资料所记述和转达的经验不一定是客观事实。如果我们将不是客观事实的现象当作事实，并由此发现和总结出某种规律，那就可能偏离科学研究轨迹。但是，我们又如何从我们不能直接收集经验事实的对象那里获得客观事实呢？这一问题实际上涉及社会科学的某些研究领域的方法策略问题，那就是如何从不同的事实来源中客观、正确地判断和选择事实。

社会科学研究的一个重要特征是，在对社会现象加以经验感知后，常常需要用术语或语言来转换和记载事实，即将知觉的表象转换为语词。语言作为一种符号系统，既是人们交流互动的媒介，也是人们用来展示思维的工具之一。语言系统并非纯粹的符号，而是有意义的符号。人们在使用语言符号时，会赋予其一定的意义，而语言意义的赋予受到语言环境或社会环境的影响，因而语言的意义在一定程度上会有主观因素的介入，因为在语义与事实表达之间，存在着表达者和接受者对语义的理解差异。

由于在社会科学研究中，需要用语言来转换事实，因此，语言的应用在社会科学中尤为重要。它既关系到所转换的事实是否与所感知的事实存在较大偏差，也关系到接受转换事实的人能否给予一致的理解。

所以，在社会科学研究中，当运用语言来表述事实时，需要注意这样几个基本原则：第一，尽量使用意义明确的和单指性的语词。也就是努力使语言和所指的事实形成对应关系，这样能够避免语义与事实之间的偏差。第二，尽量使用更加简练的语言。语言越简练，所表达的事实越容易为受众所理解。第三，尽量使用标准化语言和范式中的术语。标准规范的语言能够使表达者所要表述的意义与接受者所理解的意义保持一致，从而可以避免因对语义理解的偏差而造成对事实理解的偏差。第四，在不同的语言转换中，如在汉语与英语的转译过程中，首先要确保不同语境中的事实结构保持统一。

思想过程是社会科学研究的重要环节，尤其在定性研究中，思想显得更为重要。思想过程是产生解释和理论的过程，是在事实收集的基础上，用概念概括事实和事实之间的联系。

社会科学中的思想过程并不等同于哲学中的思辨，而是根据事实进行概括和总结，并提供对事实的因果关系或相互关系的解释。例如，我们在感知到公共汽车上

---

① 哈维．地理学中的解释．北京：商务印书馆，1996：28.

的口角事件这一事实后，可以用概念来对此事件加以概括和解释，如“空间拥挤”是局部“冲突行为”发生的原因。其中，“空间拥挤”和“冲突行为”便是概括事实并用来解释的两个概念。那么，如何形成这些概念呢？这就需要经过思想的加工。①

感知、思想和语言之间的关系如图 1－1 所示，它们都是经验研究的基本范围和内容。图中的大圆代表的是可以感知或认识的对象，而在大圆之外，则是看不见、听不到、想不到的事物，实际上就是研究所不能及的事物。而中心小圆是考斯（P. Caws）所称的“经验的主观极”，也就是最有利于测量、感知、思考和用语言表达的位置。这一关系原则的方法论意义是，社会科学研究的对象并非无限的，社会科学常常选择那些处在经验的主观极的对象。

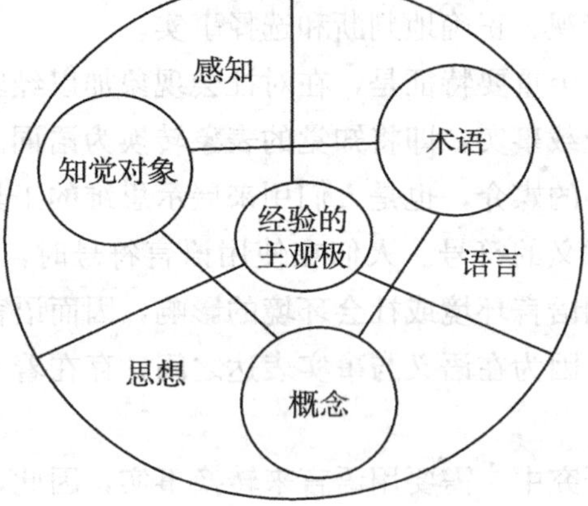

图 1－1　感知、思想和语言之间的关系

二、真理与谬误

虽然求真和求证是人类认识自然和世界的基本目标，但是，我们如何检验自己所获得的认识是否是真理呢？什么才是真实的呢？这是在社会科学研究中涉及的真实本质问题。

在日常生活中，我们对常识的内容（例如从办公室到家存在距离、日出日落等）丝毫不加以怀疑，认为那些都是毋庸置疑的真实。我们对亲身经历的、亲眼所见的对象，都会视其为真实的，人们也常常会以这样的经验为判别真实的标准，如人们常说“眼见为实”。然而，人们对什么是真实的认识存在着差异，即便是对同样的对象，人们从不同角度去看，也可能有不同的知觉印象。心理学实验提供的老妇人与少女头像的视觉图（见图 1－2），说明了当人们视觉的关注点发生变化时，视觉的结果可能出现差异。

① 哈维．地理学中的解释．北京：商务印书馆，1996：29.

图 1-2　知觉差异

在社会科学传统里，关于什么是真实的，或者检验真理的标准是什么，存在着不同的观点。逻辑实证主义接受自然科学的原则，强调客观真实的存在及其重要性，提倡客观的事实是科学的基础，主张对真实现象的观察，以便从中归纳出事物或社会现象的内在规律。但是，波普尔认为，科学研究并不能从真实的现象中证明某个真理，而只能从事实中发现和验证某种理论假设是错误的。例如，虽然我们多次看到，公共汽车上人多时会产生拥挤和混乱，但这些真实的现象并不能证明人多必然导致乘车拥挤和秩序混乱这一理论假设，因为还有很多情形我们并没有也不可能看到。但是，我们可以证伪这一理论假设。如果我们看到某一次的情形与多次看到的正好相反，即人多时人们非常有序地乘车而未造成拥挤现象，那么，人多必然导致乘车拥挤和秩序混乱的假设就被证伪了。从这一例子可以看出，如果把某些事实作为得出某种一般认识的依据，那么是不够全面的。真实现象的运用，虽然可以验证某个假设是错误的，但不能充分证明某种认识是完全正确的。所以，科学研究要用真实来证明和验证某个假设是否错误，如果能证明一个假设是错误的，我们就能接受与该假设相对立的假设。例如，我们如果证明了“$A>0$”这一假设是错误的，就能接受“$A\leqslant 0$”这一命题。

科学证伪主义观点，实际上提出了一种方法论策略，那就是科学研究的方向不是去努力证明哪些事物是真的或正确的，而是要努力去寻找证据证明有哪些认识是错误的，并由此得到正确的认识。也就是说，在科学研究中，我们最好的方法是，首先弄清什么是谬误，然后便知道什么才是真理，这就是“去伪存真”的方法。

在历史主义传统里，人们对真实和客观性的理解则趋向于相对化和主观化，也就是主张社会与历史现象不存在绝对的真实和客观的真实，任何真实或事实都是相对于主体的理解而言的，都是主体所认为的、所接受的事实。如社会学家韦伯就曾提出，对文化历史事件的客观分析是毫无意义的，因为任何文化和历史事件都不是社会本体的客观再现，而是我们依靠心智所获得的结果。如果离开对文化和历史意义的理解，那么对文化历史事件的认识是不可思议的。[①] 例如，对“资本主义为什么在西方社会首先产生”这样的问题，我们是不可能用所谓客观真实的事实来加以验证的，而只能从组成事件的个体行动的动机、意图和意义中，通过悟性予以理解和解释。

相对真实观的方法论意义主要是：(1) 社会科学研究不仅要考察事件，而且要去理解事件中行动者的意图和动机；(2) 自然科学的方法对于研究社会文化现象，适用范围非常有限；(3) 社会科学对社会行动的研究，运用可参照的行动规则和概念，有助于我们对行动意义的理解。

对后现代主义者来说，既没有客观的真实，也没有相对的真实，所有的真实其实都不存在，因为所有的真实都不过是自己的想象。巴比（E. Babbie）就举了这样一个例子来说明后现代主义的真实观[②]。

图 1－3 中的四张图，在人们看来都代表一本书，而且被认为是真实的。那么，究竟哪一张真的是一本书呢？或者说，这本书的真实样子究竟是什么样的呢？这些问题并无确切答案，每一种回答其实都是从自我的角度所提供的想象，因为我们所看到的只是不同的图像，但却把它们与相同的事物（如一本书）联系起来。因此，在社会科学研究中，人们用来说明理论的真实事件，实际上是站在自己的立场看待问题的观念。

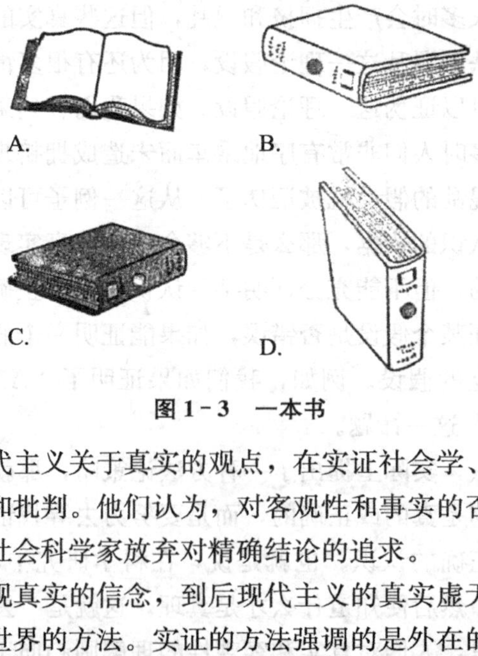

图 1－3　一本书

历史主义和后现代主义关于真实的观点，在实证社会学、实验心理学和计量经济学中，遭到了质疑和批判。他们认为，对客观性和事实的否定，动摇了社会科学的基础，因为它鼓励社会科学家放弃对精确结论的追求。

从实证主义对客观真实的信念，到后现代主义的真实虚无的观念，其背后实际上包含了不同的认识世界的方法。实证的方法强调的是外在的真实，即与认识主体相分离、独立的真实；而历史主义和后现代方法，则更加注重从主体出发，去发现和反思真实。不同的方法既有各自的特点，也有各自的适用范围。那些较为确定、

① 韦伯．社会科学方法论．北京：华夏出版社，1999：1－22.

② 巴比．社会研究方法：第 8 版（上）．北京：华夏出版社，2000：32.

较易测量的社会现象，可能更适合用实证的方法；那些涉及社会与文化行动的意义问题，可能更适合用理解的方法；而那些思想观念上的问题，后现代的方法或许能提供一些新的认识。

在社会科学的经验研究中，研究者常常为是否真实的问题所困扰，譬如，在进行个案调查或问卷调查时，会担心被访者讲的不是真心话，或者所提供的信息不真实。当面对这样的问题时，社会科学研究者在方法论上可以有两种选择：一是寻求更有效的方法获得更加真实的信息；二是在研究中运用更为灵活的策略判断和应对被访者或研究对象提供的信息材料，即将被访者或研究对象提供的信息作为客观事实基础，但同时又不依赖于其内容的真实性，而是将对其内容真实性的判断和理解作为研究的组成部分，认识被访者或研究对象提供真实或虚假信息的动机和社会意义。

三、规律与意义

实证科学的方法通常是以规律为条件的，即认为客观物质世界存在着不以人的意志为转移的客观规律，并以此为研究的前提条件。科学研究就是用模型来揭示和解释这些规律。

但是，对社会科学和历史科学而言，韦伯和温奇（P. Winch）都主张，人类行为和社会事件较少为固定的规律所支配。人类行为皆为规则所控制，但是，对规则的理解与我们创造的概念之间有着相互作用，而且这是一种难以捉摸的相互作用。因此，对人类行为的认识，需要借助行为惯例和类别的参照。

社会学中人的能动性理论为这一方法论提供了理论依据。人的能动性理论认为，当人们揭示了行动规律并用其来预测人们的行为时，由于人类有着较强的自省能力和调节行为的能力，因此当一种规律被揭示出来之后，人们可以采取主动干预的策略，改变规律对自己行动的控制和支配。例如，当研究者揭示学生的某一阶段成绩与另一阶段成绩之间的因果规律或联系后，某些学生群体完全可以通过自己的主观干预来改变这种关联和规则。所以，在人类行为或社会事件中，所谓的规律并非不以人的意志为转移。人们在研究和发现规律时，也在不停地与规律发生着相互作用。

与能动性现象相对的是自我实现预言。所谓自我实现预言，“指的就是在日常生活的各方面都可见到的一种集体性的行为方式。在这一行为方式中，一种最初是虚假的但被广泛接受的预言、期望或信念，最终却实现了，这并不是因为它是真实的，而是因为太多的人把它当作真实的并依此去行动”[①]。所以，无论是在生活世界，还是在社会科学研究中，当人们提出一种带规律性的预言之后，如果向大众宣传，并使较多的人认可和接受，那么这些预言不管是否真实或客观，都可能成为现

① 默顿．社会研究与社会政策．北京：生活·读书·新知三联书店，2001：117.

实。例如，在我们的社会中，存在着这一现象：人们根据重点学校有较多的学生能升学总结出一条规律，即重点学校的学生升学的可能性要大于普通学校。撇开这一规律的真实性不说，我们发现这一预言在多数地方实现了。为什么呢？那是因为各方都在为实现这一预言而努力。由此表明，社会世界中的规律从某种意义上说，与物质世界中的规律存在着一定的差异。当人们发现并揭示物质世界的某些规律，如花开花落、水往低处流等后，物质世界并不因规律被揭示而发生变化。但是，当人们表述某种社会世界的规律后，规律与社会世界则会产生一定的相互作用。从这一意义上说，社会世界的规律并非绝对客观的，而是包含来自社会世界的作用。

对社会规律的相对性特征的认识，并不能作为拒绝用科学模型来解释人类行为或社会现象的充分理由。即便在某些社会与文化领域里不存在像自然界中那样的普遍、客观的规律，按照科学解释模式来研究社会事实也是行得通的。社会学、计量经济学和心理学的实证研究，就提供了很好的例证。与此同时，社会世界与自然物质世界的差异，可以作为社会科学研究方法与自然科学研究方法差异的重要理由，但不是必然要求。因此，在关于社会科学和历史科学方法论的争论中，坚持折中和包容的原则、避免唯一性原则非常重要，也就是说，认为唯有用自然科学解释模型的社会研究才是科学，或者认为社会科学唯有用对惯例的理解方法才是有效的，实际上属于从一个极端走向另一个极端。

以人类行为为主体的社会事件或历史事件，对其因果关系的研究，不仅包括对纯粹行为之间因果联系的考察，而且包括对行为的主体即行动者赋予行为的意义关联的理解。社会性行为是由三层意义构成的：一是表层意义，即与行为表现形式相连的意义；二是深层意义，即在行为表象背后，由行动者所赋予的意义；三是结构意义，即行为在行动者之间形成的关联和作用。例如，在日常生活中，甲给乙一个微笑。首先，微笑通过面部表情表达了善意；其次，甲实施微笑行为可能还有其他目的和意图，如示好或有求于乙；最后，微笑行为在甲与乙之间产生了某些影响和联系。

社会科学对人类行为意义的研究，自然有别于对生物性行为的研究。如在研究人们受到攻击时生理和心理机能的变化规律时，研究者关注的是生物性特征的变化规律。当我们要了解行动者赋予攻击行为的意义时，就需要去理解行动者做出行动选择时的环境或情境。在这个意义上，韦伯所倡导的理解和比较分析方法对于解释社会行动的意义是有效的。

四、演绎与归纳

演绎与归纳是科学研究的两种基本逻辑推理方法。各种科学公理、定律或解释都需要有严密的逻辑推理，并将系列假设和现象组成系统的知识。

在逻辑学家看来，演绎法就是从普遍原则到特殊事例的推理，归纳法则是从许多个别事例中总结出一般通则。

在科学研究中，人们已经普遍接受逻辑演绎的解释形式，将科学系统视为由一组假设组成的演绎系统，系统内按照一定顺序排列。其中，最高层次是作为前提的假设，最低层次是由假设演绎出的结论，中间层次是最高层次假设演绎的结论和最低层次结论的前提假设。这就是科学解释的演绎法则（见图 1－4）[1]。

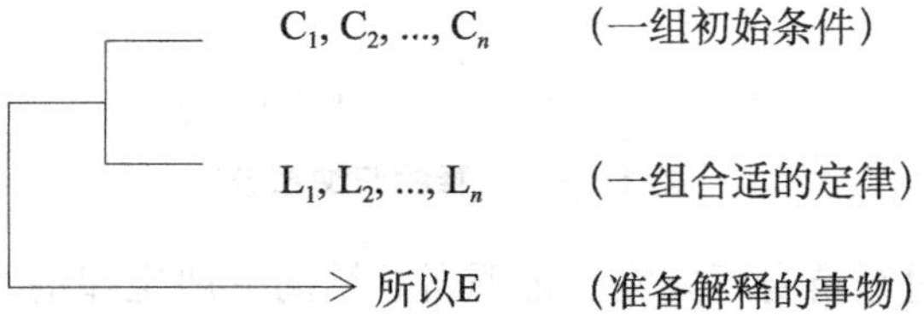

图 1－4　解释的演绎系统

例如，在苏格拉底（Socrates）的“人不能两次踏进同一条河流”命题中，就包含了这样的演绎系统：初始条件或假设是“一条河流里的水是川流不息的”，由此便演绎出中层的定律“两个时点的河水是不完全相同的”，最后得出的结论就是“人不能两次踏进同一条河流”。

科学研究的演绎程序是：首先从理论出发，由理论导出假设，其次根据假设去进行经验的或实验的观察，获得验证假设的相关事例，最后检验假设的可接受性，即判断是接受还是拒绝假设。例如，迪尔凯姆在《自杀论》中，为了解释人们自杀的原因，提出了社会团结（social solidarity）的假设，即认为自杀原因与社会团结程度有关。其中，假设 1 是社会团结程度很低会导致人们自杀，假设 2 是社会团结程度很高也会导致人们自杀。在观察中，通过对单身群体、年轻人群体及非信教群体等社会团结程度较低的人的自杀率的考察，以及对小集团和特殊宗教群体等团结程度很高的人的自杀率的考察，如果发现这些群体的自杀率高于与其相对的群体，就可以演绎出社会团结程度很低或很高都是导致人们自杀的重要原因的结论。[2]

演绎法依赖于理论假设，并且假设的真实性对于演绎并不重要，重要的是假设的陈述。因为在解释未知现象的原因时，把握最终解释的前提条件直接关系到解释的有效性。因此，在确立演绎的假设时，运用归纳法非常重要。在通常情况下，科学演绎模型实际上已经包含了归纳的逻辑系统。例如，在迪尔凯姆对自杀的研究中，自杀有利己主义、利他主义、宿命论和失范四种类型。这就是从经验中归纳出的定律，这些定律又成为演绎社会团结程度与自杀行为的关系的前提假设。

所以，在科学研究的演绎系统中，结合归纳法是非常重要的。归纳过程就是从多个个别事例中总结出一般性定律，并用它来解释事物。科学解释的归纳形式如图 1－5 所示。

与演绎式研究程序不同，归纳式研究程序首先从观察开始，其次进行概括，最后得出理论假设和一般定律。归纳过程在从个别到一般的推论中，存在着一个重大

---

① 哈维．地理学中的解释．北京：商务印书馆，1996：49.

② 迪尔凯姆．自杀论：社会学研究．北京：商务印书馆，1996.

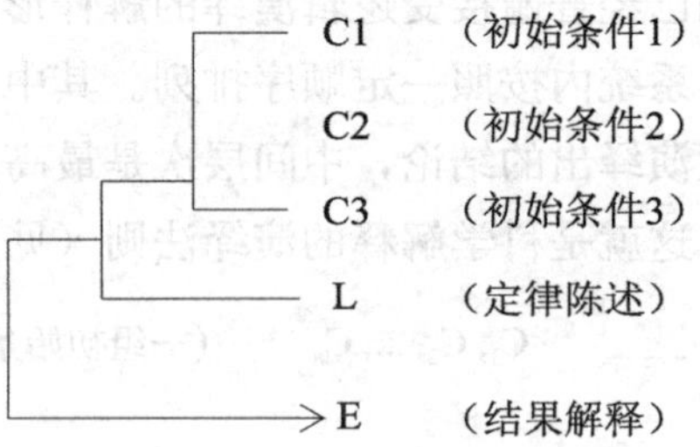

图 1-5 解释的归纳系统

局限，那就是归纳过程自身不能完全证明所总结的一般定律的真实性。譬如说，我们观察了一万只乌鸦，发现它们都是黑的，所以，我们便可以归纳出“乌鸦都是黑的”的定律。从逻辑上讲，我们的观察只能证实所观察到的对象，而非包括所有对象的总体。为了弥补归纳定律的这一局限，我们只能在定律陈述中，采取概率式的定律陈述。例如，在对 1 000 个样本的调查中，我们发现多数受教育年限较长者的工资收入要高于受教育年限较短者，由此我们可以进行这样的定律陈述：受教育年限越长，获得较高工资收入的概率越大。因为，部分受教育年限较长者，其工资收入可能低于部分受教育年限较短者。

演绎和归纳系统是科学知识的基本逻辑结构，两者对构成知识系统都是必要的。不过，在实际研究中，研究者通常会对这两者之一有所侧重，于是便出现了演绎式研究和归纳式研究。演绎式研究是指按照演绎逻辑和主要运用演绎推理方法来进行的研究；与此相对应的是归纳式研究，它侧重于运用归纳方法来进行概括。

如果从华莱士（W. Wallace）的科学之轮①的角度看，演绎式研究和归纳式研究皆为科学之轮的组成部分。两者的相同之处在于终点的统一，即最终都是为了获得科学的理论认识，也就是具有一般性和普遍意义的认识。两者所不同的是起点和方法。演绎式研究通常从理论假设出发，通过观察和验证，最后回归到接受或拒绝某些理论；归纳式研究则直接从观察开始，从众多个案材料中概括出一般性理论规则（见图 1-6）。

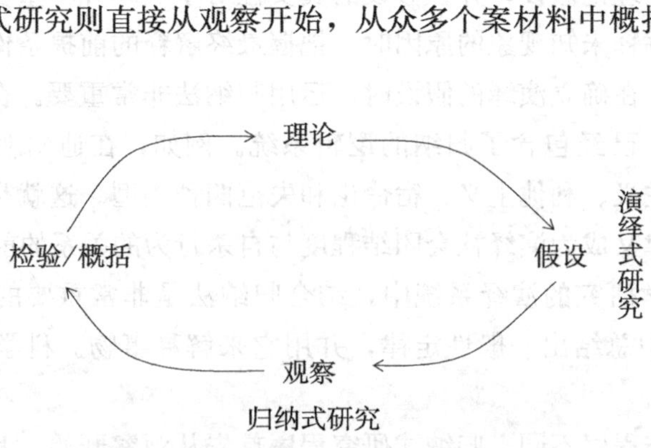

图 1-6 科学之轮中的演绎与归纳式研究

① WALLACE W. The logic of science in sociology. New York：Aldine Publishing Company，1971.

在研究程序方面，巴比曾用考试成绩与考前准备时间之间的相关关系的研究例子对演绎和归纳两种形式进行比较，提出：演绎式研究程序是从假设到观察，再由观察到接受或拒绝假设；归纳式研究程序则由观察开始，经过寻找模式，到最后得出结论（见图1-7）。

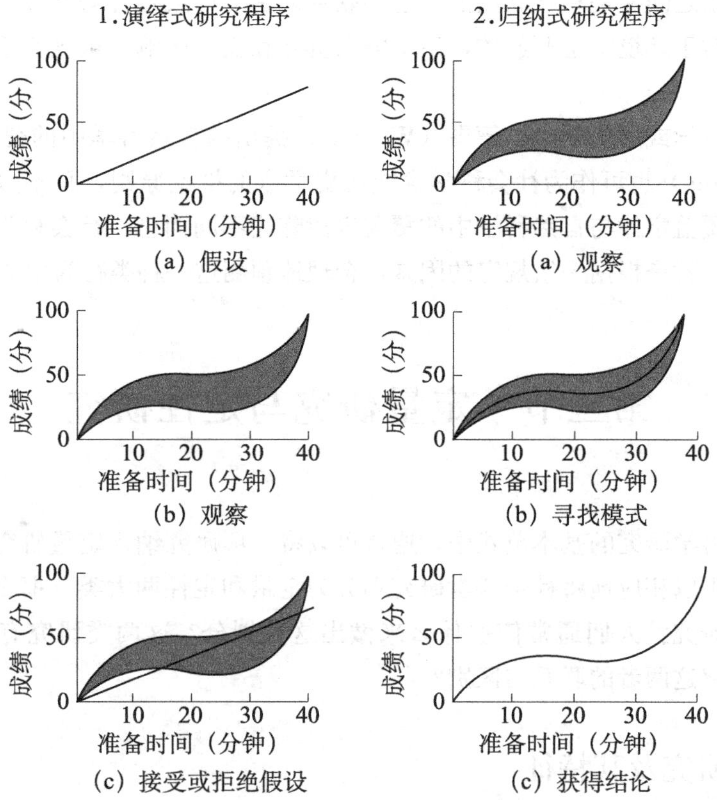

图1-7　演绎式和归纳式研究程序

资料来源：巴比．社会研究方法：第8版（上）．北京：华夏出版社，2000：79.

五、社会科学解释的逻辑定律

虽然社会科学与自然科学在解释方面是否存在逻辑差异一直是人们争论的问题，但我们可以按一般科学原则来看待科学解释的逻辑结构。或者说，即便在社会科学中并非只能用自然科学的解释原理来解释社会变迁，也不排斥用相似的逻辑方式来解释社会现象。事实上，在社会科学研究领域里，人们早已运用自然科学的解释原理来解释社会了。例如，社会学的奠基人之一孔德提出的社会物理学，就倡导运用机械论的逻辑方式来解释社会。机械定律就是根据机械构成和运行原理，以作用和受动模型来解释社会事象，强调结构中的决定性力量。

在近代社会科学中，除了运用物理学的机械定律来解释社会之外，还有一个重要的趋势就是广泛运用生物学的进化定律。例如，斯宾塞（H. Spencer）的社会理论就将社会类比为生物有机体，认为社会变迁如同生物进化，遵循相似原理。所谓进化定律，就是以变化的必然性和方向性模型来解释社会事物的变迁。

此外，随着运筹学和系统论的发展，社会科学的诸多领域也开始在解释中运用系统定律。解释的系统定律是把社会与文化视为由多个独立元素构成的封闭系统，系统内的元素之间又是相互联系的，这些联系便是事件或变迁必然发生的原因。同时，系统相对于环境又是开放的，系统输入资源和输出影响，被视为系统动态变迁的原因。

在社会科学或历史学中，德雷（W. Dray）提出的自然科学中的覆盖定律（the law of covering）也可作为社会科学家或历史学家的推论原则，只不过社会科学或历史学中的覆盖定律与自然科学中的覆盖定律陈述不同而已。社会科学或历史学中的覆盖定律，就是根据一组规定的因素，合理地预测这一种类行为中的一个事件。

第三节　定量研究与定性研究

在社会科学研究的基本范式中，通常可以将一项研究纳入定量研究或定性研究之列，于是可以相应地将社会科学研究划分为定量和定性两大类。那么，何为定量研究和定性研究？人们通常依据什么来做出这种划分？这两类研究有何不同的特点？如何理解这两者的联系与区别？

一、定量研究及其特征

定量研究是指运用变量、假设、分析和因果解释而进行的研究。变量是定量研究的核心，由可以测量的概念构成。它不同于特征，是变动的量。定量研究实质上就是解释某些因变量与自变量之间的关系。定量研究一般从一些具体问题出发，例如，“a、b、c 与 E 有什么样的关系？”或“a、b、c 是否导致了 E 的产生？”等。在对具体问题进行探究时，定量研究一般首先演绎出一些理论假设，这些假设具有针对性，而且使得对问题的回答更加具体、明确。例如，“a 出现的概率越大，E 出现的概率越大”“如果 a 出现时，b 和 c 不出现，那么 E 出现的概率降低”等。

定量研究在分析过程中，主要是对经验性数据进行数量关系分析。也就是说，定量研究的资料以通过经验获得的数据为主，在分析中需要将问题转变为对变量关系的表述，并通过量的测算和统计，揭示事物量的特征及变化规律。定量分析方法通常使用数据分析或统计分析，也就是对经验数据资料进行统计汇总，并加以分析，以揭示数量关系及量的变化规律，由此检验相关理论假设。

因果解释是定量研究的主要解释模式。在因果解释模式中，揭示变量的因果关系是核心内容。因果关系是指变量之间既存在相关关系又存在前后关系，即一个或多个因素是某现象的原因。如布劳（P. Blau）和邓肯（O. Duncan）在对美国人职业地位获得的社会学经验研究中，用一种路径模型来解释个人职业地位获得的原因，其中包括父母的教育水平、父母的职业、个人的首个职业等①。在这一模型中，父母的教育水平、职业等因素，实际上就被视为个人获得现有职业地位的原因。

对定量研究方法的掌握，需要理解定量研究的意义和特征：

（1）定量研究的方法论基础是逻辑实证主义、实用主义。在社会科学中倡导实证主义方法的代表可以说是社会学创始人之一孔德。孔德认为，科学的研究方法是统一的，无论研究的是自然还是社会，研究方法都要遵循实证的原则，即在实践中将观察和理性结合起来，去认识自然和社会世界的客观规律。逻辑实证主义强调人类的经验是人类认识或知识的唯一源泉，因此，科学研究要以经验方法为基础。实用主义曾是美国社会科学界广泛流行的理论，倡导将抽象的观念转换为具体操作实践；在社会科学研究方面，则强调工具、操作的重要性。所以，社会科学中的定量研究通常从一些命题或假设出发，然后对假设中的概念进行操作化，再编制出相应的测量工具，在经验中测量和收集经验材料，最后根据数量分析去检验假设。

（2）定量研究强调事物和社会现象的客观规律的存在。对客观规律的信念和追求是定量研究的出发点，并且定量研究以揭示客观的、不以人的意志为转移的规律为研究的目标和任务。

（3）定量研究注重通过数量关系来解释事物的客观规律。为了保持现实规律的客观性，定量研究的分析和解释通常以数量关系为主，即通过变量之间的数量关系来说明事物的规律。

（4）定量研究重视对经验材料的收集，并将之用作实证的证据。社会科学中的定量研究一般遵循归纳—假设—演绎的逻辑路线：首先从经验观察中归纳出一些理论假设，然后利用从经验中所收集的资料进行研究，来检验假设。

（5）定量研究借助数理逻辑和统计分析。定量研究在分析和解释过程中，通常要借助数理逻辑和统计分析方法，以揭示变量变化及其相互关系的客观规律。同时，数理逻辑和统计分析方法的应用，也有助于更加简明和精确地揭示规律。

（6）定量研究主张价值中立。社会科学中的定量研究一般既不讨论价值问题，也不做价值判断。例如，在对社会职业流动规律的研究中，研究者不会讨论哪种职业更好或对社会更有价值，而只探讨人们在转换职业方面存在哪些客观规律。坚持价值中立既是定量研究所遵循的一种原则，也是定量研究模式的特征。

二、定性研究及其特征

社会科学中的定性研究是与社会事象的性质和特征有关的研究，通常包括对事物的性质、质量、特征、意义和趋势的评价、估计、判断、再现和预计。定性研究

---

① BLAU P，DUNCAN O. The American occupational structure. New York：John Wiley & Sons，1967.

方法在社会科学中具有特别重要的意义，同时也是方法论领域里的争论经常涉及的问题。要理解定性研究及其方法，首先需要认识此类研究及其方法的性质和特征。

关于定性研究的基本取向问题，纽曼（W. Neuman）曾概括出三点：（1）定性研究为非实证取向；（2）定性研究具有实践逻辑取向；（3）定性研究走非线性路径①。

从认识论的视角看，定性研究的性质可以归纳为这样几点：第一，注重特殊主义的原则。定性研究及其方法的哲学理论渊源是狄尔泰（W. Dilthey）、韦伯等人的历史主义观念，以及伽达默尔（H. Gadamer）的诠释学和舒茨（Schutz）的社会现象学。这些理论虽然存在差异，但具有一个共同的观念，就是认为人类行为和社会历史现象都是特殊的，是在特殊情境中形成的，因此，普遍主义的解释模式并不适合社会科学。社会科学需要结合特定的情境去理解和归纳行动的意义。第二，关注实践和意义。定性研究可以说是关于行动和意义的科学，对行动的研究主要从动机和意义的角度出发，通过揭示实践行动的动机、意图及影响，来类比、理解和预测相似的社会行动和现象。第三，非量化、非标准化取向。定性研究在方法和程序方面，倾向于以概念、术语等语言工具来归纳和概括现象，并陈述理论，而不用标准化的、对数量加以客观分析的程序。第四，归纳式研究路径。定性研究通常不是沿着假设—演绎路线进行的，而是从开放的观察和访问开始，然后通过分类或分析来建立一般化的模式，由此形成概化的理论。

定性研究的特征主要反映在以下五个方面：（1）关注并联系行为和事件的社会背景。社会背景是各种行为和事件的载体，各种行为都在特定背景中产生，理解行为首先必须了解背景。（2）偏重个案研究。既然行为和事件相对于社会背景来说都是特殊的，理解行为和事件的意义就需要具体到个案上，从个案研究中了解和认识同类行为和事件的性质和意义。（3）重视理论基础。定性研究倾向于从实践中归纳和总结理论，要从具体的、特殊的现象中归纳出理论，研究者必须具备相应的先验性理论知识。（4）注重过程和结果。定性研究注重在互动实践中去理解人们的行动和社会现象，并关注行为和事件的意义或所产生的影响。（5）强调对意义的解释。与定量研究不同，定性研究并不追求发现事物内在的客观规律，而是强调对社会历史现象的特定意义的认识和理解，即从对具体行为和事件的综合考察中，去归纳和诠释某类行为和事件的意义，并由此解释人们是如何通过他们的特定行为，建构和维持相应的社会世界的。

定性研究在社会科学研究中有着广泛的应用。无论是在探索性研究，还是在描述性、解释性、批判性研究中，定性研究都具有重要作用。在探索性研究中，定性研究可以帮助研究者正确判断研究问题的性质和研究价值。描述性研究虽然可以使用定量数据来描述对象，但通常需要定性研究来详细地展示对象的性质和特征。在解释性研究中，定性研究可以帮助我们对事物之间的关系属性和结构有较为全面的

① NEUMAN W L. Social research methods. Boston：Allyn and Bacon，1994：316－318.

认识和判断。批判性研究主要是对人类社会实践的反思，这一类型的研究依赖对本质和假象的判别和评价，同时依赖人类语言的思想功能，因此，批判性研究多为定性研究。

三、定量研究与定性研究的比较

定量研究和定性研究是社会科学研究的两种基本方式和方法，两种研究的方式方法无论是从理论基础还是从具体过程来看，都存在着较大差异。它们之间的主要区别表现在以下七个方面（见表1-1）：

表1-1　定量研究与定性研究的区别

	定量研究	定性研究
1	检验研究者提出的假设	把握和揭示研究者感兴趣的问题的意义
2	概念的形式为不同的变量	概念的形式为议题、主题、概括和术语
3	在收集数据前系统地设计标准化的测量	测量具有非正式性和情境性
4	数据是从明确测量中获得的数量形式	数据的形式为文献、观察和文本资料
5	理论大多为因果解释，属演绎式	理论既可以是因果解释也可以是非因果解释，属归纳式
6	研究程序是标准的、可重复的	研究程序是特殊的，很少可以重复
7	分析主要通过统计、图表方法，考察其与假设的关系	分析主要通过收集证据和组织材料来抽象主题和进行概括，呈现出一种统一、连续的图式

资料来源：NEUMAN W L. Social research methods. Boston：Allyn and Bacon，1994：317.

正是因为定量研究、定性研究的方式方法具有各自的方法论基础、具体方法和技术手段，所以，定量研究和定性研究的相互共存、相互补充，构成了社会科学研究的整体。目前，社会科学既不可能完全是定量研究，也不可能完全是定性研究。因此，笼统地讨论定量研究与定性研究的方式方法孰优孰劣实质上是毫无意义的，因为我们不是非要做出唯一的选择不可。在较多的研究中，我们实际上可以将两种研究策略和方法有机地结合起来。

要把这两种研究方式方法很好地结合起来，而不是机械地拼凑，就需要把握两种研究方式方法的优势和局限所在。根据定量研究和定性研究的特征，可以归纳出它们具有以下优势和局限（见表1-2）：

表1-2　定量研究与定性研究的优势和局限

		定量研究	定性研究
优势	1	更精确地回答具体问题	更深入、全面地理解问题的意义
	2	研究程序更标准、客观	研究过程更自然
	3	研究结论更具客观性	研究结论更具思想启发性

续表

		定量研究	定性研究
局限	1	对测量等技术的依赖	对研究主体能动性的依赖
	2	需要花费大量财力和人力获取数据	主观因素的影响导致信度降低
	3	研究结论的抽象化	研究结论推论的局限

在需要明确地解释现象原因、各种因素的影响方式和影响程度时，定量研究具有较大优势，而定性研究虽然能把握现象的基本性质和走势，但不能提供更具体的因果解释。定量研究的另一个重要优势在于易于保持客观性。

但是，定量研究以数量分析来解释现象的特征，因而缺少背景和实践材料，对社会事象的特征的说明不够具体，不能给人们理解这些事象提供经验基础。例如，对社会网络与找工作之间关系的定量研究的结论通常用 Logistic 回归系数来表示，如果社会网络强度对找工作花费时间的回归系数为 0.76，且具有较强的统计显著性，那么即可演绎出社会网络强度高可以提高找工作的成功概率。这一定量研究的结论虽然揭示了一般规律，但并没有帮助人们理解这条规律。如果有针对具体实践的定性研究，让人能了解哪些人如何通过强关系很快地找到了工作，那么更有利于人们理解关系在找工作中的意义。

所以，在社会科学研究中，将定量研究与定性研究有机结合起来非常重要。有些研究既需要有相对精确的答案，同时也需要有让人理解答案的具体解释，在这种情况下，如果能发挥两种研究方式方法的优点，就能满足研究的需要。

第四节　定性研究的信度与效度

信度（reliability）和效度（validity）是定量研究中关系到测量质量的两个基本问题。定量研究中的信度是指用同一测量工具或手段重复测量同一对象，所测得的结果的一致性程度。如在社会调查中用同样的问卷或同样的问题分多次对相同的被访者进行访问，所得到的回答一致性程度越高，表明信度越高；反之，则信度越低。定量研究中的效度反映的是测量工具测出测量对象真实值的程度，如果一项测量结果能够很准确地反映测量对象的真实情况，那么表明测量是有效的，或说明测量效度较高。例如，要测量人们的“收入水平”，用“基本工资”指标来测量，其效度可能就没有用“工资收入”和“其他非工资性收入”两个指标来测量的效度高。测量的信度和效度涉及所测量的结果能否精确和准确地反映测量对象的事实。因为真实可靠的事实是定量研究进行演绎的前提条件，因此，信度和效度对定量研究来说是至关重要的。然而，在定性研究中，通常不需要对概念进行操作化或量化的测量，更多的是对事物的质量、性质和属性进行评价、估计和判断。那么，定性研究中是否也存在信度和效度问题呢？如果存在，那么信度和效度的表现形式是什么？其对于定性研究来说又有何种意义呢？

在定性评估研究中，评估结果是否可信和准确，直接关系到评估的价值和效应。从这一意义上说，定性研究也存在信度和效度问题，或者说，信度和效度也是衡量评估乃至定性研究质量的重要依据。但与此同时，定性评估或定性研究中的信度和效度问题及其意义，与定量测量的信度和效度是有差异的。

一、定性研究的信度

结果的一致性程度是衡量信度高低的核心依据。在定量测量中，多次重复测量的结果一致性越高，代表信度越高。而定性研究通常是综合性的、过程漫长的，一个研究者或研究团体重复考察或评估的成本显然很高，而且受多种因素制约。譬如对歌唱比赛的评比。现实中，我们不可能要求歌手多次演唱，评委多次评比，那么我们能不能提高一次评比的信度呢？在一般情况下，对歌手水平的评比会选择多个权威评委成员，并且采取去除两个极端评价（即一个最高评价，一个最低评价），然后均衡多个评委的评价的方法。这样就使得评比结果的信度有所提高。

首先，控制定量测量和定性评估的信度虽然在本质上是相通的，但在方式上存在差异。定量测量的工具通常不具有主观性，研究者可以对其进行调整，但其不会自动变动。而在定性研究中，评估是由人来完成的，也就是说，测量工具实际上就是人。因此，影响定性研究信度的关键因素在于评估者的主观变动性，尤其是主观因素的介入。然而从逻辑上看，既然评估是由具有主观性的人来进行的，那么要绝对排除主观因素的介入其实是不可能的。因此，控制定性评估的信度通常是社会性的问题，而非方法论的问题。也就是说，通常只能通过制度设置及其他社会规范来尽可能地使主观评估避免过大的偏差。

其次，定性评估的信度还受到评估对象主观变动性的制约。例如，我们在访谈中常会遇到这样的情形：在多次询问访谈对象相同的问题时，访谈对象的回答前后可能有很大的差异。这种不一致就是由评估对象的主观因素变化导致的。然而，评估对象主观因素的介入和变化也是难以回避和控制的。因此，在依据一致性来衡量定性评估的信度时，可能还需要考虑评估结果与评估者及评估对象的主观性的影响范围和程度。

最后，在定性社会科学研究中，尤其是在民族志研究和个案研究中，人们常对研究结果的信度提出挑战。例如，米德（M. Mead）对萨摩亚人的研究[①]遭到了一些学者的质疑；马林诺夫斯基的田野札记公开后，人们对特罗布里恩群岛的民族志是否可信产生了怀疑；本尼迪克特（R. Benidict）在《菊与刀》中关于日本国民性

---

① 米德．萨摩亚人的成年：为西方文明所作的原始人类的青年心理研究．杭州：浙江人民出版社，1988.

的研究是否可信，也曾是相关领域争论的焦点问题。这些在相关学术界引起争论和质疑的问题，实际上反映的是对定性研究的信度问题的关注和认识。人们之所以对有些民族志和个案研究产生疑问，是因为他们在思考。如果那些研究的研究者换成其他人，研究结论和基本观点就可能是另一个样子的。也就是说，假如不是米德而是别人，可能就不是那样看待萨摩亚人的青春期心理特征与文化观念的；假如不是马林诺夫斯基而是别人，可能就会给我们绘出特罗布里恩群岛岛民及其库拉（Kula）交换活动的另一种轮廓。

以上这些例证表明，可靠性或者说信度问题是人们看待和评价定性研究的重要角度，但同时这也是一个没有结果的争论空间。因此，从某种意义上说，关于定性研究信度的争论其实是研究自身的延续，因为人们所争论的可信与不可信问题，实质上是研究与研究之间的联系和差别。方法论意义上的信度问题，可能主要是研究者的职业道德问题，而不是研究者主观性的统一问题，因为这种主观一致性是不存在的，我们只能在职业规范上争取一致。就像我们再去访问费孝通调查过的江村一样，我们获得的印象可能与费孝通那时所看到和所理解的江村并不完全一致，但是，这种差异性并不足以说明以前和现在的研究的可靠性和意义存在问题。

由此可见，无论是定性评估还是个案研究，主观因素的介入及变动、不同主体的主观性差异以及对象的主观因素等，都可能导致结果或结论的不一致性。如果按照定量测量的信度标准，就意味着评估或研究的信度较低。从这一意义上说，定性研究的信度高低并不重要，重要的是研究者的能动性和研究过程是否符合研究范式的要求。衡量定性研究的信度，要看研究成果中所体现的研究者的理解能力，以及研究过程中的演绎或归纳系统的严密性。

二、定性研究的效度

按照定量测量的效度定义，效度反映的是测量工具所测出的结果能够说明所测事物真实情况的程度，也就是测量结果的有效性。如用一台体重秤测量一个人的体重时，测出结果为68公斤，如果这个人的真实体重确为68公斤，那么测量是有效的，或说明测量工具的效度很高。在心理测量中，人们把测量与所测对象的相关程度视为效度，如吉尔福德（J. P. Guilford）提出相关即有效，也就是说，只要一个测量与某事物相关联，对该事物就是有效的①。后来，美国心理学会、美国教育研究会和美国国家教育测量委员会联合提出评价测量效度的标准，并将效度归纳为三种类型：（1）标准关联效度（criterion-related validity）；（2）建构效度（construct validity）；（3）内容效度（content validity）。标准关联效度是由预测效度和同时效度综合而成的一种效度类型，是指一项测量与另一项测量在结果上的相关程度。因

① GUILFORD J P. New standard for test evaluation. Educational and psychological measurement，1946，6（4）.

为在不同测量中会考虑变量在理论上的关系，并以此为标准，故合并为标准关联效度。建构效度是指一项测量结果与设计这项测量的相关理论之间的逻辑关联程度，即用预设理论可以解释测量结果的程度。建构效度包含六个方面：（1）内容的代表性和相关性；（2）实质的代表性；（3）结构的一致性；（4）结果的概括范围和适用性；（5）结果与理论的相关性；（6）社会价值和意义。内容效度是指测量所包括的内容能够概括所测事物内容的程度。① 效度是测量质量的一个重要指标，目前，人们对效度的理解和评价已经逐步从零碎的效度趋向于统合，即根据测量结果的多个方面来综合考虑是否达到测量的目的。

在定性研究中，通常在收集资料时并不进行那种较为精确的测量，而注重对范畴、性质、质量和特征的考察、评估和判断。那么，定性研究的效度究竟从哪些方面体现出来呢？它又反映出什么呢？

如果用效度来评价定性研究的话，那么，定性研究中所用的概念和逻辑关系可能是主要的。定性研究能否有效地诠释、理解和评判，在其过程中所运用的概念和逻辑关系是否有效最为关键。例如，用法律知识、违规行为、处理纠纷的方式等指标对农民“服从法律”的意识进行评估，评估的效度就要看这些概念或指标究竟能在多大程度上反映和解释农民服从法律的真实情况。

尽管定性研究中也存在着效度问题，但衡量定性研究效度的方法则是不明确的，甚至可以说没有简明方法。因为，对定性研究效度的检验，更多地依赖于主观性的判断和综合性的理解。不像定量测量可以选用不同的客观的测量工具，通过比较不同结果之间的相关性来检验效度，定性研究中某个概念能否被有效测量和评估，还受到人们主观理解的影响。例如，关于农民的生产积极性问题，究竟从哪些方面能真实反映出农民的生产积极性的高低呢？这就在一定范围内与主观性认识相关。

资料库1-1

哈尔考姆（Halcolm）评估寓言

曾经有一位学者，住在一个没有果树的国家。他花很多时间博览群书。在其阅读过程中，他经常会看到有关水果的资料。这些对水果的描述非常生动，于是他做出旅行的决定，以便能亲自品尝水果。

他来到一个市场上，见到人就问，是否知道哪里能找到水果。经过多次打听，他终于找到一人，此人知道能够找到水果的国家和地点，并能够为该学者画出详细的旅行地图。

手里拿着这张地图，该学者认真按照每个指示前行，在该转弯的地方转弯，找到他可以观察到的所有标记。最后，他终于走到目的地，发现前面便是一个大苹果园的入口。此时正值春天，果园开满了苹果花。

---

① 孙晓敏，张厚粲．效度概念演进及其新发展．心理科学，2004（1）．

该学者走进苹果园，立即就摘下一朵苹果花品尝起来，他既不喜欢花的纹路，也不喜欢它的味道。他走到另一棵树前，又选摘了一朵花，就这样一朵又一朵摘了很多。

苹果花虽然好看，但对该学者来说却很苦涩。于是，他很失望地离开苹果园。在回到自己国家后，他对村民们说水果其实是被人们过度美化的食物。由于没有体验到春天的花与秋天的果实之间的差异，该学者从未意识到自己没有体验到所要找的东西。

资料来源：PATTON M Q. Qualitative evaluation methods. CA：Sage Publications，1986：21.

虽然检验定性研究效度取决于主观，但并不等于说效度不是客观存在的。通常，一项评估或研究是否有效，是否真实地说明了事物的特性，是可以检验出来的。人们通常从表面效度（face validity）即可理解和判断一项评估是否有效。例如，在哈尔考姆评估寓言中，尽管那位学者亲自体验了，但他对水果的评价显然是无效的，因为他体验的是花而非果实。所以，我们通常可以根据常识、逻辑和理论来判断一项评估或研究的表面效度。

三、定性研究中信度与效度的关系

定量测量的信度和效度与测量过程中的两种误差有关，它们分别是随机误差（random error）和非随机误差或系统误差（systematic error）。随机误差影响测量的信度，而信度关系到测量结果的可靠性。因此，在定量测量中信度是基础，没有信度的测量是无效的，但是信度高的测量也不等于是有效的，也可能是无效的。譬如，用一杆不准的秤来称一件东西，虽然前后结果一样，但结果却是无效的。导致效度低下的原因主要是系统误差，系统误差是指测量中遇到的一种较普遍的倾向而导致与真实情况的偏差。例如，在中国调查人们的收入时，人们总倾向于低报自己的收入，这就是一种系统误差。① 信度与效度的关系如图 1－8 所示：

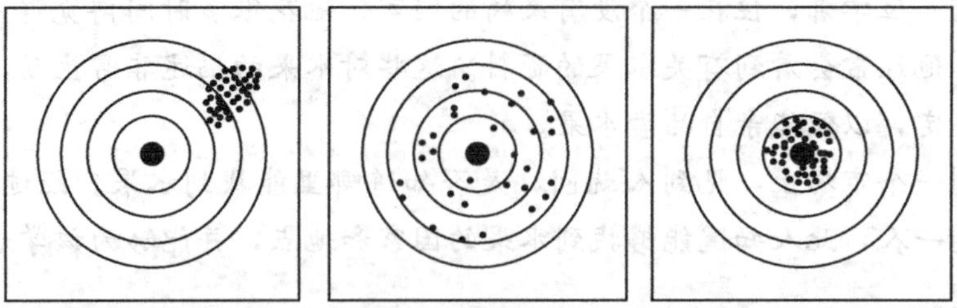

图 1－8 信度与效度的关系

对于定性评估或研究来说，信度和效度的意义并不表现在数量上，而体现在实

① 夏夫利．政治科学研究方法．上海：上海世纪出版集团，2006：59.

质上。所以，我们不能完全按照定量研究的标准来衡量定性研究的信度和效度，而只能根据定性研究的逻辑结构特征来理解信度和效度问题。

在定性研究中，对同一对象的不同评估或研究结论，或者是多次研究结果之间的差异，按照定量测量标准可能认为其信度较低，而且多个结果让人难以相信其中的任何一个。然而事实上，人们在接受定性评估或研究结果时，也是一个主体性互动（inter-subjectivity）的过程——人们对不同的信息加以综合，并给予自己的主观理解。从这一意义上说，各种结果或信息，都是向认识主体提供的参照系。因此，多种参照结果，对于认识主体准确、全面地理解所要认识的对象，可能是有效的。例如，多位人类学家对某个村落做了不同的民族志研究，而且研究内容和结论存在差异，但这种差异并不代表这些人类学家的研究都不可靠，从某种意义上说，他们的研究为人们更全面地认识和理解那个村落提供了更丰富的参考材料。如果只有一位人类学家的描述，那么反倒让人感到听到的只是一面之词。所以，定性评估或研究为了提高信度和效度，通常会增加评估者或研究者的人数和评估或研究的次数，通过对多个结果的综合，更加有效地反映对象的真实情况。

相对而言，能否有效地解释和反映事物的性质和特征，对定性评估或研究的可靠性来说是至关重要的。也就是说，定性研究的效度是首要的，如果不能把握事物的本质，那么解释和评价的意义将大大降低，其可信度也将大大降低。例如，如果研究的是村民自治中的农民政治热情，而考察的却是农民人际关系、生活方式和生产活动，那么事实材料再可信，研究结果也是无效的，因而整个研究也就缺乏可靠性。

所以，在定性评估或研究中，获得可信、真实的材料非常重要。与此同时，对概念的有效解释也是非常必要的。要达到有效解释，研究者必须准确把握概念的逻辑关系，以及对理论进行深入理解。

第五节　定性研究中的伦理问题

在研究对象和研究者皆为社会性的人的社会科学研究中，不可避免地存在着涉及他人权益以及人与人之间的关系规则的问题。因此，研究者在研究中必须把可能涉及的关系规则考虑进去，也就是必须注意研究中的伦理问题。所谓研究中的伦理问题，并非一般意义上的伦理问题。它不仅指研究者要遵守的伦理道德规范，而且指研究者在研究活动中应该回避可能会给研究对象带来麻烦或伤害的问题。作为社会成员的研究者，其研究活动也是社会交往行动的基本构成部分，所以其自然要遵守社会的基本道德准则和伦理规范。除此之外，由于研究活动属于专业化的职业行为，因此还需要妥当处理职业行为所涉及的特殊伦理问题。当然，伦理问题也属于价值关联问题，因而有些规则只是需要考虑而非需要绝对遵从的原则。

一、价值中立原则

价值中立原则是由韦伯提出来的，其内容主要是倡导在科学研究过程中，即便科学研究的选题和内容与价值是有关的，研究者也必须坚持价值中立，不去讨论和评价价值问题，避免政治和价值倾向，这样才能保证研究的客观性和科学性。价值中立原则曾经一直在社会科学界得到拥护和推崇，人们把这一原则视为社会科学研究者确保其科学性的基本前提。但是，目前人们开始怀疑和挑战这一原则。如贝克尔认为社会科学中的价值中立实际上存在着潜在危险，那就是它维护着既存的秩序和现状，妨碍了人们的批判精神的发展，以及人们对社会变迁的探讨和追求①。郑杭生提出："'价值中立'作为一种来源于实证主义的科学观，是一个在整体上包含根本缺陷但又有局部合理性的西方社会学方法论原则，是一个在国外学术界有严重分歧、毁誉参半、仍难一致的争论问题，是本质上与马克思主义相左但又有部分一致的理论命题。因此，对它极有必要采取具体分析的态度。"②

在定性研究中，要让研究者保持绝对的价值中立是难以做到的。因为定性研究的内容包含着较多的主观因素。这些主观因素的介入，让人难以辨别出究竟是主体的真实认识还是有价值偏向的。譬如，当教育研究者评价现行教育体制所存在的不合理性时，我们无法清晰地分辨出研究者是否坚持了价值中立原则。

价值中立原则可能在对研究者科学性的要求方面是有意义的。也就是说，虽然社会研究者在研究过程中不可能做到价值无涉，但是，他们仍然可以在研究中以这一原则为理想目标，尽可能避免把价值倾向和价值判断引入科学研究之中。即便是对价值关联问题的研究，也要尽可能从中立的立场出发，依靠科学的逻辑推理过程来得出自己的结论，而不是从先入为主的立场出发，为自己的价值立场做辩护。

二、隐私权保护原则

社会科学研究通常要通过与研究对象直接交往的调查方式来获取研究所需要的素材，因此，在社会调查研究过程中，会形成两种基本的关系：研究者与被调查者的关系、搜寻信息与提供信息的关系。研究者也就要考虑如何正确对待被调查者、如何正确地获取信息等问题。要正确处理这方面的问题，研究者应遵循隐私权保护原则。

研究中要注意的隐私问题与一般讨论的隐私问题有所差别。由于定性研究的目标和任务多种多样，在平常生活中人们一般认为不应触及的问题，在科学研究中有时需要有所涉及。尤其是在社会科学的经验研究中，研究者常常需要深入、全面地

---

① BECKER H S. Whose side are we on? . Social problems，1967，14 (3).

② 郑杭生 . 究竟如何看待"价值中立"? . 社会科学研究，2000 (3).

了解和认识研究对象的文化、习俗和生活状况，在对这些问题的考察中，或多或少会涉及私人生活中的一些问题，但这并不等于侵犯他人隐私。例如，马林诺夫斯基在对特罗布里恩群岛土著人的田野考察中，便涉及了土著人的性生活和性文化①。米德在研究萨摩亚年轻人青春期心理表现和特征时，也涉及了青年人的性行为问题。所以，遵循隐私权保护原则并没有一个固定的标准，而是需要研究者在特定研究情境中，遵循一定的原则，这些原则包括：(1) 平等的原则；(2) 尊重对方的原则；(3) 理解的原则；(4) 保密的原则。

平等的原则就是要求研究者在调查研究中将自己置于与被调查者平等的地位，避免自我中心主义的态度和行为倾向，避免在调查过程中产生学者霸权。也就是说，研究者不能因自己教育水平较高而对被调查者的行为和反应有不友好或鄙视的态度；对于被调查者来说，他们有权拒绝对某些问题进行作答，研究者应平和地对待被调查者的拒绝。

为避免触犯被调查者的隐私，研究者应始终坚持尊重对方的原则。由于文化、心理等方面的差异，研究者可能并不能清楚地了解到什么样的问题会触犯被调查者的隐私，但是，在互动交往的过程中，研究者如果能够以真诚的态度对待被调查者，及时转换谈话话题，就不致伤害被调查者。

理解的原则是指研究者在研究过程中应充分理解被调查者的隐私问题，并对被调查者保护自己隐私的选择给予充分的理解。

在调查过程中，有些被调查者可能对研究者非常信任，愿意将自己的一些较为私人化的信息提供给研究者。但是，研究者在没有征求被调查者同意的情况下，不宜将这些信息公开。如果在撰写研究报告时需要运用其中的一些信息，那么研究者应做匿名处理。这就是遵循保密的原则。

三、非强制原则

定性资料与定量数据有所不同，定性资料通常涉及研究对象的方方面面，尤其是有关个人的背景材料和生活史材料，通常属于个人的私密范围。所以，在收集定性资料时，需要得到研究对象的配合和同意。

有些时候，研究对象可能并不能满足研究者对资料的需求，这或许出于几种考虑：(1) 对私人领域的谨慎保护，不愿向他人公开自己的个人信息。(2) 不确定研究者的动机和目的，不知道研究者询问个人情况和经历的用意和价值是什么。(3) 对研究者个人或其行为方式有所不满或反感。人们总是愿意向他们认为可以交流沟通的人诉说个人经历和感受，研究对象拒绝配合和提供个人信息，可能是因为他们对研究者产生了一种直觉性的不信任甚至反感。

无论出于以上哪种考虑，对于研究者或调查者来说，都难以顺利地得到研究对

---

① 马林诺夫斯基．未开化人的恋爱与婚姻．上海：上海文艺出版社，1990.

象的配合。在这种情况下，研究者需要遵循非强制原则，也就是不得以任何方式强迫研究对象提供研究者想要获得的信息和材料。研究者可以有两种选择：一是放弃拒绝合作的研究对象，选择作为替代方案的其他研究对象来进行调查；二是改变与研究对象的互动交往策略，尝试改变研究对象的态度。

如果研究对象出于第一种考虑，即不愿和任何人谈论自己的私事，而且态度非常坚定，那么，研究者最好做出第一种选择，即替换研究对象。这时，不必也不宜采取劝说或引导的方式试图改变研究对象的主意，以免使对方为难或给对方带来强迫感。因为在对方明确阐述自己的意愿和态度后，任何旨在改变其意志的行为从某种意义上说都相当于对他们的强迫。

如果研究对象是出于后两种考虑，即因为对研究者的行为方式的不理解或误解，从而形成一种暂时性的非合作心理，那么，研究者需要随机应变，及时调整互动策略，运用交往技巧，增进彼此的理解和信任，力图改变研究对象对其的初始印象。如果在尝试各种交往策略后，研究者仍然不能改变研究对象的态度、赢得研究对象的信任和配合，那么此时，研究者非但不能采取更加强硬的态度，去进一步迫使研究对象改变态度，反而要对研究对象所采取的态度和行为表示善意的理解，而不是抱怨和攻击。研究者要积极对待研究对象的不配合，友好地接受拒绝，坦然地选择放弃，更换其他的研究对象。

四、非侵害原则

定性研究的问题和内容也可能关涉到研究对象的价值和利益问题。其中，较为常见的是忌讳问题。由于人们在生活习惯、风俗、宗教信仰等文化方面存在着各种差异，这些文化差异可能导致社会与文化研究者与研究对象之间的隔阂、距离。正是因为这种文化和心理距离的存在，加上研究者尊重研究对象文化的意识的淡薄，以及对研究对象文化习俗的无知，研究者往往会冒犯研究对象的文化禁忌，结果导致交流和沟通的障碍，甚至伤害到研究对象的情感和文化尊严。所以，在社会研究中，研究者首先要警惕不能有意或无意讨论研究对象所忌讳的东西，以免对研究对象造成情感和心理的侵害。

研究者要避免冒犯忌讳问题，最有效的方法是：在调查之前，应了解和掌握研究对象的文化背景、社会习俗等有关情况；在调查过程中，要养成“入乡问俗”的习惯，这样即可迅速适应调查对象的文化环境。此外，在调查过程中，研究者为避免犯忌，也可采取较为保守的办法，即在询问涉及宗教信仰方面的问题时，提问应谨慎，或多听少问。

如果研究者在调查过程中冒犯了研究对象的禁忌，那么研究者应主动致歉，以消除对研究对象的不良影响。

每种文化几乎都有自己的图腾和禁忌内容，这就要求在涉及他人文化和价值观时，研究者必须培养良好的人文素质，理解不同文化中的图腾和禁忌的意义，充分尊重异文化的传统和习俗，尽力避免对他人禁忌的冒犯。

在社会研究中坚持非侵害原则，还要注意一个问题，那就是研究结果的公开发表及其可能的影响。研究者在发布其研究结论时，应尽量避免因自己的成果发布而给相关研究对象造成权益的损失或伤害，更不能借用研究成果恶意攻击研究对象。在有些情况下，研究者可能在研究中发现研究对象的行为是不正义的。即便如此，研究者也需要采取合适的策略，处理好正义原则与研究的非侵害原则之间的关系。例如，在对地下社会或小群体的研究中，从正义原则的角度看，这些组织或群体的行为可能与法律相抵触；但同时，这些组织或群体给予研究者信任并允许其研究，因此，研究者至少应做到不能因自己的研究而侵害他们的利益。

总之，社会科学研究归根到底是关于人的研究，因而不可避免地会遇到人类社会的伦理道德问题。在研究过程中不仅需要遵循科学的逻辑原则，而且需要遵守伦理规则，避免对研究对象和社会公共利益造成侵害。

本章要点

1. 科学是指学问和知识，狭义的科学仅指自然科学。人类在漫长的发展过程中，虽然创造并积累了大量的科学知识，但是真正进入科学时代则是19世纪后的事，科学被广泛运用且对社会生活的影响越来越大。常规科学是指坚实地建立在一种或多种过去科学成就基础上的研究，这些科学成就被某个科学共同体在一段时期内公认为进一步实践的基础。范式是常规科学讨论中的一个核心概念，指科学研究共同体在实际科学活动中形成的、为多数实践者所公认的范例和模式，其中包括人们公认的定律、理论、应用范围和方法。

2. 以自然现象为对象的自然科学与以人和社会现象为对象的社会科学，存在差异是显然的。自然现象更容易被当作客观的、确定的事物来对待，社会现象则更易受到观念的影响。社会科学研究在收集事实的过程中，有两种主要方式：一是经验，二是资料。社会科学研究需要用语言来转换事实，并通过思想来产生概念和理论。对真实现象的认识，存在逻辑实证主义、科学证伪主义和后现代主义三种不同观念。科学研究的演绎程序首先从理论出发，由理论导出假设，其次根据假设去进行经验的或实验的观察，获得验证假设的相关事例，最后检验假设的可接受性。归纳过程是从多个个别事例中总结出一般性定律，并用来解释事物。社会科学研究也常常运用自然科学原理来解释社会，其中包括机械定律、进化定律、系统定律和覆盖定律。

3. 社会科学研究通常包括定量研究和定性研究两大类。定量研究是指运用变量、假设、分析和因果解释而进行的研究，其特征有：(1) 逻辑实证主义和实用主义方法论取向；(2) 强调事实的客观性；(3) 用数量关系解释客观规律；(4) 注重经验材料和实证；(5) 借助数理逻辑和统计；(6) 遵循价值中立原则。定性研究是与社会事象的性质和特征有关的研究，通常包括对事物的性质、质量、特征、意义和趋势的评价、估计、判断、再现和预计，其基本取向有：（1）非实证取向；（2）实践逻辑取向；（3）非线性路线。定量和定性研究各有自己的优势和局限，有机结合两种方式方法有着积极的意义。

4. 信度和效度是定量研究中关系到测量质量的两个基本问题，定性研究的信度和效度的意义与此有所不同。衡量定性研究的信度，要看研究成果中所体现的研究者的理解能力，以及研究过程中的演绎或归纳系统的严密性。对定性研究效度的检验，更多地依赖于主观性的判断和综合性的理解。

5. 研究中的伦理问题，并非一般意义上的伦理问题。它不仅指研究者要遵守的伦理道德规范，而且指研究者在研究活动中应该回避可能会给研究对象带来麻烦或伤害的问题。在社会科学研究中，研究者需要遵循的伦理原则包括价值中立、隐私权保护、非强制、非侵害原则等。

关键概念

科学、科学时代、常规科学、方法论、范式、经验、真理、演绎与归纳、定量研究、定性研究、研究中的伦理原则

思考问题

1. 什么是科学和科学时代？科学时代意味着什么？
2. 什么是常规科学？如何理解范式在科学研究中的意义？
3. 自然科学与社会科学的解释逻辑有何联系和区别？
4. 定量研究和定性研究有何特征？它们各有哪些优势和局限？
5. 在定性研究中，研究者应注意哪些伦理问题？为什么？

推荐阅读书目

1. 袁方．社会研究方法教程．北京：北京大学出版社，1997.
2. 风笑天．社会学研究方法．5 版．北京：中国人民大学出版社，2018.
3. 郝大海．社会调查研究方法．4 版．北京：中国人民大学出版社，2019.
4. 陈向明．质的方法与社会科学研究．北京：中国教育科学出版社，2000.
5. NEUMAN W L. Social research methods. Boston：Allyn and Bacon，1994.
6. PATTON M Q. Qualitative evaluation methods. CA：Sage Publications，1986.

第二章
定性研究的范式和理论

马克思（K. Marx）在《资本论》中通过对资本本质的分析，揭示了资本主义社会乃至人类社会的结构特征及变化规律；韦伯在《新教伦理与资本主义精神》中，通过对新教教义的结构和资本主义精神结构的比较分析，来解释资本主义产生的原因；马林诺夫斯基的《西太平洋的航海者》则是对一个群岛土著人的社会生活的观察，以解释人类文化之于社会生活的意义。

在这些经典社会科学研究中，我们很难看到在当代经济学和社会学研究中常见的数学模型和高级统计分析，更多的内容建立在一般事实的基础上，依靠理性分析和逻辑推理，并借助于语言表述，来揭示和阐述经济与社会中的真理。

对于人文社会科学研究来说，无外乎有两种基本路径：一是从直觉或一般经验中得出理论，然后用这种理论来进行推论和解释；二是从大量事实经验中，得出和验证具有普遍意义的理论。在人文社会科学研究中，属于前者的研究占较大比例，经验性的社会科学研究则属于后者。不过，在两种研究路径中，理论都非常重要。关于一些社会现象为何产生问题，我们既可以根据常识性经验所包含的理论去加以总结和解释，也可以通过收集大量经验材料，去发现和获得一种理论解释。无论是哪一种研究，我们都需要给社会现象的产生原因一种理论解释，亦即将复杂的社会现象简化为明确的关系式，如什么样的因素影响到社会中犯罪率的上升。

人文社会科学的定性研究范围非常广泛，既包括那些对社会现象进行哲学性思考的研究，也包括那些通过对社会行为进行微观观察来解释现象的实证研究。不同的研究在路径和方法上虽有较大差别，但也有着许多相似或共同之处。一方面，研究存在类型之分；另一方面，同类研究又是在共同或相似的模式框架内进行的。所以，虽然定性研究的范围较广，但各个研究还是可以归于某种范式和理论框架之中的。同时，这些范式和理论也是指导定性研究的重要范例和指南。

第一节　范式及其意义

从某种意义上说，人文社会科学家关注和研究的对象是相通的，即社会中的人、人的心理、观念、行为以及行为构成的社会现象。但是，人文社会科学中又分化出不同学科，如社会学、经济学、人类学、历史学、政治学、社会心理学等学科。不同学科的学者在研究和看待问题时，常常有较大的分野，甚至是分歧，就像我们不同学科的大学生在课程学习、阅读文献、论文写作等方面，存在着明显的差异。即便是那些跨学科的研究，也会形成一个相对独立的分支领域，有着专门讨论的问题，而不是两个学科中各种问题的大杂烩。那么，是什么让一个学科的研究有别于其他学科而成为相对独立的专业研究呢？或者说，学科的边界为何能够形成呢？要回答这一问题，就需要了解科学研究中的范式。如果能理解科学研究和发展过程中存在范式现象，就不难理解为什么有不同学科的分野，甚至是专业和研究领域的分野。因为在一个学科中人们所接受的教育、训练和所关注的问题是相同的，由此他们也就成为某个科学或学科共同体。共同体成员又按照一定模式去学习和研究大家认为值得研究的问题，由此共同体成员的行为便构成了一定的科学范式。

例如，在关于婚姻家庭的研究中，历史学所关注的问题可能主要类似于韦斯特马克（E. Westermarck）在《人类婚姻史》中所考察的问题，即婚姻制度的演变过程及影响婚姻制度演变的各种因素①。而人类学家主要关心的问题犹如列维-斯特劳斯（Levi-Strauss）所探讨的人类婚姻形态、结构和意义，以及婚姻家庭所延伸出的亲属关系结构和社会功能②。社会学家们通常运用社会学调查研究方法来了解婚姻家庭的构成、现实问题和变化趋势。经济学家则可能像贝克尔（G. Becker）那样，关心对人们在婚姻家庭中的行为选择的成本与收益的分析③。对待同一种主题，各个学科所表现出的差异其实主要在所遵从的理论传统、思考的问题和运用的方法三个方面。换个角度看，一种科学或学科共同体的构成，与他们的成员共同遵从一些理论和方法的模式分不开。

一、范式

范式（paradigm）是库恩在解释科学革命与常规科学之间的关系时提出和运用的一个概念，它与模式（pattern）概念相近但又有所区别。库恩赋予这一概念的意义是："某些实际科学实践的公认范例——它们包括定律、理论、应用和仪器——为特定的连贯的科学研究的传统提供模型。"④ 范式是一种公认的模型或模式，但这些模型或模式又不是特别具体、固定的，其中还包含应用和操作的范例。在这个意义上，范式不等同于模型或模式。

范式是一个科学共同体共有的东西，这些共有的东西存在于实际的科学实践之

---

① 韦斯特马克．人类婚姻史．北京：商务印书馆，2002.
② 列维-斯特劳斯．结构人类学．上海：上海译文出版社，1995.
③ 贝克尔．家庭经济分析．北京：华夏出版社，1987.
④ 库恩．科学革命的结构．北京：北京大学出版社，2003：9.

中。如库恩指出：

> 对某一时期某一专业做仔细的历史研究，就能发现一组反复出现而类标准式的实例，体现各种理论在其概念的、观察的和仪器的应用中。这些实例就是共同体的范式，它们存在于教科书、课堂讲演和实验室的实验中。研究它们并用它们去实践，相应的共同体成员就能学会他们的专业。①

如果把范式视为教科书和实验室里的东西，那么，范式概念只能对近现代科学发展或学科发展及专业研究领域的分化提供更有效的解释，因为库恩运用范式概念所要说明的问题，似乎是对当今大学的专业训练和学术研究的专业化分工这一现实的总结。但是，在近代以前人类的科学活动中，是否存在人们共同遵从的范式呢？或者说，是否存在库恩所说的那种“常规科学”活动呢？很显然，当我们用范式概念来概括前现代人类的科学实践时，会遇到各种各样的困境。例如，前现代科学发展中的科学或学科共同体像现代社会这样明确吗？前现代的科学实践者又怎能实现模型或模式共享呢？所以，范式概念只有在用来说明现代社会的科学或学术活动的特征时，才具有一定的解释力。

范式也指一些研究所具有的规范性的内容和形式，如研究中包含的理论构造和方法运用。在这一意义上，范式为研究者提供理论和方法的参考，或为研究提供某些结构框架。在学科专业学习和研究中，范式可为学习者和研究者提供某些规范的指导，以及可借鉴的理论和方法模式。掌握学科中的主要范式，相当于积累专业知识领域中的主要经验和规范，为个人独立从事研究和进行创新提供了一种平台。例如，在人类学对微型社区的研究中，研究者通常要把田野工作和参与观察的研究路径和方式作为认识和理解社区的基本范式，于是在研究实践中会参照学科中在这方面已有的典型范例。而在社会学的调查研究中，人们通常所遵从的研究范式属于H-D模式，即假设（H）-演绎（D）逻辑模式：研究从一些理论假设出发，然后根据通过调查所获得的资料来检验假设中所包含的变量间的因果关系，而且通常按概率模式来说明变量间的因果关系，最后根据检验结果做相应理论推论。

范式并非学科共同体所应遵从的共有规则，尽管范式中的某些模式、定律和规范对科学实践具有指导价值，但它还达不到规则的约束力。科学共同体成员在范式中仍享有较大选择余地，也就是范式给研究者提供的是可供选择的路径指南而不是教条，研究者可以在有几种可能结果的问题中进行自己的探索，并进行创新。

在社会科学理论研究和总结中，人们也通常把学科共同体中已有的研究和理论加以抽象和概括，并将它们纳入这样或那样的主义或学派。而且，在阐述各种主义或学派思想内容时，人们常常将其理论和方法论概括为某种模式，如人类学中的功能主义的整体论、社会学中的符号互动论的建构主义等。在社会科学教育中，从已有研究和理论中总结出一些范式，可为专业学生和研究者提供可模仿的指导范例，

---

① 库恩．科学革命的结构．北京：北京大学出版社，2003：40.

以便让学习者更加清晰地了解专业领域的值得探索的问题、命题、定律、方法和研究中可以应用的工具和技术等。

二、范式的构成

作为常规科学实践基础的范式，始终在制约和指导着学生和实际研究者的科学活动，即便人们并未意识到范式的存在。这在库恩看来，属于范式在常规科学中的优先性。如库恩提出："科学家通过模型从事工作，而模型是从其所受教育和其后的钻研文献中获得的，他们往往无须明确知道或无须知道什么特征给这些模型以共同体范式的地位。而且正因为他们这样做，他们也就不需要整套规则了。"① 在这里，模型实际上就是范式的重要构成。此外，在库恩的定义中，构成范式的还包括理论、应用和仪器。因此，概括起来，科学研究中的范式主要由四种要素构成：(1) 定律；(2) 理论；(3) 应用；(4) 工具。

(一) 定律

定律是一种范围广泛的普遍性的表述。科学定律是在高度概括基础上的一种普通表述，代表整个对象集合的普遍特征，且能经受经验的检验。

例如，牛顿第二定律被表述为："运动的改变与施加的动力成正比并沿施力方向的直线前进。"② 用方程表示为：

$$F = ma = m\left(\frac{\mathrm{d}v}{\mathrm{d}t}\right) = m\left(\frac{\mathrm{d}^2 s}{\mathrm{d}t^2}\right)^3$$

在对这一定律的表述中，既包括对物体运动普遍规律的概括，也包括对经验的总结和理解。

之所以将定律视为范式的重要构成，是因为定律概括和揭示了事物的普遍性规律，因而为学科研究提供了一种模型指导和进一步探索的模式框架。就像牛顿第二定律那样，它给力学和经典粒子物理学研究奠定了范式基础。无论是科学教育还是研究实践，人们都会根据定律模型去探寻各种实验材料的检验或进一步的应用问题。

严格意义上的科学定律其实很少，正如哈维所指出的："在整个科学中发现的严密定律只是那些在物理学，或许还有在化学中发现的定律。……这些定律的性质是真正具有普遍性的。这一看法自然而然地排除了在生物学、动物学、地质学、自然地理学等学科中提出定律的可能性，除非这些学科能够把它们的表述精简到像物理学的表述那样。社会科学和人文地理学在这方面尤受影响。"③

---

① 库恩．科学革命的结构．北京：北京大学出版社，2003：43.

② 汉森．发现的模式．北京：中国国际广播出版社，1988：106－107.

③ 哈维．地理学中的解释．北京：商务印书馆，1996：126.

正因为科学定律是少见的，所以由定律构成的范式是较为稳定的。只有当一些新的定律被发现时，范式才可能被突破，于是科学革命便出现了。但是，在社会科学领域中，定律以及由定律构成的范式似乎不同于自然科学。社会科学中关于普遍性的表述实际较多，而且不同表述有所不同，因此，社会科学研究通常可以遵从不同的范式，而不是非要突破和放弃一种范式，才能形成一种新的范式，社会科学中的范式可以相悖但又能够并行。例如，在社会学中，对“阶级阶层”的认识和研究，可以有多种范式和视角，如结构论、功能论和冲突论等。此外，社会科学中新的范式的形成，并不像自然科学那样可能导致科学革命，而只会促成范式的增加或认识视角的增多。

自然科学范式中的定律有着普遍有效性，也就是说定律所概括的内容普遍正确或合理，如万有引力定律、勾股定理等，这些定律被当作普遍正确的模型或公式，人们在学习和研究中，所需要考虑的是如何探索定律还没有解答的问题，或如何应用定律去解答具体问题。

然而，社会科学中的定律所面临的一个重要问题可能是普遍有效性的降低。社会现象比自然现象更为复杂，如果形成太多简明定律，其普遍性和适用性就会遭到质疑。例如，虽然社会学中的“自我实现预言”定律即托马斯定理、经济学中的“自我效用最大化”定律等在一定意义上概括了某类社会现象的基本情形，但人们在社会中所遇到的与定律表述相异甚至相反的情形，会导致人们对定律的正确性和普遍性产生怀疑。

资料库 2-1

社会学中的托马斯定理

“如果人们把情境当作真实的，那么其结果将成为真实的。”这就是托马斯(W. Thomas)夫妇在《美国的儿童》一书中提出的一条引起许多人关注、具有应用指导价值的社会学定律。

这一定律的含义是：人们不仅对情境的客观方面有反应，而且对人们赋予情境的意义有反应。故一旦我们赋予情境某种意义，我们随后的行为及这一行为的某些结果就将由所赋予的意义决定。

现实中有很多例子能说明托马斯定理的正确性。例如，学校教育中的分班教学实验：即便在所有学生的学习状况和潜能相近的情况下，将他们分成重点班和非重点班，结果也会导致两个班学生在学习上的较大差距——重点班学生的成绩将好于非重点班。这一结果表明，情境和人们赋予情境的意义影响着人们的行为及其结果，因为意义实际上相当于社会预期，人们会按照社会预期来选择行动，所以常常最终达到预期的效果。

资料来源：默顿．社会研究与社会政策．北京：生活·读书·新知三联书店，2001：285-286.

（二）理论

具有范式意义的理论，是指那些对相关领域经验现象的解释方式。这些解释通常能为认识相关现象提供一种原理性的指导作用。正因如此，一个学科中由共同体成员创造出来的理论解释模式，对该学科的专业训练和科学研究，具有重要的范式或示范指导价值。在这些重要理论中，学生和研究者可以学习、借鉴或模仿前辈们所研究的值得关注的现象和问题，以及所采用的观察、思考和解释的方式方法。

无论是在自然科学还是社会科学研究中，都有各种各样关于研究对象的解释方式，其中有些解释并未得到人们的认可和重视，而有些解释则得到更广泛的认可和运用，从而被学术共同体总结为一种理论。那么，构成范式的理论通常需要具备哪些条件呢？

具有范式指导意义的理论至少要满足三个条件：（1）内容的重要性；（2）结构的完整性；（3）方式的有效性。

首先，作为一种表述，理论所涉及的内容应该是相关领域中公认的重要问题，或者是值得关注的问题。例如，经典社会学理论中的马克思主义理论、结构功能主义理论、冲突理论等，在内容方面实际上都在探讨和解释社会关系、社会结构以及社会变迁问题。这些问题在学术共同体看来是非常重要且值得研究的，因而这些理论在这方面所形成的认识或解释方式，对于指导进一步的研究就具有范例性的作用。

其次，理论作为一种系统表述，其体系必须具有逻辑的完备性，即理论的构造在逻辑上是合理、完善的。在通常情况下，那些被认为有影响或可作为范式的理论，至少在逻辑结构上是严密和完备的。也就是说，理论自身的结构具有逻辑性和系统性，即理论能够自圆其说，不存在明显的逻辑问题或结构漏洞。结构完整的理论之所以具有范式的作用，是因为它能够给人们提供建立完整逻辑思维过程的范例，供人们参考或模仿。

最后，理论作为一种解释，被人们广泛认为对所解释的对象具有较高的有效性和合理性。理论就是一种表述系统，是用来解释现象的。一种科学的理论就是一种“解释的运算”，或与运算相等同的东西。① 如果一种用来解释的理论达到范式的地位，那么其解释方式对于所解释的对象是非常有效的，或者说是正确的。譬如，马克思主义理论对社会结构和社会变迁的理论解释，运用了生产力与生产关系、经济基础与上层建筑等基本范畴关系，并解释了这些范畴的对立统一关系是构成社会基本结构特征和社会变迁动力的源泉。马克思主义理论之所以被公认为一种理论范式，不仅是因为这一理论给人们认识社会提供了一种方式方法，而且是因为用这一理论来解释社会结构与变迁是非常有效和正确的。所谓有效，是指理论具有强大的解释力；所谓正确，是指理论解释的方式在经验中不能被完全否定或证伪。

---

① 哈维．地理学中的解释．北京：商务印书馆，1996：108.

（三）应用

范式不仅包含定律和理论，而且包含将各种定律和理论应用于解决具体问题的范例。应用性的实例给接受科学教育的学生和研究者的指导意义在于，通过实例，人们可以进一步理解抽象定律和理论的经验意义，并从中积累如何应用定律和理论的经验。

范式中的应用不等同于应用性研究，而是包含应用性研究范例。范式中的应用，一方面指运用一些定律和理论来解释或解决具体的实际问题，另一方面指探寻定律和理论的具体经验意义，即理论如何与具体经验联系起来。例如，在马克思主义社会学理论范式中，可以用其批判理论来分析当代社会结构分化的特征和社会问题，并可借鉴其异化理论来揭示一些现象的本质；此外，阶级理论的应用包括如何将阶级的定义及划分标准与现实中的具体情况联系起来，探讨现实社会的阶级结构及其意义。

范式通常给学生和研究者提供一些应用实例。在自然科学中，应用实例一般是显示如何运用某条公式或定律来解题。譬如，在数学教科书中，有运用几何学勾股定理来计算一个直角三角形的边长或角度的例题。这样的例题一方面训练学生运用范式中的定律来解决问题，另一方面将定律中的内容与具体情境联系起来，让人理解定律的意义。社会科学不同于自然科学，其应用实例中通常并没有确切的定律和公式，而只有一种理论。实例所展示的也不是如何运用公式、定律来解答具体问题，而是说明了某一理论是如何解释具体现象和实际经验的。如社会学教科书在“社会分层与流动”一章中，通常会介绍韦伯分层理论的应用实例，以说明韦伯的市场机会、权力地位和社会声望三维社会分层标准的经验意义。

资料库2-2

法律与社会：理论之应用

法律是人类社会的一种规则或制度体系，存在于不同规模的社会集体之中，并以不同形式存在。所以，法律之于人类社会生活具有普遍意义。然而，不同社会学理论对法律的认识存有差异。

功能主义理论认为，法律主要执行着社会控制功能，普遍存在于社会的每一层面。如帕森斯（T. Parsons）指出：法律不是一串定义完善的抽象规则，而是依赖某些制裁，以某些方式取得合法性并运用于某些方面的规则。法律是一套以相当明确的关系阐明群体及个体在群体中所扮演之角色的法规。此外，庞德（R. Pound）提出，现代法律成为调节社会利益及行为的关系和秩序。

冲突理论的观点是，法律是社会矛盾和冲突现实的结果。如马克思认为，法律是与经济现实相一致的社会现实；此外，作为上层建筑的构成，道德和法律又是统治阶级的观念式表现。又如特克（A. Turk）提出，法律就是冲突管理的工具，社会法学研究的首要目标就是确定法律概念、制度以及程序如何减轻、防止或解决冲突。

社会化理论认为，在当今社会，法律的影响力与日俱增，法律资源和法律手段越来越多地被用来解决社会生活中的问题，法律日渐成为社会化的机制。如塔普（J. Tapp）和莱文（F. Levine）提出，法律思维分为前习俗阶段、习俗阶段和后习俗阶段三个发展阶段。法律思维是一种认知过程，它界定了人们解决问题的策略，以及关于法律和法律体系的概念框架。

资料来源：EVAN W M. 法律社会学 . 北京：巨流图书公司，1996：79－170.

（四）工具

无论是在自然科学还是社会科学中，以及无论是在定量研究还是定性研究中，工具都通常是帮助研究者实现研究目标的重要辅助手段。像自然科学研究中的实验需要有相应的仪器设备一样，社会科学研究也需要有效的社会测量和分析工具，如各种各样的量表、问卷及汇总和分析工具，是研究者获得研究对象相关信息并加以有效处理的重要手段。

在定性研究中，虽然研究者不需要对研究对象进行较为精确的数量测量，但是要获得那些不易被测量的信息，同样需要借助于一些巧妙的手段或工具。例如，在个案研究的深度访谈中，研究者需要把握被访者内心深处的观念、态度和行为动机方面的材料，这时有一份巧妙的访谈提纲会对访谈成功起到积极作用。此外，在一些定性评估研究中，为了获得那些属于情境方面的资料，研究者可以运用剧情构造（scenario construction）等社会实验模式，来观察、访谈，描述完整的情境。

范式中所包含的工具运用范例对学生和研究者来说有非常重要的帮助，因为范例所显示的是成功应用的例子。学生和研究者如果学习使用相似或相同的工具，那么可以节省探索和发明工具的时间，直接借用有效工具，来获得必要的研究材料。

在借鉴工具的使用经验时，首先需要把握特定工具所适应的目的和目标对象。因为一种工具总是对达到某些目的更为有效，而并非万能的。合理借鉴和运用工具，首先根据研究的基本目的而定。此外，选择研究工具还要参照工具对研究对象的适应性。在社会科学研究中，研究对象通常由不同特征的人或群体构成，针对不同特征的人群，必须考虑工具的适应性问题。比如，对文盲或接受正式教育较少的人群，就既不宜用由文字构成的问卷去做调查，也不宜用带有较多书面术语的访问提纲去进行访谈。

资料库 2－3

民族志寓言

（1）寓言是用来教育或者说明的——就像在童话或者宗教故事中那样，故事中的人物、事物和事件都有另一层含义。

（2）借助诸如此类的故事表达思想……

…………

人类学的田野工作已经被表达为科学的“实验室”和个人的“通过仪式”，这两种比喻恰好捕捉到了该学科想融合客体与主体实践的不可能实现的企图。直到最近，这种不可能性还被掩盖着：通过田野工作的交互主体性基础边缘化；把它们逐出严肃的民族志文本，降格为前言、回忆录、轶事、自白；等等。最近，这套学科规则正在崩溃。更加充分地说出被访者的名字、引述被访者的话，以及将个人化的因素引入文本的新趋势，正在改变民族志的话语策略和权威模式。现在，我们关于其他文化的大部分知识必须被看成偶然的，是交互主体间对话、翻译和投射的存有疑问的结果。对于任何一门主要由特殊走向一般、个人的真理只能被用作典型现象的例子或集合模式的例外的科学来说，这都引出了根本性问题。

一旦民族志进程符合它将对话关系历史化的全然复杂性，那么原来似乎是对被概括的文化事实的经验的、解释的报告，现在只能被呈现为寓言的层次之一。这些报告可能是复杂和真实的；即使它们使用的是同样的文化事实之储层，从原则上来说也易受驳斥。不过，当这些报告的完成版本以田野工作为基础时，它们显然不再是那个故事，而是与其他故事并列的一个故事。

资料来源：克利福德，马库斯．写文化：民族志的诗学与政治学．北京：商务印书馆，2006：148－149.

其次，在参照或模仿工具使用的范例时，理解工具的使用原理非常重要。合理运用工具的范例包含某种工具的使用经验以及操作原理和技巧，学习和模仿范例的关键在于理解工具的使用原理，并能达到举一反三的目的。

三、范式的作用

库恩把范式概括为常规科学实践的基本框架和指导原则，而且将范式视为较为固定的模式，认为范式的改变将带来科学的革命和观念的根本转变。库恩关于范式作用的观点，主要来自对自然科学史的分析。在他看来，自然科学史中曾出现诸如牛顿力学、阿基米德定律、哥白尼太阳中心学说、伽利略学说等具有革命性的科学发现。他们的学说和理论成为自然科学发展不同阶段的重要范式，为其后的科学实践提供了具有指导意义的范例和原理。

然而，在社会科学研究中，范式的形成、发展及运用似乎不全然如此。社会科学中的范式既不同于库恩从自然科学史中总结出的范式，也不遵循范式—范式转变—科学革命—新的范式这一发展轨迹。在社会科学领域中，有各种各样的思想流派和研究范式。这些流派和范式在认识世界和人类社会方面并不是一致的，有些甚至相互对立，存在根本差别。然而，不同的思想方式和研究范式之间，即便存在根本的对立，或有观念的根本转变，也并不是互斥的，亦非相互替代的关系，而通常是共存和相互对话的关系。所以，一种新的社会科学范式的出现，并不能带来自然科学中那种具有革命性的影响，而只是丰富了社会科学的理论范式。

所以，社会科学范式的作用可能与自然科学的不完全相同。社会科学研究并非遵循范式优先的原则。因为在一些具体实践中，虽然社会科学家们关注同一领域或相同的问题，但他们通常可以按照自己的观念去理解和研究这些问题，而不是非要模仿某种范式不可。当然，他们也可以参照已有的范式去进行研究。也就是说，范式是社会科学家们可以选择的参考框架，而非必须遵循的指导规范。例如，社会学中的结构主义范式强调客观的、必然的规律的存在，建构主义范式强调情境性、偶然性因素对社会现实的建构，两者关于社会结构和社会现象的观念几乎是相对立的。而研究者可以选择其中之一来参照，也可以选择别的理论范式，甚至可以不选择。

社会科学范式的作用还有另一种体现，即在具体社会研究中，某种范式中的基本观念常常可以作为理论对话的对象。

第二节　定性研究的基本范式

社会科学研究的目标和意义在于理论和方法的创新，也就是突破一些理论和思维范式，开辟和拓展新的思想空间。但是，常规性社会科学研究首先需要在一定范式的引导下进行。无论研究的侧重点在何种学科，要实现理论和方法创新，在研究过程中都必须首先遵循一定范式的形成规律，这样才能创造出新的范式。所以，尽管科学研究倡导创新、追求创新，但科学研究的训练注重从范式中获得创新的灵感和知识积累。

对于常规社会科学研究者和学生来说，不仅仅需要有创新精神，同时更需要培养范式意识。也就是在一定范式指导下进行一般研究的积累，为对范式的认识积累更多的具体经验验证，从而为最终对理论和方法范式的突破奠定基础。从某种意义上说，常规社会科学研究的创新，主要体现在研究的过程之中，即在资料、分析方法和理论解释等方面的改进和更新。

纵观现当代人文社会科学研究，虽然在不同领域已形成各种各样的思想理论和流派，但就其研究和思想范式而言，大致可以概括为三种：(1) 实证范式；(2) 解释范式；(3) 批判范式。

一、实证范式

实证范式或称经验实证范式（positivist paradigm），其认识论依据是经验主义和实证主义。实证主义强调认识主体所经历的经验对认识世界的重要性，认为通过经验获得的认识更为可靠，因而倡导用经验去验证和发展理论。社会科学中的实证主义在经验主义认识论基础上，进一步强调用经验事实去检验或证实我们对世界的理解和认识，主张只有通过事实加以验证的认识，才是可靠和可信的认识，因而倡导社会科学研究采取自然科学研究的逻辑，通过获得大量的经验事实，来检验和验证一般性认识，由此建立起关于世界的具有普遍意义的认识，也就是普遍的社会定律或社会规律。

社会科学研究的实证范式的主要特征是：

（1）演绎式逻辑结构。经验研究的基础和出发点是理论命题或研究假设，通过收集经验材料对理论假设所陈述的逻辑关系加以检验或验证，并根据对经验材料的分析，做出演绎式推理。在提出理论假设的过程中，研究者实际上需要对多种经验加以归纳，总结出一些反映事物一般关系的理论表述，以作为研究假设。例如，法国社会学家迪尔凯姆在研究自杀问题时，想揭示社会关系或社会团结（social solidarity）对个体自杀行为会有什么样的影响。在研究过程中，迪尔凯姆提出的四种自杀分类，实际上就是一种理论假设，即不同的社会团结方式和团结程度会影响到群体的不同自杀情形。[①] 针对这一假设，迪尔凯姆收集了不同群体自杀率的统计资料，对理论假设相关命题进行了验证。

（2）经验材料收集。经验研究的一项基本内容就是收集经验材料，无论是理论假设的提出，还是对假设的检验，都离不开经验材料。所以，收集经验材料是进行经验研究的基础性工作，同时，对经验材料的评价也是评估经验研究的基本项目。评价经验材料的标准主要是：材料的真实性，指材料表达的内容与事实的一致性程度；材料的充分性，指研究所用材料支撑检验结果的程度；材料的有效性，指所收集材料能否有效地用于演绎推理。

经验材料的基本特征就是其来自经验世界，也就是社会世界中已发生的事件和已进行的实践。经验材料既可以是反映事物或现象的整体属性、用文字记述的材料，也可以是反映事物的数量特征、用数字表达的数据库。一般来说，社会科学研究中的经验范式多为定量研究，也就是通过收集经验数据资料和进行数量关系分析，来揭示事物的一般规律。在定性社会科学研究中，经验范式同样存在。例如，人类学中的一些民族志研究，也属于经验范式。民族志研究对研究对象的整体情况的描述，实际上就是研究者在用经验材料来说明和质疑某些理论解释。

（3）工具主义策略。在实证研究中，研究者一般尤为注重工具方法的开发和运用。一方面，在收集资料时，为了获得充分、有效和真实的材料，研究者需要设计和运用一定的方法、技巧或技术手段。另一方面，为了从资料中提炼出一般认识，也需要运用有效的分析技术和手段，来揭示现象或事物之间的关系。例如，社会学中的实证研究，通常需要设计合理的问卷，以便更准确地收集社会信息和测量社会行为，此外，还需要运用有效的数据汇总手段以及统计分析方法，由此来解释变量之间的各种联系方式。所以，研究方法和工具的应用是社会学经验实证研究的关键

---

① 迪尔凯姆．自杀论：社会学研究．北京：商务印书馆，1996.

构成部分。

实证研究的工具主义倾向还体现在目标的工具性上，也就是说，经验实证研究的重要目的是解决问题。它通过寻找问题的更具体的原因，以探寻抑制影响因素的办法，达到最终解决问题的目的。

（4）论证的覆盖定律（the covering law of proving）。任何科学研究都有论证的逻辑过程，不同范式的研究遵循不同的论证逻辑定律。在社会科学的经验研究范式中，论证所采用的逻辑定律可概括为覆盖定律。[①] 所谓论证的覆盖定律，是指根据一组初始条件，结合已归纳出的一组适当定理或一般规律，解释事件或现象发生的原因（见图 2-1）。

覆盖定律实际上是一种概率表达和阐述方式，它用部分个体事件来解释整体事件，用一组个体现象来概括一般规律，其逻辑实质就是说明某些现象或行为发生的概率。这一定律的基本原理就是在控制误差和置信区间的条件下，用部分说明整体、用个别论证一般。例如，在对社会分层的实证研究中，社会学者通常用抽样调查的数据，来分析论证个人的学历及其父母的学历与个人所获得的职业及阶层地位之间的关系，在论证中常有诸如“个人学历越高，最终获得阶层地位越高”之类的表述。这样的表述实际上就是用部分事实来概括整体情况，其意义在于指出学历越高的人获得较高阶层地位的概率或可能性越大，而不是说明所有高学历的人都会获得较高的阶层地位。根据通过调查所获得的一组事实及其发生概率的情况，便可论证学历这一初始条件对阶层地位获得的影响。

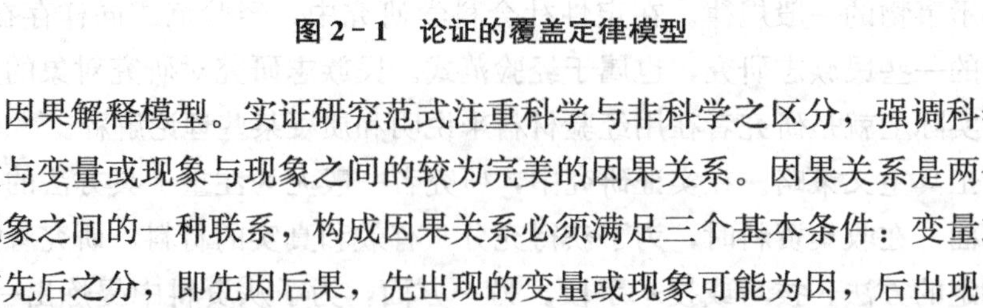

图 2-1　论证的覆盖定律模型

（5）因果解释模型。实证研究范式注重科学与非科学之区分，强调科学研究要提供变量与变量或现象与现象之间的较为完美的因果关系。因果关系是两个及以上变量或现象之间的一种联系，构成因果关系必须满足三个基本条件：变量或现象在时序上有先后之分，即先因后果，先出现的变量或现象可能为因，后出现的变量或现象可能为果；变量或现象之间存在某种相关关系，通常为数量变化上的相关关系，如 A 增长，B 亦增长，或 A 增长，而 B 减少；变量或现象的相关关系并非由第三因素影响所致。

在社会科学研究中，通常情况下较难区分社会现象之间在时序上的先后关系，

---

① 哈维．地理学中的解释．北京：商务印书馆，1996：63.

而且多种社会因素的交互作用情况较多，因而进行纯粹的因果关系分析和解释较为困难。但是，为了追求科学性，经验实证研究范式在分析和解释时采用广义的因果模型。例如在较多经验研究分析中，常用的分析模型是将所要解释的现象或事件列入因变量，把所要考察的各种可能影响因素列入自变量，然后在数量关系分析基础上，给出各种因果关系解释。此外，在因变量-自变量的解释模型中，有时还会加入中间变量或控制变量，其目的就在于研究的结果能尽量提供更精确、更充分的因果关系解释。

（6）价值中立原则。保持价值中立，是经验实证研究者在研究过程中所遵循的一种原则和策略。在对经验事实进行分析和解释时，研究者不对各种事实做出任何价值判断，而是致力于揭示事实之间的关系。也就是说，经验研究主要采取“是什么”“怎么样”“为什么这样”的表述方式，而不用“应该怎样”或“不该怎样”的评判。

韦伯在论述社会科学研究方法时，曾提出和探讨了价值中立原则。韦伯的价值中立原则主要指历史与社会科学研究的取向问题，意指研究者在研究历史和社会现象时，关键在于揭示历史与社会事实，以及这些事实所构成的因果链，而不去对历史和社会事实加以价值评判。[①]

所以，价值中立原则只是经验研究的方式和策略，并不排除经验研究者自身的价值倾向。坚持价值中立原则，是为了增强研究的客观性和科学性。在社会科学研究中，价值中立并不等同于价值无涉。因为社会科学研究者与所要研究的对象是对立统一的关系，研究者不可能真正置身于社会之外来看社会，因而也无法彻底摆脱主观价值的涉入。

在通常情况下，实证研究者在研究过程中会保持价值中立，但在事实材料的取舍、研究结论及其表述方式的选择方面，会带有主观色彩或价值倾向。对于社会科学来说，主观价值的涉入，并不会削弱研究的科学性。相反，纯粹的、价值无涉的社会研究可能只是虚幻的、毫无现实意义的符号。

二、解释范式

社会科学研究中的解释范式（interpretive paradigm）也属后实证主义范式，主要遵循历史主义传统，主张社会科学与自然科学存在本质差异。自然科学追求发现不以人的意志为转移的客观、实在的规律，而在人类社会的历史发展和现实生活中，虽然也有规律可循，但历史和社会规律不同于自然规律，自然规律存在于物质世界之中，而历史和社会规律存在于主体间相互交往和相互作用的各种意义之中。所以，社会科学的主要任务是去理解和解释人类社会及其历史发展过程中的各种行动的意义，从意义的解释中总结规律或因果关系。韦伯的理解社会学、格尔茨

---

① 韦伯．经济与社会．北京：商务印书馆，1997.

(C. Geertz）的解释人类学以及其他建构主义社会理论，其研究范式皆属解释范式。

解释性社会研究一般通过对自然情景中的人和事进行直接观察或间接考察，并系统分析行动的社会意义，以求解释人们是如何构造并维持社会世界的。解释范式在多种社会科学研究领域得到遵循，不同社会科学研究领域虽然研究和理论内容有所不同，但范式的基本原则是共通的。这些共通的原则主要包括：

（1）视社会行动为社会世界的基础。从某种意义上说，解释范式的世界观的一个侧面就是认为社会世界是由富有主观意义的人的行动构成的。社会行动是人类社会各种现象或事件的基本元素。因此，社会研究归根到底就是对人的行动及其意义的研究。

（2）关注社会互动和意义系统。为了理解和解释社会行动，研究者通常将考察的焦点聚集在社会互动之上，也就是人们在相互作用过程中的行为和实践，以及这些交互作用行动所蕴含的意义。在解释范式中，社会行动是相互关联的，因而行动的意义也构成一种系统，社会科学研究的目标就是揭示意义系统的构成。

（3）强调常识（common sense）的首要性。常识是社会成员在日常生活情境中形成的对某些事物或现象的较为一致和相近的理解和认识，就像人们都能理解人在愤怒时会做什么、高兴时会选择何种行动方式。尽管人类的社会行动复杂多变，但是社会科学研究要从纷繁复杂的社会现象中揭示出具有一般意义的规律。人的基本行为是在日常生活或平常实践中进行的，因此个人所经历的生活或实践经验，以及所积累的常识，对于理解他者以及更为复杂的社会行动系统来说，相当于一种认知框架，能为理解和诠释各种复杂的行动提供一个平台和基础。

（4）注重表意和归纳（ideographic and inductive）。解释范式与实证范式在逻辑方法上的重要区别是，解释研究更加注重对表意和归纳方法的运用，而实证研究则主要应用演绎和证伪的方法。表意是解释研究进行考察、分析和表述的重要手法。研究者把各种所观察到的现象、所听到的言语，都视为符码，研究的目的及任务就是去破解这些符码所代表的社会意义。例如，我们在一个会议仪式上看到的参会者的外表、听到的参会者的发言，这些都是行动者发出的信号或符号，其意义需要研究者去破译。解释范式的核心就是解释，“指阐明意义，研究者将经历一个转生为熟的过程。解释赋予经验以意义。意义是指研究对象（某个人）的内心想法。……意义涉及作为研究对象的个体如何理解自身的一系列经历，其中包含何种意图，又产生了什么样的影响。意义内在于个体所讲述的人生经历故事之中”①。

在解释范式中，现象或社会行动的意义被分为两大类：表层意义，深层意义。表层意义就是行动主体呈现的、人们能够通过感官或直觉把握和理解的意义。譬如，当行动者露出灿烂的笑容时，人们知道他（她）的心情很愉快。而深层意义则是蕴含在行动之中、与行动者的主体经历及社会系统相关联的意义。在上述例子中，理解和解释深层意义就是要揭示行动者是如何愉快起来的，以及愉快的心情会

① 邓金（邓津）．解释性交往行动主义．重庆：重庆大学出版社，2004：127.

产生何种社会影响。

归纳是指通过对个体经验的考察，从中总结和概括出一些具有共同特征或一般意义的抽象概念或思想。例如，费孝通通过对中国乡土社会生活的考察，总结和概括出乡土中国的社会关系和文化心理具有“差序格局”以及顾“面子”的特征①。在这里，“差序格局”和“面子”既是被归纳出来的抽象概念，也是乡土社会理论的核心内容。这些抽象概念和思想是从乡村社会主体的日常生活经验中提炼出来的，与现实经验是相对应的。生活在村落中的农民既相对独立和自治，又相互熟知，人们的社会认知，以及村落中的交往，是个人根据对方与自己的亲属关系远近以及情礼关系来做出选择的，由此形成多个以自我为中心、逐步向外围扩展的有差别的人际关系和社会网络。

（5）描述手法的运用。在解释范式中，描述既是常用的研究方法，也是重要的写作方式。要揭示和再现社会行动或文化现象的意义，对现象的文本性转换是必要的。在这一点上，人文社会科学研究可以充分借助文学中的描述、叙事等手法，把无序、复杂的现象符号，转换成人们可以理解、具有系统意义的文本，以实现对现象意义的诠释。格尔茨在对文化进行解释时，提出了两种描述方式：轻描和深描②。两种描述手法被用于解释现象的不同层次的意义。轻描主要用于揭示现象的表层意义，也就是在交互行动中呈现出的身体或语言的信号，如眼动、姿态和叙说。深描则主要用于揭示行动背后的深层含义，即行动主体做出行动选择的原因或动机。

描述既是解释范式中的重要表述方式，也已成为当代社会科学中定性研究的重要方法之一。例如，在人类学、社会学以及管理学等领域，对现象特征、本质和规律的揭示，就是通过对个案的具体和详细的描述达到的。描述既再现了事实，同时又在解释意义；描述既是一种表述，也是理论的建构过程。伴随着对社会世界中现象的描述，社会理论逐渐生成。

三、批判范式

批判范式（critical paradigm）通过对表面现象的重述与批评，揭露现象背后的本质结构，重塑社会世界和社会现象在人们认知结构中的形象，以促动人们改造或重构自己的世界。马克思主义的社会理论、法兰克福学派的社会理论，以及当代后现代主义社会思潮，其理论研究所遵循的范式皆属批判范式。“批判理论特别关注权力和正义问题，还有经济形式、种族问题、阶级和性别、意识形态、话语、教育和宗教，以及其他社会制度和文化力量与社会系统结构之间的相互作用。”③

---

① 费孝通．乡土中国 生育制度．北京：北京大学出版社，1998.

② 格尔茨．文化的解释．南京：译林出版社，1999：3.

③ 金奇洛，麦克拉伦．批判理论和定性研究的再思考//邓津，林肯．定性研究：方法论基础．重庆：重庆大学出版社，2007：303.

在研究取向上，批判范式与诠释学传统有相通之处，就是把自己定位于定性研究范围，主张社会研究对表象的复杂性和多维特性的解释和批判。在方法论上，批判范式并不注重纯客观定性地描述和解释，而是强调能动性，或辩证式、批判式解释，即对表象本质的解释。

批判理论的形态较多，且存在于众多领域，各种理论之间存在着观点的差异，甚至是重大分歧，即便在学派之内，也存有观点分歧。虽法兰克福学派借鉴了马克思主义的批判传统，但一方面其思想与经典马克思主义思想有着较大区别，另一方面学派内的批判理论家如霍克海默（M. Horkheimer）、马库斯（R. Marcus）与20世纪60年代后美国的新左派学者的观点也不尽相同。就研究范式而言，批判研究有着一些共同的特征：

（1）从基本假定展开思辨式批判。对社会与文化批评理论家来说，他们大多接受一些理论假定："所有思想都以社会性或历史性的权力关系为媒介；概念与对象之间、符号与其所指之间，并不存在永远稳定或固定的关系，这一关系常常以资本主义生产和消费关系为媒介；语言在主体性的形成过程之中具有中心地位；在任何社会之中，总会有一些群体具有特权，凌驾于他人之上，这一特权产生的原因可能非常广泛，当下层阶级认为他们的社会地位是自然而然、必要或者不可避免的时候，具有当代社会特点的压迫就会不可阻挡地被再生产出来。"①

与实证范式不同，批判式假定是一种理论预设，是理论家的价值倾向和理论观点，是进行研究或批判的立场和工具。批判式假定既不需要用系统经验来加以检验或证伪，也不用通过验证来实现理论目标。批判式假定自身就是理论，批判研究过程只是在此基础上的深化和拓展。虽然对批判式假定的阐述，有时也会联系现实经验，但这些经验常常是被当作某种表象和参照来应用的，而非被作为系统验证的材料。引入日常经验，是为了突出批判式假定所揭示的本质。例如，威利斯（P. Willis）在《学做工》中，运用批判式民族志手法，引入了劳工阶级子女在成长过程中的一些日常经验，其目的在于强化下层阶级地位在日常生活中自然而然地被再生产出来这一理论假定。②

（2）行动或实践取向。多种批判理论或批判式解释实际上包含一种相似的目标，那就是试图改变或改造所批判的现状。从马克思主义理论对资本主义社会的批判，到法兰克福学派对工业化、现代性社会现实的批判，再到结构主义和后现代主义对现代文化的解读和批评，都隐含了某种共同的意向，那就是要改变或纠正人们的实践对本质的背离。批判的目的在于让人们认清真相，重构对世界的认识，调整实践策略。

---

① 金奇洛，麦克拉伦．批判理论和定性研究的再思考//邓津，林肯．定性研究：方法论基础．重庆：重庆大学出版社，2007：314.

② WILLIS P. Learning to labour：how working class kids get working class jobs. Farnborough：Saxon House，1977.

（3）权力的再概念化。批判研究的一个重要特征就是关注经济、政治、文化与社会中的权力。批判理论家们对不同领域里的权力的运作方式的揭示，是通过权力的再概念化来进行的。[①] 例如，葛兰西（A. Gramsci）在讨论压迫性权力与社会不平等的形成之间的关系时，就运用了“霸权”这一概念。葛兰西用霸权来指统治权力在一种不公平的权力体系中赢得大众赞同的复杂过程及工具。在霸权概念基础上，一些批判思想家又进一步提出了意识形态霸权。统治权力要赢得服从者的赞同，或将权力体系合法地描绘成自然而然、不可避免的社会关系，就必须借助一些媒介，来影响社会心理。因此，霸权的形成与意识形态的作用是分不开的。意识形态霸权主要包括文化形式、意义、仪式以及其他意识产品。[②]

反抗性后现代主义在对权力的批判研究中，广泛使用了话语（discourse）或话语权的概念。话语与社会中语言的运用相关。语言不是中性的，而是服从于社会建构的。权威会用话语的语言使用方式，建构起一套人们默认或赞同的规则。所以，话语权力通过颠覆语词意义将霸权意识灌输到大众意识之中。福柯（M. Foucault）运用“权力谱系学”方法，对话语权力进行了尖锐批判：“在任何一个社会中，话语的生产都会根据一定数量的程序被迅速地加以控制、选择、组织和再分配，其作用在于转移它的权力和危险，应付偶然事件，逃避它那沉闷的、可怕的物质性。”[③]

（4）错觉或异化（reification）原理。批判研究在对社会表象进行分析时，通常会借助认知心理学中的错觉原理，以及辩证哲学中的异化概念。运用错觉原理，旨在区分出批判思想与一般观念的差别，强调日常经验或世俗的视角让人们形成固定的、与本质相背离的认识。也就是说，一般观念——如关于现实社会秩序的意识——是由复杂表象造成的错觉，从而导致人们将现实秩序看作自然而然、不可避免的结果。

异化概念是批判研究的又一重要批判工具。异化反映的是一种主体与对象关系的蜕变现象，或一种主体地位及能动性背离发展本质的现象。例如，马克思在批判资本主义生产方式和生产关系时，就指出了资本主义社会的异化问题。如劳动者创造和生产出机器，结果却被自己的生产物束缚和奴役。异化现象在其他领域也广泛存在，如资本主义社会中的金钱拜物教，实际上是人创造出的金钱货币异化为支配人的工具。

（5）反省和反思（reflexive）。在一些文化研究和文化批评中，虽然研究者坚持怀疑主义态度和批判精神，但他们并不像反抗性后现代主义者那样，对现实和一般观念予以解构或颠覆，而是保持一种相对谨慎的反省和反思态度。所谓反省、反思或反观，就是将自身世界对象化或他者化，即个人把自己——包括自身的意识活

① 金奇洛，麦克拉伦．批判理论和定性研究的再思考//邓津，林肯．定性研究：方法论基础．重庆：重庆大学出版社，2007：305-307.

② 同①306.

③ 泽瑞尔．后现代社会理论．北京：华夏出版社，2003：62-63.

动——放置于思考、讨论的对象之列。例如，在当代社会学和人类学研究中，涌现出反思社会学和批判式民族志的思潮，这些理论思潮所包含的方法论内容主要是反省和反思。例如，布迪厄（P. Bourdieu）就将自身设定为一位社会行动者，通过把自己与研究对象整合统一来对现象进行考察和思考。对自己最熟悉的世界的研究，“要颠覆观察研究者与他所研究的世界之间的自然关系，就是要使那些通俗常见的变得不同寻常，使那些不同寻常的变得通俗常见，以便明确清晰地展示上面两种情况中被视为理所当然的事物，并用实践的方式来证明，有可能充分彻底地将客体以及主体与客体的关系都作为社会学研究的对象，后者被称为‘参与性对象化’（participant objectivation）”①。此外，在人类学批判式民族志研究中，人类学者们也开始反思置身于民族志研究之中的研究者的自身行动。一方面，需要反思研究者自身与对象之间的关系问题；另一方面，需要反思研究者行动，即书写的民族志是否存在对研究对象的知识霸权。②

在人文与社会科学领域，批判研究占有重要一席。批判理论家们凭借他们的批判精神、敏锐眼光，以及独特甚至是尖刻的论述方式，对现实中的种种表象以及各自领域里的一般成见提出质疑和挑战，由此，批判研究构成了学术研究中的一道独特的风景线。

四、范式间的分歧与沟通

社会科学不同于自然科学，按库恩对科学发展史及范式作用的理解，范式是大部分时期常规科学活动所参照的范例、模式和规范，因而对常规科学研究具有指导性、统合性的作用。然而，在人文社会科学领域，范式的意义可能有所不同。人文社会科学中的不同范式，既包含着研究者在本体论、认识论、方法论等方面的差异，甚至是对峙和矛盾，同时也意味着研究者所运用的定律、理论以及方法和工具的不同。所以，社会科学研究中的范式一方面构筑了研究及理论模式，但另一方面也营造了科学研究和思想交流的壁垒，这一壁垒源自不同范式间的隔阂、矛盾和抵触。

首先，社会科学研究中的不同范式，在对待定量和定性研究的态度和取舍上，存在着较明显的分歧和不相融。例如，实证范式强调数量以及定量研究是确保研究的科学性的必要条件，因而对纯定性的、描述性的方法抱有怀疑甚至是排斥的态度；同样，一些热衷于意义表述的定性研究者则对抽象的数字符号和定量模型持有怀疑态度。这种分歧和抵触其实主要是由社会科学研究者的主体知识构造、兴趣、风格上的差异引起的，而不是真正由不同范式的适用性造成的。社会现象包括数量

---

① 布迪厄，华康德．实践与反思：反思社会学导引．北京：中央编译出版社，1998：99.

② 马尔库斯，费彻尔．作为文化批评的人类学：一个人文学科的实验时代．北京：生活·读书·新知三联书店，1998.

和性质两方面的特征及规律，社会研究也可以从两种视角和两种路径去进行，由此形成不同的认识，要说明这些认识或理论策略哪种更好、哪种更有效是相当困难的。

其次，一些主要的范式及其多种演变形态，存在着关于世界、研究目标、知识的本质、参照的理论、有效研究方法、评价标准等方面的争议（三种社会科学研究范式比较见表 2－1）。研究者对不同思想、不同理论的讨论和争论，有时可能并不是真正的对问题或现象的思考和讨论，而是源自范式间的隔阂和抵触。譬如，注重且习惯于从现实经验出发来研究问题的社会学实证研究，可能会对经济学中倾向于从前提假设出发来进行推理的研究范式产生抵触，因为实证社会学通常首先就会怀疑经济学中的一些前提假设。

表 2－1　三种社会科学研究范式比较

	实证范式	解释范式	批判范式
本体论	强调客观实在性和真实现象的存在，以及规律的可获得性	强调相对性，以及意义的有限可理解性	主张历史实在论，即被社会形塑的实质现实
认识论	二元论、客观主义、科学主义	调和的二元论、交互主体的客观主义	反映论、主观主义
方法论	实验、操作化、演绎和定量方法	类实验、参与、描述和定性分析	辩证、推论和价值分析
定律	演绎式定律，被经验事实检验的一般规律	归纳式定律，从个案经验中得出的概括	批判式定律，从现实推论出的背离假定
理论	由各种变量关系构成的系统表述	从具体经验中提炼的意义诠释	对表象与本质相背离原理的解析
应用	工具主义取向，用于改造世界	理解取向，用于交互主体性的发展	实践行动取向，旨在激发颠覆、反抗实践
工具	追求精确收集事实的操作性工具，如实验、调查	注重交流性事实材料收集和解释的工具，如参与观察、深描	揭示实质的再概念化，如霸权、再生产

最后，社会科学的范式之间除了存在上述矛盾和分歧之外，也存在着对话、相互交融和沟通的可能性。从当代社会科学思潮的发展趋势来看，流派之间的边界日益淡化，各学科的方法论更多地产生于具体研究和视角，而不全是某一范式的通则。在理论构建方面，范式间的融合也非常明显，正如林肯和古巴（E. Cuba）所言："各种范式之间已经开始出现'杂交'趋势，以至于两个理论家可能在过去被认为是水火不相容的，而现在在不同理论纲目下看起来却像是在为对方的观点说话。"[①] 事实上，虽然不同范式的理论和方法论有较大的分野，但这既并不必然构成

① 林肯，古巴．范式间的争议、矛盾及正在出现的融合//邓津，林肯．定性研究：方法论基础．重庆：重庆大学出版社，2007：176.

范式间对立和相互攻击的理由，也不一定排斥相互间的交流和沟通。例如，实证范式和解释范式两范式，前者强调客观的真实，后者强调主观的真实，两者虽在主客观性上存有差异，但有求真的共通之处。各范式如果都对对方获得真理的方式予以理解，就能避免毫无意义的理论和方法论的纷争，从而促进理论的对话和交流，对推进知识的多元发展和丰富知识内容起到积极作用。

在不同的研究范式之间，研究者究竟如何做出选择呢？事实上，不同范式有自身的相对价值和意义，有自己的优势，也存在各自的局限。因而，并不存在普遍有效的标准。就具体研究实践而言，需要依据研究问题的内在逻辑要求，以探明问题的基本原理为出发点，选择适当、有效的研究路径和方法。如简单评估某一范式的适用性和有效性，难免导致范式至上的偏误。

对研究者来说，在研究过程中根据研究问题的性质，参照某一范式中的理论、方法、工具等，可以使研究更具规范性和可交流性。所以，任何研究都需要遵循或参照一定的范式，即研究者要将自己的研究置于知识共同体的大框架之中。与此同时，研究者在范式的基础上，还需要认识到范式所可能构筑的知识壁垒，以及各种可能的偏见，并努力去超越和克服范式对揭示社会世界的本质及认识的全面性所构成的障碍。也就是说，社会科学研究者既需要范式的引导，运用范式来进行具体研究，又需要随着研究的深化和具体化，不断超越范式，以促使社会研究更具综合性、概括性和实用性。

资料库 2-4

你眼中的苹果

当哈尔考姆向学众们讲解完一个人可以用来省视世界的许多不同观照取向之后，他饿坏了。虽然他仍继续回答问题和主持讨论，但他同时请一位听讲者去探询午餐是否准备好了。

因为这位听讲者并没有返回报告，所以哈尔考姆又请了第二位听讲者前去探询。然而第二位听讲者也迟迟不回来，哈尔考姆只好自己去探看究竟。

他发现那两位听讲者、主厨和三位访问学者正在进行激烈的争论。哈尔考姆无视这论辩，直接问道："午餐准备好了吗?"

第一位最年长的访问学者回答："我已经向这些年轻人解释过，食物的状态并非决定是否准备好的唯一依据。一顿餐并不只包括食物，它必须包括那些要享用食物的人。所以，唯有每件事都已就绪，要享用食物的人也聚集入座了，这顿餐才算是准备好了。"

第二位访问学者则说："我斗胆品尝过这餐食。从一个美食家的观照取向而言，这顿餐绝不会有准备好的时候。这根本就毫无希望，让我们回到城里去吧!"

第三位访问学者说："准备度是一种心灵状态，而非物理状态。既然食物没有心灵，食物就不可能准备好。只有人类可能准备好。"

厨师也说道："午餐都在每一天的中午进行。在中午的时候，午餐就会准备好。

为什么还要问午餐准备好了吗？这是中午，这就是午餐。所以午餐准备好了。”

如此，他们又展开辩论，企图提出更好的论点，做更小范围的区分。

这时，哈尔考姆坐下来开始吃他的午餐。一个学生询问他为什么不加入这场辩论，来澄清这些重要的论点。哈尔考姆又吃了一口，才回答道：“在你眼中的苹果，并无法满足你腹中的空虚。我们该有时间讨论饮食的性质——但是也该有时间吃饭。”

资料来源：巴顿．质的评鉴与研究．台北：台湾桂冠图书股份有限公司，1999：72.

第三节 定性研究的理论传统

在对社会世界的研究中，由于研究者关注的焦点是多样的，对研究多样问题的视角和看法可能各有差异，因此形成了多种学说和多种理论传统。在有些理论传统中，人们观察、认识和理解社会现象的方式方法更趋于定性研究，即更加注重通过对社会现象的性质、本质及特性的揭示，来认识和理解社会世界；而有些理论传统则可能趋于使用定量研究。

理论和研究方法密切相关，一种理论既包括对社会世界的认识，也包括获得各种认识的途径和过程。因此，从具有定性研究传统的理论中，我们可以总结出定性研究的方法论以及具体方法和策略。

一、功能主义传统

功能主义理论是 20 世纪初和上半叶在诸多社会科学学科中较为流行的一种理论流派。在这一理论流派的思想观念中，备受关注的是关于考察和认识社会世界的方法和途径问题。从某种意义上说，功能主义传统开创了当代社会科学对人类社会进行综合性思考和定性研究的新路径。功能主义理论更加注重综合性的思考，即用对整体的认识和理解来解释其构成部分，也就是通过对整体的认识来认识具体行为和现象在整体中的功能或作用。所以，功能主义的分析方法不注重结构分析，而是倾向于部分在整体中的功能分析。也就是说，社会研究不仅仅要分析社会系统是由什么结构组成的，更重要的是要发现系统各部分如何相互作用以及作用的方式是什么。

在定性研究方法方面，功能主义理论的贡献突出地体现在两个方面：一是社会人类学中的民族志研究，二是社会学中的系统-功能分析。

（一）民族志研究

定性研究方法与现代社会文化人类学的民族志研究（ethnographic research）

有着非常重要的联系，在一些社会科学学科中，定性研究通常是指运用民族志研究方法来进行研究。

社会与文化人类学中的民族志研究主要是针对人类文化这一核心问题而展开的。为了探究文化的本质及意义，民族志研究选择某个相对封闭、完整的文化系统来进行实地观察，通过对一个完整文化系统中的各种具体行为、制度进行考察，以认识文化的各组成部分是通过何种方式构成文化整体的，以及各部分功能及其功能法则是什么。

在民族志研究过程中，实地调查是主要研究手段，这一方法也叫田野工作（field work）。人类学者通过田野工作，获得关于文化系统的诸多组成部分（如当地人的习俗、制度、行为、观念或地方性知识等方面）的信息，并根据功能分析来把握文化构成的基本原理，以及由此预测文化系统动态变迁的趋势或规律。

在田野工作或实地调查中，研究者常用的获得信息或资料的手段就是参与观察（participant observation），也就是研究者通常要参与到研究对象的生活世界之中，通过亲身经历和体验，来捕捉和理解各个文化组成部分在构成文化整体中的作用方式，即功能。

民族志研究注重实地调查和参与观察，体现了功能主义在本体论、认识论和方法论上的基本取向。具体来说，功能主义在本体论方面的观念倾向于相对性和情境性，即人们对事象或事实的把握和理解不是客观不变的，而是随着整体或情境的变化而变化的，因此，要获得真实的知识必须到相应的社会情境中去。譬如，红色在物理构造上是绝对的，但在社会文化中的功能则是相对的，在中国文化与西方文化环境里，红色的意义及人们对红色的运用存在着较大差异。所以，功能主义理论主张人文社会科学知识的建构方式应该有别于自然科学。因为自然科学所要考察的事物是客观不变的，山就是那座山，月亮就是那个月亮。而社会科学所要考察的诸多对象，则是相对的、变化的。

整体论是民族志研究的基本思路。所谓整体论，是指强调对文化或社会现象的理解，必须置于文化整体或社会系统的环境之中。因为个体或个别的现象是构成整体的要素，所以其意义与整体是不可分离的，或总是相对于整体而言的。整体论观念主要包括：（1）人性、社会性是普遍的，即无论何种文化、何种社会，都是自成一体的系统，或构成了一个较为完整的整体，并按照自身的逻辑运行。（2）社会与文化事实不是客观、孤立的实体，而是相对于主体的意义系统。文化与社会中的主体赋予行动或现象各种不同的意义，并将这些意义按照一定法则系统地编织在一起。（3）社会与文化的经验研究之目的在于获得相对经验，也就是从整体文化或社会环境中获得直接经验。只有置身于系统环境之中，才有助于获得与整体相关的经验。（4）整体与个体、个别与一般在对整体环境的体验中实现有机统一。通过直接的经验性参与，可以理解整体中的各种具体、个别行为和事实，并且认识社会与文化系统是如何构成的。此外，通过对一个完整个体的全面认识，可以总结和概括出一些具有一般意义的社会与文化构成和运行的规律。

之所以社会与文化人类学中的民族志研究具有功能主义的特点，是因为其在分析中，主要使用定性的功能分析方法。民族志研究通常在田野工作中收集各种各样的关于社会与文化系统的资料，考察其中的具体现象及制度在整体中发挥着怎样的作用。

例如，英国社会人类学家马林诺夫斯基通过在西太平洋波利尼西亚群岛进行的田野工作，主要考察当地居民围绕库拉交换的各种社会与文化活动，来说明文化构成部分在文化系统中是怎样起着整合作用的，由此揭示各种文化行为和制度对其文化系统来说都是具有特定功能的一般性文化法则[①]。

（二）系统-功能分析

系统-功能分析（system-function analysis）不仅是功能主义社会学所主张的重要研究方法，也是定性研究的主要传统之一。与齐美尔（G. Simmel）所倡导的形式社会学[②]不同，美国社会学中的芝加哥学派更加注重功能区位研究，尤其是都市的功能区位分析。形式社会学强调结构分析，即从社会整体中抽象出一些纯粹的构成形式来加以分析，而功能主义则倾向于先从整体出发，来分析构成要素的功能。如芝加哥学派的重要代表人物帕克（R. Park）就非常关心社会性质是什么。他提出："所谓社会概念，不过是对对象的描述，它和根据观察而来的其他学问的概念，并没有什么差别。但它所描述的对象，是可以从各种不同的特殊观点去观察的。从各种不同的观点看去，社会可以被视为：（1）一个统计的单位，如梅特涅（Metternich）氏的名句，作为'多半是个地理的名词'，（2）一个区位组织，（3）一个经济的整体，（4）一个政治的整体，或（5）一个文化的整体。"[③] 首先从整体上把握社会的性质，再来考察组成部分在整体中的功能，便可形成对整体和部分的全面、综合的认识。

帕森斯所构建的社会行动结构和社会系统运行的结构功能主义理论，使系统-功能分析转向更为抽象、更为宏观的定性研究。帕森斯的功能分析的抽象之处主要体现在他将社会理论建构在诸多极其抽象的概念之上，如"系统""子系统""模型""调适""目标实现""整合""模型维护""制度化的个人主义"等，通过对一系列抽象概念的组合，形成关于社会行动、社会系统的命题，以此来分析和揭示真实世界的均衡状态的原理及实质。帕森斯并未专门探讨过自己的方法论，也未对具体实践或经验做过理论解释，而是将注意力集中在一些预先假设和一般命题之上，这是其理论抽象性的又一表现。他试图通过理论与具体实际保持一定距离的方式来追求理论的高度概括性和一般性。帕森斯选择这一研究策略，目的在于"将工具主

① 马凌诺斯基（马林诺夫斯基）．西太平洋的航海者．北京：华夏出版社，2002.

② 西美尔（齐美尔）．社会学：关于社会化形式的研究．北京：华夏出版社，2002.

③ 派克．论社会之性质与社会之概念//北京大学社会学人类学研究所．社区与功能．北京：北京大学出版社，2002：60.

义和唯心主义的传统加以整合，通过发展一种图式来实现纯粹唯意志论与纯强制理论的综合，以表示'后经典'社会学理论的开端"①。帕森斯的社会学分析方法的宏观性主要体现在他对系统宏观结构的关注上，他提出了一种"AGIL"模型，用来进行系统功能分析。这一模型实际上就是将社会分为"调适（A）""目标实现（G）""整合（I）"和"模型维护（L）"四个功能系统，然后根据一般、抽象的概括，将这些命题引向具体经验，如社会分配、权力和文化等领域。

默顿（R. Merton）对帕森斯的社会学研究策略进行了调整，提出了"中层社会学"的理论策略。在默顿看来，帕森斯的理论体系过于庞大，这样一种"整体社会学没能充分利用有利条件，一个一个地研究问题，而是去一笔书成一个庞大的综合社会学理论"②。默顿指出，中层理论策略具有 8 个基本特性："（1）由有限的几组假定组成，通过逻辑推导，可以从假定中产生经受检验的具体假设。（2）综合于更为庞大的理论网络。（3）抽象概括足以应用于社会行为和社会结构。（4）划清了微观与宏观社会学问题。（5）整体社会理论体系。（6）社会学思想是一致的。（7）是传统理论的直接延续。（8）中层倾向指明了研究中的未知数。"③ 在具体研究实践中，默顿的中层理论策略集中体现在其对社会理论与社会问题、基础性研究与应用性研究之间关系的处理上。就此默顿提出："在社会学中，就跟在其他科学、物理学、生物科学和社会科学中一样，存在着学术上的劳动分工，而不是只追求这两个方面中的任何一方，或否定另一方。"④ 由此可见，默顿强调社会科学的理论建构要与社会问题研究进行有机结合，而不是各自分离、相互排斥。

在功能分析方法方面，默顿提出的一些功能分析概念和工具相对更加具体、更加与现实经验接近，如"显性功能"（manifest function）与"隐性功能"（latent function）、"功能需求"与"反功能"等。这些功能分析概念是从社会经验中概括出来的，并根据经验组成相应的命题和假定，据此再对具体社会问题进行理论分析。

功能主义传统在当代社会科学中不断得以沿袭、传承和创新，成为定性研究的重要构成。虽然功能主义在概括、假定、推导或论证的过程中，存在循环论证之局限，但其整体观照的观念，以及巧妙地将抽象概括与经验研究有机结合的策略，使得功能分析范式的科学价值和应用价值大大增加。或许正因如此，功能主义分析方法被大量的定性评估或应用性研究青睐。正如默顿所言："在当代对诸多问题进行社会学解释的各种取向中，'功能分析'最有前途，但可能也是最缺乏整理的一种取向了。"⑤

---

① 亚历山大．社会学二十讲：二战以来的理论发展．北京：华夏出版社，2000：27.

② 默顿．论理论社会学．北京：华夏出版社，1990：69.

③ 同②92－93.

④ 默顿．社会研究与社会政策．北京：生活·读书·新知三联书店，2001：50－51.

⑤ 同②98.

二、现象学传统

广义的现象学是指一种哲学流派或哲学观念，狭义的现象学则包括社会科学中将研究焦点置于现象或经验之上的一种取向。

就现象学（phenomenology）哲学传统而言，它是胡塞尔（E. Husserl）建立的一种哲学方法，即“现象学的方法”。通过这一方法，可以进行具体明证性的现象学相关研究，并将哲学引向严格科学。现象学方法的世界观是自然观点的命题，如胡塞尔指出：“我们作为自然生活的人，作为‘在自然观点中’表象着、判断着、感受着、期望着的人开始我们的考察。我们将在简单的沉思中表明，这些意味着什么。”[①] 要实现哲学的科学性，胡塞尔主张哲学应将“意识本质”作为研究课题。他指出：

> 我们遵循我们的普遍原则，即每个个体事件都有其本质，这个本质可以在本质纯粹性中被把握到并且必定在这种纯粹性中属于一个可能的、本质的研究领域。据此，“我在”“我思”“我具有我面前的世界”等等这类普遍的自然事实也具有本质内涵，而我们现在就唯独要研究这种本质内涵。例如，我们进行某种特殊的意识体验，将这种体验看作实体的人的事实，正如这些体验在自然观点中所表现的那样，或者我们在回忆或在自由臆构的想象中当下化。[②]

在对意识本质的研究之上，胡塞尔提出了一种本质还原的方法。所谓本质还原法，是指从经验领域中的普遍事实过渡到本质形式，例如，人们对物体的感知现象，不是事实性感知，而是结构体系的揭示，现象学的还原就是打开通向纯粹心灵总领域不变本质形态的通道。

现象学哲学观念实际上是关于意识、逻辑、哲学和科学等现象的本质及关系的抽象思考和讨论。这样一种思辨性的哲学理论，与社会研究中的定性方法论其实有着较大差异。虽然在社会学理论中，现象学哲学的影响痕迹较为显著，如舒茨所主张的社会现象学，但这并不等同于现象学哲学与社会现象学方法论同出一辙。就理论观念而言，虽然现象学哲学可能对社会科学理论产生一定影响，但这种影响并非对方法论和研究方法的直接影响。广义而言，哲学研究大多是定性的，但定性社会科学研究并不等同于哲学思辨性研究，而有可能在研究中运用哲学的理论。

（一）社会现象学

尝试将胡塞尔的现象学哲学理念应用于社会研究之中的主要有两人：一个是梅洛-庞蒂（M. Merleau-Ponty），另一个就是舒茨[③]。梅洛-庞蒂是胡塞尔的重要继承

① 胡塞尔．现象学的方法．上海：上海译文出版社，1994：110.

② 同①124.

③ 亚历山大．社会学二十讲：二战以来的理论发展．北京：华夏出版社，2000：186－187.

人，他所关注的问题是如何将现象学与社会系统联系起来，由此他想到了个体意识问题，并试图将个体意识分析上升为一个分析层次。个体意识分析实际上是考察个体性的意识是如何参与构造生活世界的，以及个体意识与文化环境或文化秩序是怎样交互作用的。

舒茨在意识与社会之间的关系问题上，进行了更加深入和具体的探讨和研究，他雄心勃勃地要在现象学与社会学之间建立真正的结合，并且也做过多种经验性研究尝试。舒茨认为，日常经验世界是存在于人们的主观之中的文化世界，也就是说，意识或对经验的感知并不是纯粹先验的，而是世俗的，是在特定文化秩序中形成并起作用的。正如他所阐述的那样：

> 天真地生活着的个人……可以说机械地掌握着一些对他确实有意义的情结。来自先天遗传的和学习获得的东西，来自传统、习惯的各种沉淀，以及他本人以前对意义的构造，这些都能被记住和再度复活，由此而建立的他生活世界的经验储备是一个封闭的有意义的情结。生活世界的经验有其独特的证实方式。这种方式是协调所有单个经验过程的结果。它的形成，最后不完全取决于相关的观点和利益的范围，对于后者还需进行说明。①

理解日常世界中的事件或现象，可以从相对封闭的个人意识结构切入。与此同时，个体意识或有意义的情结的形成环境和过程不容忽视，在其中，先验的、文化的因素以其独特方式被连接起来，并最终通过被动员和再度复活的方式发挥作用。舒茨的社会现象学或社会世界的现象学（phenomenology of social world）理论的初衷是将现象学哲学与社会研究结合起来，寻求探讨和理解日常生活世界中的现象的本质和意义。虽然这一尝试也与经验研究有所结合，但其抽象性、思辨性特征，给人们留下了哲学与社会学的“大杂烩”的印象。其实，舒茨所要说明的问题不过是“理解”问题，类似于韦伯所关心的对行动意义的理解问题，也就是行动者如何在生活世界中理解自身，以及他们又是如何相互理解的。

（二）民族方法论

民族方法论（ethnomethodology，也译成“本土方法论”“常人方法论”和“民俗方法论”等）是舒茨的学生加芬克尔（H. Garfinkel）所设计的一种综合方法，旨在解决社会现象学中个体主义的困境，也就是要解释个体意识何以能在构造秩序中被运用，以及现象学中的类推、组对和扩展法在建构中是如何发挥作用的。

加芬克尔在研究游戏及其规范秩序时，提出了民族方法论的观念。所谓民族方法论，“是指这样一种研究，把索引性表达及其他行动实践的理性特质，视为日常生活中那些组织有序、富有技巧性的实践成就，且这些成就带有偶然性和持续

① 亚历山大．社会学二十讲：二战以来的理论发展．北京：华夏出版社，2000：186.

性”[①]。在加芬克尔看来，游戏正是一种把个体意识与社会需求结合起来的规范秩序的原型，在游戏竞赛中，参与者共同遵循规范或纪律从而形成集体秩序。那么，在这种文明化的规范秩序中，规则和个体意识究竟是怎样被使用的呢？或者说，游戏参与者为何相信其他参与者会遵守规则呢？在解答这一问题时，加芬克尔试图将舒茨的现象学观念与帕森斯的结构功能主义理论加以结合与调和。帕森斯的结构功能主义理论把遵守规则以及信任系统、集体秩序的形成，归结为规则内化的结果，也就是将规则作为一种社会或文化的观念内化为个体意识的结构；而现象学则认为，规则存在于人们的“构造期望”之中，或在个体意识中被使用，也就是成为人们在日常生活中所持有的态度。加芬克尔认为，规范秩序的形成都要经过“正常化”过程：人们将新事物描述为正常的，并维持与过去的事件和规则的一致。在将新事物描述为正常的时，需要运用一定的实践技巧。这些技巧主要包括类推、组对和扩展法，即事件的参与者对已有的规则加以索引、扩展、类推，以便适应新的情境，并由此构造正常化的集体秩序。也就是说，虽然我们所熟悉的日常生活和社会秩序是我们共同感知的世界的一部分，但它不是客观存在，而是活动或实践的产物。

在社会研究方法方面，加芬克尔认为，适合社会学家的资料和方法很少，要揭示构造生活世界的活动是什么，以及它们是否具有现实的真实性，只能通过“尾随实验”，运用社会逆反的方法，来观察逆反的反应，由此便可以解释有序、熟悉的世界是由什么建构起来的[②]。所谓社会逆反的方法，就是从人们熟悉的情境出发，探讨扰乱正常秩序需要做些什么，以及捣乱行为会在正常情境中引起什么反应。例如，在一个实验中，加芬克尔有意在对话中插入一些内容，让实验者（E）要求被实验者（S）把每一句平常的话的字面意义都清楚解释：

S：你好，雷尔。你女朋友怎么样？
E：你问她“怎么样”是什么意思？是指身体还是指精神？
S：我的意思是说，她感觉怎样？你怎么啦？（他显得很气恼）
E：没怎么。只是解释清楚一点，你到底是什么意思？
S：算了。你的医学院申请现在怎样了？
E：你问“怎样了”是什么意思？
S：你知道我是什么意思。
E：我确实不知道。
S：你怎么了？你是不是生病了？[③]

通过类似上述的扰乱性实验，加芬克尔试图了解正常秩序瓦解的过程，以及行动者的反应，并由此来说明人与人之间的互动、集体秩序的维续，不仅依赖于文化规范或规则的约束，而且在一定意义上依赖于行动者构造秩序的技巧，或者说行动

① GARFINKEL H. Studies in ethnomethodology. American sociological review，2008，33（1）.
② 同①.
③ 亚历山大．社会学二十讲：二战以来的理论发展．北京：华夏出版社，2000：197.

者对文化规范的索引和应用。

（三）符号互动论

符号互动论是定性研究中的一个重要理论传统，它关注的问题是："什么样的共通符号，给人们的互动赋予意义？"

符号互动论的主要代表人物是米德、布鲁默（H. Blumer）和戈夫曼（E. Goffman）。虽然三位符号互动论者的理论观点有所差异，但他们的研究共同构成了一种关于个人与社会关系的理论体系和一种社会研究策略。

在米德的理论中，语言、姿势、符号化及自我是核心概念。米德认为，语言是最普通的符号系统，它并非产生于行动，而是先于行动而产生，语言是使行动的情境或对象得以创造出来的重要组成部分，并赋予行动以意义。姿势是有意义的符号，它使经验符号化，把不断变化的新经验与社会范畴联系起来，也就是把个人体验与一般他人（generalized other）角色联系起来，或将个人与社会联系起来。个人的姿势是社会制度的反映，社会制度不是别的，而是所有人所持态度的条理化。为了说明态度的社会特征，米德提出自我由"主位我"（I）和"客位我"（me）构成，两者是同一行动的两个不同阶段，即偶然性阶段和决定性阶段。主位我是行动创造者或新的因素，客位我是符号序列或赋予行动的意义。一个人的态度是由客位我决定的。

布鲁默在20世纪30年代提出了"符号互动论"（symbolic interactionism），作为对米德理论的一种概括。到了20世纪60年代，布鲁默将符号互动论作为批判由帕森斯的结构功能主义占主导的社会学研究的理论工具。帕森斯对社会行动的研究倾向于从系统结构及功能的角度去加以概括和综合，而布鲁默则关注行动过程本身，即刺激与反应过程。他认为，对象的本质是由意义构成的，而意义则是相对于行动者和行动对象而言的，也就是说，意义源于一个人与其伙伴的社会互动，一件事情的意义则是由一个人及相关个人的行动构成的。"个人为了行动，要解释他面对的这个世界，而不是面对他要反应的环境……他必须确定和引导他的行动，而不仅仅是对他利用的那些因素做出反应。"例如，布鲁默在对工业关系的研究中，指出工业关系是紧张的、变动的和不稳定的，根据长期趋势来预测这种关系是不可能的，因为所发生的事情形成于诸多讨论、形成于对复杂情境的判断、形成于对行动的及时预测、形成于各种事件所产生的威胁和机会。[①] 由此可见，布鲁默赋予行动极高的重视程度，也表明其倡导社会研究侧重于个体行动和社会互动过程的转变。

戈夫曼用戏剧理论对布鲁默的符号互动论加以拓展。在自我与社会秩序之间的关系的问题上，戈夫曼更加关注个体行动的动机，以及掩饰动机的种种技巧和策略。如戈夫曼指出："人这个词，最初的含义是一种面具，这也许并不是历史的偶然，而是对下述事实的供认：每个人总是并处处或多或少地扮演一种角色……正是

① 亚历山大．社会学二十讲：二战以来的理论发展．北京：华夏出版社，2000：161－164.

在这些角色中，我们相互认识；正是在这些角色中，我们认识了我们自己。”① 至于个人角色扮演，戈夫曼认为：“成功地表演这两种虚假人物中的任何一种，都必须使用真实的技术——就是人们每天都用以维持他们真实的社会情境的那些技术。”② 在戈夫曼的眼里，社会就是一个大舞台，由“前台”与“后台”、“剧班”与“观众”、道具与技巧构成，个人在“前台”的表演，就是将自我与社会控制和社会秩序结合起来。从戈夫曼的理论来看，符号互动论在社会研究中，似乎把所有焦点都聚集在个体间的互动行为上，试图仅通过对互动情境中的表情、姿态、语言的观察和理解，就能理解社会秩序是怎样建构起来的。很显然，这一研究取向，或许过于微观化，也过于依赖分析技巧。

在社会研究领域，符号互动论对抽象、宏大的系统和结构分析提出了挑战，另辟了一条可以依赖日常经验和常识来进行微观分析的路径。就方法而言，符号互动论充分调动了社会研究者的洞察力和想象力，以及日常生活所赋予人们的常识或共同感知的东西，让人们从平常的生活世界去把握复杂的社会秩序的构成。

三、后现代主义传统

随着定性研究的发展和不断受关注，越来越多的定性研究者开始在研究方法上追求形式化，与此同时，他们也在为自己所开创的新的研究形式寻找各种认识论的依据。后现代主义的定性研究形式及其相关理论的发展，充分体现了当代定性研究的形式化和多元化。尤为重要的是，多种形式的后现代主义定性研究及其理论，让人们对人文社会科学研究与自然科学研究之间的联系和差别重新加以审视和反思，从而在一定意义上拓展了人文社会科学研究的理论和方法论视野，尤其是突出了定性研究方式和策略在其中的重要价值。

（一）扎根理论

扎根理论发端于贝克尔等人的研究实践，在《穿白大褂的男孩——医学院的学生文化》中，他们倡导了一种规范化、类定量的定性观察和分析模式，强调对资料的直接占有、利用，以及直接从资料中获得理论假设和理论建构的出发点③。早期的扎根理论偏重于用开放式、半结构式访谈法和参与观察法来获得一手资料，并且强调对这些定性资料加以标准化处理和分析，以便形成与定量研究相类似的规范科学研究。此外，早期的扎根理论还强调在分析中运用因果分析模式和因果表述方式，主张用非精确的数据表述方式或含蓄的数据分析方式来阐述理论结论。

① 戈夫曼．日常生活中的自我呈现．杭州：浙江人民出版社，1989：19.

② 同①245.

③ BECKER H，et al. Boys in white：student culture in medical school. Chicago：Chicago University Press，1961.

格拉泽和斯特劳斯在1967年正式提出“扎根理论”（grounded theory）这一术语[①]。他们将扎根理论作为定性研究的策略和方向，试图按照实证主义定量研究的标准、模式去规范定性研究。因此，从某种意义上说，扎根理论为定性研究增添了后实证主义、后现代主义的色彩和光环。这也反映出在以实证的定量研究为主导的美国社会科学研究领域，定性研究必须为其合法性、信度和科学价值寻找依据。

在研究程序方面，扎根理论与实证主义定量研究模式有所区别。实证主义定量研究通常需要在收集和分析资料之前，设定某些理论假设；而扎根理论则强调假设和理论直接来自资料，这就是他们所倡导的从资料中直接导引出理论的策略。

（二）建构主义

在反映论（representationalism）的认识论和实证主义方法论盛行之时，建构主义者对认识的客观性和知识的客观性进行了质疑和反思。他们认为，人类的认识并非对客观事物的简单反映，知识的形成也非对客观事实的再现，而是认识主体利用心智进行建构的过程。与其说人们发现了什么，不如说人们建构了知识。虽然我们运用各种模型和分析工具来解释和说明经验，但同时我们又根据这些经验建构着其他。因此，知识其实并不是客观的、无偏见的、非意识形态的，知识的建构过程离不开当时的社会与历史背景。人们在对经验进行解释时，不可避免地会以人们共同的经验、感知、情感、理解、实践和语言为背景。正如霍尔（S. Hall）所言：“人们不可能在某一特定社会的文化和意识形态的类型之外来体验这个社会的‘真实联系’。”[②]

在具体研究策略方面，建构主义主要从实践的视角，充分运用语言这一工具，来揭示建构过程和解释意义的形成。在建构主义观念里，通过对具体情境中的实践的考察，能够真正理解事件或社会现实是怎样被行动者在特定、偶然的情境中建构起来的，又是如何被赋予特定意义的。同样，建构主义还注重语言应用技巧，认为语言是揭示世界的重要方式。因而在研究中，建构主义通常运用比拟、隐喻、类比等修辞手法来组成其建构命题，用叙事、口述以及叙述分析等方法重构事件或现实的过程，由此验证理论命题和建构知识。

从某种意义上说，建构主义通过强调知识主体的能动性、秩序的偶然性，在方法论上对决定论和实证主义中关于客观与主观、必然与偶然、限制与能动性等方面的截然二元对立起到了一定的调和作用。

（三）女性主义

女性主义是定性研究中的一种重要理论范式。虽然这一范式中的理论非常复

---

① GLASER B，et al. The discovery of grounded theory：strategies for qualitative research. London：Weidenfeld and Nicolson，1968.

② 邓津，林肯．定性研究：方法论基础．重庆：重庆大学出版社，2007：305－307.

杂，而且涉及的问题繁多，但其基本理念和立场具有一致性，那就是对性别差异的关心和关注。

首先，就研究范围而言，虽然较多的女性主义者的研究可能与他们的同行并无显著差异，但女性主义者更多地关注与女性相关的问题。早期的女性主义者主要关心和研究的问题有：种族或民族女性问题，尤其是白人女性与有色人种女性的社会差别问题；女性与医学问题，如女性癌症、艾滋病及妇科疾病问题；女性社会问题，如女同性恋问题、残疾女性问题；性别歧视与女权问题。现在又兴起了工作与女性问题，如工作中的性骚扰问题。除了对女性特定问题的关注外，20 世纪 60 年代后的女性主义者开始对知识的客观性问题进行反思，他们对强调知识客观性的实证主义所存在的二元对立问题提出了挑战，并试图通过自己的特有经验和方式，调和主观与客观、能动性与限制、偶然性与必然性之间的截然对立。例如，尤伊克（P. Ewick）和西尔贝（S. Silbey）在法律与社会研究中，试图运用女性对日常经验的特有理解方式和形象性图式（schema）方法，来向人们展示女性视角中的社会法治的基本形态[①]。女性主义者基于自己对知识属性的理解，在社会研究中通常倾向于——或者说更加偏爱——定性研究方法。在当今社会科学领域，女性主义者越来越关注社会性别问题。社会性别与生理性别相对应，对这一问题的考察，主要集中于性别差异在社会各领域中的表现形式，以及与性别相关的社会现象背后的社会观念，如家务劳动的性别分工以及与此相关的社会和文化观念、性别社会角色的形成等。

其次，女性主义的后现代视角特征主要体现在三个方面：一是经验，二是差异，三是反思性。在女性主义的定性研究中，研究者常常注重和强调将女性所特有的经验作为观察、理解和思考的基础。在他们看来，个人经验是知识构成的关键因素，经验本身就是一种理解和解释。对差异的重视，是女性主义者挑战男性中心和知识一致性的策略，他们强调认识主体间的差异以及女性知识的独特性，质疑整体观念和挑战话语霸权。女性主义的反思性主要表现为对客观性知识尤其是定量研究的效度和信度的质疑和反思，他们倡导不同类型的科学实践，主张打破二元对立。

最后，在研究方法上，女性主义倾向于通过文本解读，或者是根据经验考察来描述女性的情感反应和实践，为自我反思和批判性分析提供素材，并最终以反思性总结和概括为理论表述的方式。

女性主义的定性研究为社会科学研究贡献了多种多样的理论和方法论观点，尤其在调和二元对立、反对绝对客观的知识等方面，至少提供了进一步思考和讨论的空间。不过，女性主义研究虽然已涉足种族、民族和社会性别等重大课题，但对这些问题是如何产生的、又产生了哪些不同影响等方面，仍没有进行更深入、更宏观的探讨。

---

① 尤伊克，西尔贝．法律的公共空间：日常生活中的故事．北京：商务印书馆，2005.

第四节 定性研究的理论建构

定性研究的根本目的并不在于对个别事物的描述和叙述，而在于将个别视为某一类型的典型，由此来说明或验证具有一般性的理论。因此，理论建构对定性研究来说尤为重要，而并非像人们一般所认为的，定性研究就是澄清某些个别事物的基本事实，而不建构抽象理论。如果定性研究轻视或放弃理论的建构和探讨，那么其社会科学的价值将会大打折扣，因为停留在个别现象描述上的研究，可能并不比人们所掌握的常识尤其是当事人的经验高明多少。因此，注重理论建构是推动定性研究发展的关键因素。

一、何为理论

既然理论建构是定性研究的核心，那么什么是理论呢？弄清理论的定义，是进行理论建构的基础，只有理解理论是什么，才能把握理论建构的方向。当谈到理论时，人们常常会联想到哲学和那些抽象的概念，因而把理论想象为枯燥的、灰色的和无力的解释。然而，既然理论是人们提出的，那么它就是人的创造性的体现。理论既来自现实中的个别事物，同时又是人们对个别事物加以创造性加工的结果。正如亚历山大（J. Alexander）所说："所谓理论就是脱离个别事物的一般化，脱离具体事例的抽象。"①

对个别事物的一般化是指从个别事物或具体个案中总结、概括或抽象出具有一般意义的定律、命题、规则或规律以及一般模型。例如，我们通过对个人一生中职业经历的个案追踪，从这些具体事例中抽象出关于职业地位流动机制或规律的理论。从具体个案经验中抽象出的关于专门问题的理论属于具体理论。在各门社会科学研究中，都会有较多的具体理论，如社会学中的分层与流动理论、城市化理论、社会变迁理论、社会互动理论等。既有的具体理论能为专业学习和研究提供一些基本的概念、范畴、分析框架和可选择的方向，各学科的具体理论具有范式指导的功能。

各门学科除了有其具体理论之外，还有一些从经验事实中总结出的一般理论。一般理论是一般定律或规律，以及具有普遍意义的原理或公理。它可以对具体的理论进行概括，抽象出关于一切事物和普遍现象的理论。

在理论的构成中，概念是最基本的元素。概念表示各类现象的抽象特征，如阶级、阶层、流动等，它们代表同类个别事物或现象的共性特征，因而是理论建构和表述的基本工具。在用一般模型表述的理论中，概念转换成变量的形式，如流动

① 亚历山大．社会学二十讲：二战以来的理论发展．北京：华夏出版社，2000：2.

率、增长率和网络强度等，理论模型也就主要用变量之间的关系来表示。

命题和假设是理论的重要构成。命题一般是在理论建构前的基本假定，如市场经济理论中的理性人假定、人类学理论中的人性相通性假定、功能论中的功能普遍性假定等。这些命题的设定，是进行理论演绎的前提基础，为建构理论设定了条件和方向。在有些具体研究中，提出理论假设是建构理论的重要步骤。所谓假设就是关于现象之间、概念之间或变量之间关系的预先设想，亦即对经验真实的一种期待。理论的形成与假设被经验事实检验的状况密切相关。如果经验事实证伪了假设，则与假设相反的解释就具有有效性；同样，如果经验事实未能证伪假设，则假设所包含的理论解释便是有效的。

理论的内容一般包括定律和规则。理论主要是用来解释现象或经验事实的，而非仅仅用来对事实进行总结。因此，在理论中，必须有关于现象或事实的一般性和普适性的定律和规则。

二、资料、思想与理论

在社会科学研究中，建构理论需要有资料的支撑。资料就是有关经验事实方面的信息材料，要得出关于事物的一般化规律或特征的理论，必须有一定资料作为理论总结或抽象思考的基础。例如，在建构法治意识的理论时，需要了解和获得不同阶层、不同群体，以及不同文化和制度背景下的人对法律的理解、认识和态度等方面的经验材料，由此总结并抽象出法治意识的形成及演变的一般化规律。

资料之于社会科学研究的理论建构的意义不同于抽象哲学和数学理论，哲学和数学理论的建构，有时可以完全脱离经验事实，进行纯逻辑和纯符号性的演绎和推理。但是，如果社会科学理论的建构缺少经验事实材料的支撑，那么，理论将成为玄妙、难以理解和空洞无力的东西。因为社会科学理论需要解释的是人们共同生活和感知的社会世界，同时理论又要为现实世界的建构服务。理论若完全脱离经验事实，就背离了人们认可的理论建构范式。因此，资料之于社会科学理论建构是必要的条件或准备。

建构社会理论必须从资料出发，从经验事实中去探寻和总结一般化的规则，资料之于理论建构是必要的。但是，资料并不等同于理论，经验事实仅仅是事实，而不是理论。所以，仅有资料对于理论建构而言还不充分。也就是说，资料对于理论建构是必要而非充分条件。此外，在检验理论时，人们通常坚持用事实去证实或证伪一般理论观念，其实，事实性的检验只是理论检验的一个重要组成部分，而不是全部。因为事实不能完全证实或证伪一般理论，即便理论中的具体内容被事实证伪，理论的其他部分也不一定被彻底否定。譬如，在劳动力市场女性地位劣势论中，虽然我们可以找到女性在幼儿园和家政行业就业存在优势地位的事实，但这一事实只能说明该理论在有些情况下并不代表事实，而不能完全证伪这一理论。所以，事实检验可以对理论不断修正，并促进理论不断发展。然而，虽然任何理论都要受制于事实，并通过经验事实被加以修正，但理论的发展和提升仅靠事实检验是不够的。

在建构理论的过程中，除了要对经验材料进行加工和发挥外，通常还需要非经验的或先验的思想活动的参与。何以能从具体事实中抽象出一般化的规律呢？以及抽象出的理论是否具有较好的解释力？这通常取决于理论的建立者是否具有较高的非经验或先验的思维能力。在建立理论时，研究者首先要提出理论假设或理论问题。虽然理论假设与经验有某种间接联系，但就某项专门研究而言，假设是先于经验的。为了从经验事实中得出理论，一般需要对事实有某些假定或设想。而提出这些假定或设想，往往依赖于研究者所拥有和掌握的先验的思想。

参与理论建构的先验思想的主要源泉是研究者的理论素养，也就是研究者养成或习得的抽象思维和理论概括的能力，其中主要包括理论想象力、逻辑推理能力和理论演绎能力。社会理论是关于社会世界中的各种现象关系的原理，要在现象之间探寻一般化的关系规则，理论想象力是非常重要的。与此同时，要建立系统、严密的理论体系，必须有可靠的逻辑推理和理论演绎能力。这些先验的因素并不直接来自经验观察，而是源自理论习得。在亚历山大看来，先验的思想主要来自传统，即一个学科的理论传统，他将其称为科学连续统（continuum）。所谓科学连续统，指的就是科学研究者一代一代向下传承的、连续统一的理论传统，其构成如图 2-2 所示。

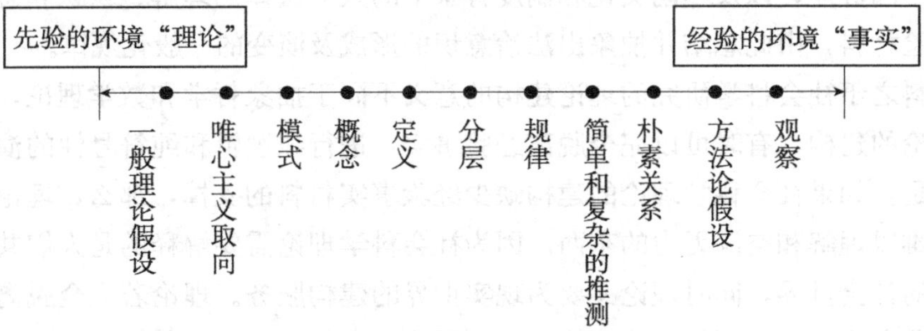

图 2-2 科学连续统及其成分

资料来源：亚历山大．社会学二十讲：二战以来的理论发展．北京：华夏出版社，2000：6.

非经验的或先验的因素是理论中的重要部分，而且先验的思想不仅显得更为重要，也更为困难。因为对理论建构者而言，他们都可能经历和感知共同的世界，因而把握事实或经验相对较为容易，而要实现研究的目标并建构理论，还必须对所经历的事实进行先验的思考，不然，研究者所把握的事实与普通社会成员的经验就没有实质性区分，也不可能形成各门学科的理论体系。

三、两种理论建构模式

建构理论有两种模式：一是演绎式理论建构模式，二是归纳式理论建构模式。

两种理论建构模式的区别主要在于在逻辑推理过程中所采取的方式有所不同：前者采取的是演绎式推理，即从一般到个别特殊；后者采取的是归纳式推理，即从个别特殊推导出一般。

演绎式理论建构的程序大致可分为五个基本步骤：

（1）详细说明主题。

（2）详细说明理论关注的现象范围。理论是将运用于所有人类社会生活，还是仅仅运用于某个国家，抑或是只运用于年轻人，或者其他什么？

（3）详细说明主要概念和变量。

（4）找出关于变量关系的既存知识（定理或命题）。

（5）从这些命题逻辑地推论至你们正在考察的特定主题。①

在演绎式理论建构过程中，首先需要明确主题。主题一般是研究者感兴趣的、旨在解释的问题。在说明主题时，要运用一些概念或变量，并对概念或变量的内涵及所指范围加以交代和澄清。在主题表述方面，需要根据一定的判断提出某种设想或假设。而且，这些设想或假设通常要与相关的理论传统或既有知识有一定联系。也就是说，在提出理论假设之前，需要了解与该主题相关的其他理论成果和已有的认识，这样可以使自己的理论能够与其他理论形成对话和讨论的空间。在提出理论假设之后，需要根据主题的范围对相关事实加以考察，并逐步推进逻辑演绎和理论阐述。

科塞（L. Coser）所建构的社会冲突理论属于演绎式理论建构模式的典型例子。首先，科塞提出了冲突与秩序这一主题，并回顾和讨论了霍布斯（Hobbes）对社会秩序何以可能这一问题的分析、帕森斯对社会冲突的消极或破坏功能的认识、齐美尔关于“冲突是一种社会的形式”的观点②。在此基础上，科塞提出了社会冲突理论的基本假设：“一定程度的冲突是群体形成和群体生活持续的基本要素。”③

科塞分别对“冲突与群体疆界”“冲突关系中的敌意与紧张”“现实性冲突与非现实性冲突”“冲突与敌对冲动”“紧密社会关系中的敌意”“关系越密切，冲突越剧烈”“群体结构中冲突的影响与功能”“作为关系稳定指标的冲突”“与外群体的冲突会增强内部疑聚力”“与其他群体的冲突限定群体结构及随之发生”“寻找敌人”“意识形态与冲突”“冲突使对抗者结合”“敌人统一的益处”，以及“冲突建立并保持权力的平衡”15个命题加以考察，并逐步进行演绎和推理④。

归纳式理论建构模式主要采用逻辑归纳方法，即从个别到一般的逻辑方法。归纳式理论建构过程一般从观察个案开始，在获得一定个案材料的基础上，归纳并总结出具有普遍意义的原则。这一理论建构策略在定性研究中运用得尤为广泛，因为

---

① 巴比．社会研究方法：第8版（上）．北京：华夏出版社，2000：81.

② 科塞．社会冲突的功能．北京：华夏出版社，1989：7－16.

③ 同②116.

④ 科塞．社会冲突的功能．北京：华夏出版社，1989.

在定性研究中，被用于理论建构的资料常常来自研究者直接获得的具体和特殊的经验，而不是具有代表性的、可以用来推论总体的数据。因此，研究者要从这些资料中建立理论，就需要将个案资料作为典型，并从典型中归纳出具有普遍意义的原则。

费孝通对20世纪30年代中国农村经济问题的研究，属于归纳式理论建构模式的典型范例①。虽然费孝通的理论所关注的是中国宏观经济问题以及文化与社会变迁问题，但其理论建构过程开始于对一个村落——开弦弓村的农民日常生活的观察。在对这里的农民的生产、消费、交换和分配体系，以及生产生活中文化观念加以考察的基础上，费孝通归纳出了“亦工亦农”的农村发展理论，即要解决中国农村经济问题，虽然土地改革是必要和重要的，但只减轻农民负担仍不够，更重要的是如何增加农民收入，因此，推动并促进发展乡村工业就成为解决问题的关键。

本章要点

1. 范式是库恩在解释科学革命与常规科学之间的关系时提出和运用的一个概念，它与模式概念相近但又有所区别。范式是指“某些实际科学实践的公认范例——它们包括定律、理论、应用和仪器——为特定的连贯的科学研究的传统提供模型”。范式是一种公认的模型或模式，但这些模型或模式又不是特别具体、固定的，其中还包含应用和操作的范例。

2. 科学研究中的范式主要由四种要素构成：(1) 定律；(2) 理论；(3) 应用；(4) 工具。定律是一种范围广泛的普遍性的表述。理论是指那些对相关领域经验现象的解释方式，这些解释通常能为认识相关现象提供一种原理性的指导作用。应用指将各种定律和理论用于解决具体问题。工具通常是帮助研究者实现研究目标的重要辅助手段。

3. 当代人文社会科学研究，虽然在不同领域已形成各种各样的思想理论和流派，但就其研究和思想范式而言，主要有三种：(1) 实证范式；(2) 解释范式；(3) 批判范式。实证主义强调认识主体所经历的经验对认识世界的重要性，认为通过经验获得的认识更为可靠，因而倡导用经验去验证和发展理论。解释性社会研究一般通过对自然情景中的人和事进行直接观察或间接考察，并系统分析行动的社会意义，以求解释人们是如何构造并维持社会世界的。批判范式通过对表面现象的重述与批评，揭露现象背后的本质结构，重塑社会世界和社会现象在人们认知结构中的形象，以促动人们改造或重构自己的世界。

4. 在社会科学研究领域，倾向于运用定性研究方法的理论主要有功能主义、现象学和后现代主义。功能主义理论的贡献突出地体现在两个方面：一是社会人类学中的民族志研究，二是社会学中的系统-功能分析。社会科学中的现象学方法是

① 费孝通．江村经济．北京：商务印书馆，2001.

指将研究焦点置于现象或经验之上的一种取向，如社会现象学、民族方法论和符号互动论。后现代主义定性研究及其理论，通过对人文社会科学研究与自然科学研究之间的联系和差别的审视和反思，拓展了多元的人文社会科学研究理论和方法论，如扎根理论、建构主义、女性主义等。

5. 理论是指脱离个别事物的一般化，脱离具体事例的抽象。理论包括一般理论和具体理论，建构理论是科学研究的核心。建构理论需要从资料出发，但仅靠资料并不足以建构理论。非经验的或先验的思想是理论建构的重要因素。先验的思想源于理论学习和知识积累。建构理论主要有演绎式和归纳式两种模式：演绎式理论建构模式从主题开始，逐步展开考察和逻辑推理；归纳式理论建构模式开始于对生活的直接观察，从个案材料中归纳出有普遍意义的原则。

关键概念

范式、论证的覆盖定律、实证范式、解释范式、批判范式、功能主义、现象学、民族方法论、后现代主义、扎根理论、建构主义、理论建构

思考问题

1. 如何理解范式对社会科学研究的作用？
2. 实证范式与解释范式有哪些相通和相异的特征？
3. 扎根理论的方法论有何特征？
4. 理论建构主要有哪些因素？

推荐阅读书目

1. 亚历山大．社会学二十讲：二战以来的理论发展．北京：华夏出版社，2000.
2. 泽瑞尔．后现代社会理论．北京：华夏出版社，2003.
3. 邓津，林肯．定性研究：方法论基础．重庆：重庆大学出版社，2007.
4. BECKER H，et al. Boys in white：student culture in medical school. Chicago：Chicago University Press，1961.
5. GLASER B，et al. The discovery of grounded theory：strategies for qualitative research. London：Weidenfeld and Nicolson，1968.

第三章
定性研究的设计

在社会科学研究中，当我们发现某种社会现象尤为突出和特别，值得关注和研究，而且我们对了解和认识这些社会现象有很浓的兴趣时，便要从所关注的社会现象中思考并提出相应的问题，然后再根据解决问题的需要，确定是否可运用定性研究方法来对相关问题加以有效解答。如果选用定性研究方法，那就要精心地设计研究方案。

研究设计在自然科学研究中非常普遍，如实验设计、程序设计等。在定量研究中，研究者通常要对研究中的问题、假设、测量、变量、分析方法和检验等程序化的过程进行设计。而在定性研究成果中，研究者一般并不陈述研究的设计过程和设计框架，因此，有人可能会以为研究设计在定性研究中是可有可无的。其实不然，定性研究更需要精心、细致的设计。因为相对较为程序化的定量研究而言，定性研究的过程容易受多种因素影响和制约，从而更为复杂而具有弹性，所以，研究者要对其科学研究活动加以控制，需要做好研究设计。

第一节　定性研究设计及其意义

社会科学研究者要对自己感兴趣的社会现象或社会事物进行研究，首先要对三个基本问题有清晰的思路。一是究竟要发现、解释、说明或表达什么问题，也就是研究的目标是什么。二是通过什么样的方式和方法才能达到这一目标，也就是研究的方法有哪些。三是在研究过程中怎样运用那些方法，也就是具体的实施技术和手段有哪些。研究设计是研究者对研究目的、分析单位、研究方法、研究程序的设想和计划。研究设计可为研究过程提供指导性的、可控性的和可预见性的框架。

一、何为定性研究设计

对某种社会现象的定性研究，如果仅仅为研究者带有随意性的、主观性的观察和推论，那么，定性研究的科学性将受影响。作为一项科学研究活动，定性研究的过程必须按照一定的逻辑规则加以控制，这样研究结果才具有科学价值。譬如，当我们对农民的法治意识感兴趣，想要在这一领域做一些研究时，我们首先必须清晰地认识到究竟要研究什么问题，即要表达或说明什么，然后还要弄清楚通过怎样的程序和方法能够达到这一目的，以及采用定性方法来研究是不是具有一定的优势。我们如果将定性研究看作一些主观的判断和推理，就可能从一般意义上对农民的法治意识加以泛泛讨论，如认为农民的观念具有保守性、农民注重传统习惯、农民对法律知识了解甚少因此农民的现代法律意识较为淡薄。虽然就一般性推论所提出的观点而言，它们可能有合理、正确的成分，但是，研究的效度和信度则存在严重问题。所以，严格意义上的定性研究，必须有严格的研究设计。也就是说，定性研究的结果，是在一定逻辑框架下、按科学研究程序完成和实现的。

定性研究与定量研究有着较大差别。定量研究的程序和方法相对较为固定或程式化，可变动性较小。即在研究问题确定后，相应的假设、验证程序也就会按照一致的逻辑进行下去。定性研究的过程则并不是固定的，而是具有较大的弹性或可变动性。也就是说，研究者可以根据研究实践中的具体需求，对研究的理论目标、问题、方法和具体手段加以调整和变动。因此，定性研究设计与定量研究设计有较大差别。

定性研究设计需要根据定性研究过程的特点，对其中可能遇到和面临的问题以及相应的研究策略和方法加以预设、准备和计划。定性研究设计主要是对定性研究的目的，研究过程的复杂性、变动性及应对方法的提前分析、准备和计划，以使研究活动有的放矢、有备而来。例如，人类学在对一个初民社会或民族进行研究时，就需要思考和预设在研究中将要发现或表达什么问题，同时还需要考虑当研究者真正进入那个初民社会或民族社区后，所获得的经验会不会与其理论预设或研究目标大不相同，以及在这些可能的情况下，研究者又该如何继续展开自己的研究。所以，对这样复杂的民族志调查来说，如果事先没有周到、清晰和条理化的研究设计，那么要想在研究中取得丰硕的高质量成果是很难的。从这一意义上说，定性研究设计既要求有固定的、有条理的内容，同时又要求设计具有发散性，能更加全面、周到地考虑研究过程中出现的变动及相应的应对策略。从结构上看，定性研究设计非常类似于编舞艺术。正如弗里克（Flick）所言："好的定性研究设计的核心在于使用了一套程序。该程序各环节都是开放式的、严格的，能正确处理所研究之社会背景的复杂性。"① 由此来看，定性研究设计犹如一门艺术，它有三种结构形式：一是固定的结构，即按照一定的规范要求由较为固定的内容及形式构成的设计；二是自由开放的结构，在这种设计中，研究者可以充分发挥自己的主观能动性，在设计中增加新的内容、采用新的形式；三是统合的结构，也就是在设计中将

① 简西克．定性研究设计的编舞艺术：米奴哀小步舞、即兴表演与晶体化//邓津，林肯．定性研究：策略与艺术．重庆：重庆大学出版社，2007：407.

固定形式的设计与自由开放形式的设计有机结合起来，最好能组成三角验证的关系。

二、定性研究设计的意义

在定性研究过程中，研究设计的必要性与定性研究过程的特征有密切关联。从定性研究的步骤和程序来看，它有两个显著的特点：一是反馈性（recursiveness）特点，即研究者在具体研究过程中，可将不同步骤的研究进展反馈和回溯到前几个步骤（见图 3-1）。二是变动性特点，即研究者可根据在后面研究步骤中出现的问题和需要，对前面几个步骤的设计内容加以调整和变动。

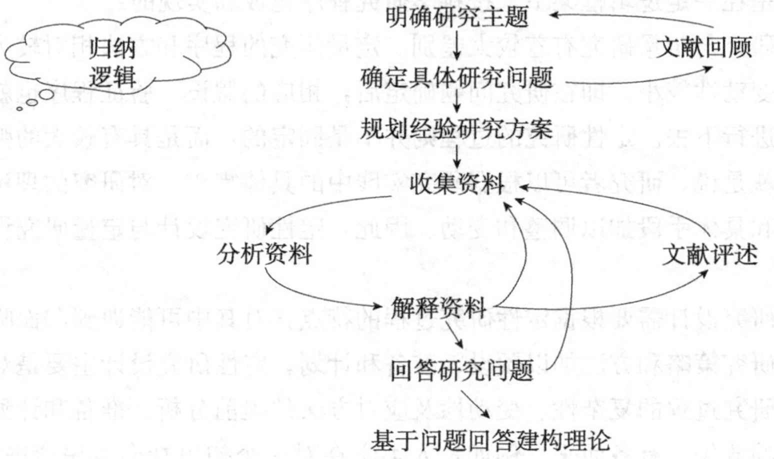

图 3-1　理论导向的定性研究过程

例如，在一项对村落文化的定性研究中，我们在进行研究设计时，或许会从功能主义理论视角，选择婚姻习俗文化为何发生变迁这一问题作为研究的切入点和研究目标。如果在收集村落婚姻文化和习俗的相关资料后，发现所能够收集到的资料难以支撑相应理论及由此引出的研究问题，那么，在研究中就需要对所涉及的理论和要研究的问题加以变动，如可从象征主义理论视角，去研究婚姻文化和习俗中的象征意义及其建构问题。

定性研究过程由于具有反馈性和变动性特点，因而比程序化的定量研究过程更为复杂。要使这一复杂过程具有可控性、预见性，就需要对每个步骤的可能情况加以预设，并根据各种预设，准备相应的应对方案。

对一项定性研究来说，研究设计的意义或作用主要包括：第一，研究设计可以确立研究的具体目标。一个严密、可行的定性研究设计，首先必须明确这项研究将要达到怎样的具体目标。在通常情况下，虽然一些定性研究所关涉的问题较为宏大和抽象，但研究设计仍要从那种宏大和抽象问题中确立某个具体目标。比如，我们要进行一项关于农村发展的定性研究，必须首先设计该项研究的具体目标，否则研究将无从下手。只有先明确究竟是探讨农村社会生活水平低下问题，还是探讨农民文化教育水平低下问题或其他什么问题，才能使研究有序地向前推进。

第二，通过研究设计，可以明确界定研究活动的范围。一项研究设计会对研究的基本结构、内容和方法有较为精确的规定和安排，如为达到研究目的需要哪些材料或证据，收集这些材料或证据需要进行哪些访谈、观察和调查，以及去哪里收集这些素材，对这些素材将怎样整理和分析，在研究设计中都要对这些有提前的预设和准备，并从中规定活动的大体范围，使研究活动能针对具体目标。

第三，研究设计可作为指导研究活动的实践指南。研究设计包含了根据研究目的和研究问题及所需材料而拟定的研究方法和分析手段，使研究者在进行访谈、观察、调查和分析时，能够运用合理、有效的方法和手段。

第四，有了研究设计，可以对研究活动进行监测和评价。一方面，要确保定性研究的科学性，需要对研究过程中的具体活动加以控制和监测，使得研究成果的取得有可靠的程序做支撑；另一方面，评价定性研究通常需要有整体性评价，其中包括根据研究计划和研究过程而做的评价。对定性研究进行评价相对复杂，因为定性研究不同于定量研究。对定量研究，一般可根据结果的信度和效度直接加以测评，而对定性研究，仅根据结果难以进行全面、合理的评鉴。所以，要从研究设计内容及逻辑要求，以及研究过程中所收集的资料和所采用的方法等方面，对定性研究活动的合理性加以整体性把握和评估。

此外，研究设计工作是促进定性研究走向规范化和专业化的组成部分。虽然人们常认为每个正常的社会成员都可算是半个社会科学家，人人都能凭借常识了解和认识一些社会现象，但是，一般常识性的理解和认识毕竟与专业性的科学研究是有差异的。因此，定性研究如果不能在研究程序上加以严密规划和设计，就难以与一般常识性理解区分开来，同时也难以体现出科学性和规范性。

在进行定性研究之前，通过精心、严密的设计，一方面可以限制或避免研究者的主观随意性对研究过程及结果的负面影响，提高定性研究的内在逻辑一致性，从而有助于提高定性研究的信度和效度；另一方面也能为定性研究的事后评鉴奠定基础。面对一项定性研究的成果，人们不仅要看这一成果自身的正确性及合理性内涵，还要结合研究设计，了解研究的问题是怎样提出的、研究的结论是怎样得出的、支撑研究结论的材料有哪些、这些材料又是通过什么方法获得的等诸方面，从而全面把握研究素材的可靠性和可信度，了解所用方法之于材料的有效性程度。只有通过对研究过程及结果的全面了解，我们才能对一项定性研究的意义及科学价值加以准确把握。

三、定性研究设计的原则

一项高质量的研究设计将为高质量的定性研究奠定基础。在进行定性研究设计时，需要根据不同研究目的和要求，在设计中采用灵活、多样的策略。不过，规范、严密的研究设计一般要满足几项基本要求或遵循一些基本原则。常见的规范设计所遵循的基本原则可概括为两大类：一是SMART原则，二是QQT原则。对研究者来说，要想更好地设计自己的定性研究，需要在设计时考虑尽量满足两类原则所包含的要求。

（一）SMART原则

研究设计的SMART原则是指研究设计需要满足五种要求，它们是：（1）具体性（specific）；（2）可控性（measurable）；（3）精确性（accurate）；（4）现实性（realistic）；（5）时限性（time-bounded）。具体性要求指研究设计要拟订研究的具体问题、具体内容、具体步骤和具体方法。也就是说，研究设计要实现从笼统的想法向具体的研究活动的转换。一项规范的研究设计，应该能让人清晰地预见研究活动的全过程及预期结果。可控性要求是指研究设计所计划和准备的研究程序和方法能够为研究者所操控，所设计的内容应该在研究者的主观能动性范围之内，而不能超出可操控范围。否则，研究设计就成了一纸空谈，而无任何实际意义。所以，要满足可控性要求，就需要根据研究者的现实条件，合理地确定研究任务和内容，以及完成这些任务的策略。精确性原则主要指研究设计要尽量精确到研究中的具体步骤和方法，如针对某个问题，研究者需要掌握哪些材料，通过什么途径和方法可以收集到这些材料，将这些材料收集上来后需要进行怎样的处理和分析。一项高质量的研究设计，需要对这些问题加以精确安排和计划。现实性要求是指研究设计必须与历史和社会现实密切结合起来，而不能脱离具体实际。满足现实性要求，通常需要研究设计者进行试行研究或试点研究（pilot study）。通过试点研究，可以对与研究问题相关的历史和社会现实有较为直观的感性认识，这样在研究设计中，所做的研究计划和部署就会更加贴近现实、接近实际。时限性要求指研究设计所做的计划，必须确定具体时间限制，即所计划的研究目的和研究任务需要在一定时间内能够实现和完成。因此，研究设计在时间维度上并非无限的、开放的，而必须基于一定的时间进行研究活动的规划和安排。

SMART原则基本上反映了一项规范、合格的研究设计所具备的特征，为我们进行定性研究设计提供了一种框架性指导。无论进行什么研究，在计划和设计具体研究目的、过程和方法时，都要根据这五个方面的要求，尽量提高研究设计的严密性、完整性和有效性。

（二）QQT原则

研究设计的QQT原则代表了三个方面的要求或评判标准：（1）数量（quantity）；（2）质量（quality）；（3）时间（time）。也就是说，研究者在进行研究设计时，需要从这三个方面去衡量和评价设计的规范性和科学性。

在数量方面，研究设计对研究的目的和问题、研究活动的项目要有相对具体和精确的预计和规划。即便在复杂的定性研究中，研究设计也要尽量精确地计划所要进行的研究有几个目的，活动内容有多少项。对数量方面的要求目的在于使研究设计真正能为研究确定较为具体的框架，能为研究者划定研究范围。

研究设计的质量要求主要指研究设计所策划的内容应达到一定的质量标准，比如，研究设计在做访谈、观察及文献收集活动方面的计划时，需要考虑这些方面应达到怎样的质量水平，以及通过什么样的方式能确保达到相应的质量要求。

任何一项规范的研究设计都必须考虑到时间要求。研究设计主要是为具体研究实践提供指南，而每项研究都要在一定期限内实施和完成，因此，研究设计在时间方面的计划大体包括三方面：一是整个研究过程所需要的时间，即所有研究活动要在多长时间内完成。二是具体研究阶段和具体研究活动的时间安排，如文献收集阶段、前期研究或试调查阶段、资料收集及整理阶段、分析和撰写研究成果阶段等各需要多长时间，各阶段应安排在什么时候，以及各阶段中具体活动的日程计划，等等。有了这些详细的时间计划，将大大提高研究的可操控性。三是对可能的时间变动及调整的预计和准备。作为研究的事先计划，研究设计中的有些时间计划或许要随实际情况的变化而有所调整。因此，在研究设计中，就需要尽量对变动可能发生的时间加以预计并做相应变动准备。

研究者在设计自己的研究时，如果能参照以上原则，就可以避免研究设计的形式化、空洞化，从而使研究设计真正发挥引导和规范研究活动的作用。

第二节　定性研究设计的类型及内容

在进行定性研究设计时，一般首先需要根据研究目的明确研究的类型，对于不同类型的研究，应选择相应的研究设计范式。不同类型的研究由于基本目的不同，其研究过程及要求也存在较大差异，因而研究设计的方式和内容自然会有较大差别。定性研究根据基本目的不同，通常可分为基础性研究（basic research）、应用性研究（applied research）和评价性研究（evaluative research）等类型。针对这三种研究类型，研究设计也需要采用与目的相符合的模式。

一、基础性研究的设计

基础性研究是在一门学科或某个领域内为积累基础知识和理论而进行的研究，主要是探究社会事物的表象、本质和运行原理，为人们理解和认识这些事物和现象奠定基础。基础性研究的特征主要表现为：

（1）基础性研究是一门学科的理论及知识体系发展的基础性工作之一。一门学科无论其是偏向理论还是偏向应用，都包含该学科的基本理论框架和体系。这样一种体系是靠什么建立起来的呢？当然是靠相关的研究者通过基础性研究，确立学科的对象、方法和理论体系。从这一角度看，基础性研究通常是一些常规的、具有学科规范性的研究。比如，一门学科的教科书中的知识框架和理论体系就是在大量基础性工作之上总结和概括出来的。这些教科书为人们学习和认识相关领域的知识提供了一种基础性工具。

（2）基础性研究所探讨的问题具有学科基础性。在一些基础性研究中，研究所聚焦的或要解答的具体问题通常属于学科理论体系中的基本问题。所谓基本问题，是指与基础性的范畴、概念及理论相关的核心问题。比如，社会学研究中关于组织和制度是如何变迁的、是什么因素影响当前社会的分层和社会流动等问题，人类学研究中关于亲属关系的结构如何以及是如何变迁的、文化现象的象征意义及其功能是什么等问题，都属于一门学科的基本问题。学科的基础性研究主要通过更广泛的经验研究或历史文献研究，来充实和发展与这些基本问题相关的理论认识。

（3）基础性研究的取向是学科基础理论。理论取向是基础性研究的主要标志和特点之一，也就是说，基础性研究的基本目的在于建立和验证理论。建立和验证理论就是要从各种具体社会现象等经验事实中提出具有普遍性的理论解释，并运用经验事实去检验这些理论。在基础性研究中，研究者需要特别关注的就是学科理论，如：研究问题是否具有学科理论导向，即由经验所引发的问题在何种意义上与何种理论范畴相联系；研究内容涉及学科中的哪些理论或已有哪些理论积累；研究的预期结果将在哪些方面对相关理论有所发展和推进。因此，基础性研究主要为基础理论研究。

（4）基础性研究的方法为学科基本方法。在研究方法上，基础性研究一般遵循一门学科的基本研究范式并采用其中的基本方法。比如，社会学、人类学的基础性研究通常会选择三种基本范式（实证范式、解释范式、批判范式）之一，以及运用社会调查、田野工作或文本研究等基本方法。而且，基础性研究在方法运用上，尤为注重方法的学科规范性、系统性和完整性，因为基础性研究不仅需要为学科的基础理论做贡献，而且需要为学科的基本方法体系的形成奠定基础。一门学科的基本研究范式的形成，与大量的具体研究所运用的研究方法有密切关系。

在为基础性研究进行设计时，需要把握此类研究的以上特点，通过有效的途径和策略，将基础性研究的主要功能落实到研究的各个环节之中。

首先，基础性研究目的的设计要抓住学科的基本问题，在把握学科的基本框架体系和发展动态的基础上，选择和确定在某个方面或某个方向加以切入和拓展。确立基础性研究目的的基本原则是要使研究在学科研究对象范围内有一种具体突破和发展，也就是在学科框架体系中进行基本理论或知识的创造和发展。

其次，设计基础性研究所探讨的具体问题，关键是要抓住问题的理论背景及理论意义。要很好地满足这一点，研究者在进行研究设计之前，必须充分地了解和掌握该学科的已有理论及其发展动向，以及其他理论研究所关注的问题。研究问题的选定是科学研究的重要环节，会在很大程度上决定研究的结果及其科学价值。基础性研究的具体问题选择通常要遵循这样几个原则：一是承接理论传统的原则。即基础性研究所要解答的具体问题，通常是与一门学科内的某种理论传统保持一定联系的问题，而不是一般性的普通问题。二是理论导向原则。即研究所要解答的问题包含了学科的基本理论意义，随着研究对这些问题的探讨，就会形成该学科中的理论和基本知识内容。三是未知原则。这一原则要求在选择具体研究问题时，不仅要有理论导向，而且要了解或注意问题到目前为止仍未有完整的解答，即在相关理论体系里，这一问题属于未知或未解答的问题。显然，如果所要探讨的问题别人已经通过不同形式加以回答或解答了，再研究这样的问题就相当于重复工作。四是替代原则。在选择具体研究问题时，我们也可根据已有相关理论研究的状况，从他人的研究结果中探寻是否有可替代的、更有效的或更便捷的解答方式。如果我们发现有其他更有效的解答途径，那么即便研究问题已经被解答，能提供替代和更新结果的研究也是具有价值的。

再次，在资料收集方面，基础性研究通常要注重收集过程的系统性、资料内容的完整性以及材料运用的基础性。基础性研究的基础性特征的重要表现之一就在于资料收集方面，一项规范的学科基础性研究，首先要具备收集文本资料和经验素材的系统方法和过程。比如，在社会学的基础性研究中，一般要通过规范化的社会调查来取得经验材料；在人类学的研究中，通常会通过田野工作来获得研究素材。由此可见，基础性研究收集材料，既非随意地选取材料，也不是从新闻材料中剪辑案例，而要用学科规范、系统的资料收集方式去获取。

基础性研究要求资料的内容应该是完整的。所谓资料内容的完整性，就是资料中的人物、事件和过程是统一的，每一个个案（case）都有较为完整的背景材料，不同个案材料之间又有一定的关联。例如，问卷调查中的每个个案或样本，一般都包括背景、事实、行为及态度方面的信息。每个个案或样本都是研究总体中的个体，即代表总体的一个组成部分。

材料运用的基础性是指在基础性研究中，研究过程首先要立足于资料，即以系统、可靠的材料为基础，通过对资料的分析，去论证和建构理论体系。基础性研究不能从一般观念的推导出发，而需要从客观素材出发，从材料中去发现和建构理论。因此，研究必须有扎实的材料做基础，材料的运用情况也是衡量基础性研究质量的重要标准。

最后，在研究方法的运用上，基础性研究需要注意规范性、创新性和有效性。基础性研究的意义主要有两个方面：一是为学科理论的发展奠定基础；二是为学科研究贡献方法的基础。在进行基础性研究方法设计时，一方面要遵循学科基本研究范式中的常规方法规则，这些方法是通过诸多研究实践积累起来的经验和形成的模式，实践经验已经验证了其中的一些基本方法对探究某些问题是有效的，因而采用这些方法将有助于相应研究成果的取得。另一方面，基础性研究在遵循学科范式的同时，也需要考虑如何在研究方法上实现创新。衡量方法创新的标准主要有两条：一是更新，二是更有效。方法的创新可以在三个层面上实现：一是方法论的创新，也就是探寻新的、更加有效的认识社会现象的视角。二是资料收集方法及技术的创新，即摸索出一些有助于收集更加有效的资料的方法、手段或技术。如在定量研究中常常有新的测量手段及调查手段，在定性研究中往往有新的、更有效的调查、观察和访谈技术。三是分析方法的创新，主要指分析、运用资料的方法的创新，即利用合理的方法和技术，使得现有的资料能更加有效地解释所要研究的对象。

二、应用性研究的设计

社会科学中的应用性研究是指以解决社会实际问题为主要研究目的的研究，这与基础性研究以学科发展和解答研究领域的基本问题为主要目的形成明显差异。应用性研究就是通过对生活中的具体实际问题的本质和机制的认识，寻求改善或解决问题的策略或办法。应用性研究与基础性研究有密切关系。在应用性研究中，对问题及其解决方法的探讨，通常需要应用基础性研究中已形成的关于相应问题本质及原理的知识。譬如，在如何进行城市社区建设的应用性研究中，会涉及社会学中有关社区的基础性研究成果和基础理论。

应用性研究的主要特征包括：

第一，研究问题为实际应用问题。应用性研究的重要目的在于求得解决某些现实问题的途径和方法，或是将一些基础理论知识应用于解决实际问题之中。因此，应用性研究所提出的问题一般为与对策或解决方法相关的问题。例如，在应用人类学研究中，通常探讨：如何根据不同民族的文化心理特征，来设计、制造和推销能被人们接受和喜欢的产品；如何在现代社会保护传统的非物质文化遗产；等等。

第二，研究范围通常具有跨学科性。在探讨实际问题解决方法的过程中，应用性研究通常会涉及多个基础学科的基本原理和知识体系，因而一些应用性研究需要学科间的联合。例如，在环境政策的应用性研究中，可能涉及和运用环境科学、社会学和政治学的一些基本原理。在法律社会学的应用性研究中，通常离不开法学与社会学基础理论及知识的结合。

第三，研究结果具有个体差异性。在寻求某些实际问题的解决途径或对策的应用性研究中，研究者通常根据各自对基础理论及知识的理解和运用，提出相应的解决方案或策略。由于这些方案或策略中包含了研究者较多的主观能动性，因而研究结果会出现较大的个体差异性，即不同研究者所提出的解决方案或策略是不同的。然而，应用性研究结果的个体差异并不意味着研究信度会降低，因为在现实中，对同样的问题可以通过不同的方式和方法加以有效解决。由此看来，应用性研究在研究结果方面是较为开放的。

针对应用性研究的以上几个基本特征，在设计应用性研究时需要注意以下几个主要问题：

（1）在研究的焦点问题设计上，需要遵循时效性原则。应用性研究的根本目的在于更加有效、合理地解决某种实际问题，研究的价值在较大程度上取决于所关注的问题以及针对问题而提出的解决方法。那么，研究所选择的焦点或核心问题的现实意义尤为重要。所探讨的问题相对于现实需要来说越是紧迫，其时效性越强，实际价值就越大。相反，如果应用性研究所聚焦的问题并非为现实所需的，那么对这些问题的研究也就失去了意义或价值不大。因为即便研究提出了有效的解决方法，解决这样的问题本身也已没有太大的实际意义。

（2）在研究内容的设计方面，要将研究重点置于实际应用和操作方法之上。根据应用性研究的性质，研究设计需要计划如何为解决实际问题提供有效、合理且可行的方法。研究设计要注重预测和计划某种方法或操作方案的内在逻辑性以及在实际经验中的可能效应，并将研究重点放在如何构建完整、详细和可操作的实际方法和方案，而非构建抽象理论上。

（3）在对预期研究成果的设计中，需要增加对研究结果监测和评估标准的设计。应用性研究不同于基础性研究，基础性研究结果一般通过相应的检验即可验证正确与否，而应用性研究结果包含研究者的个体能动性，不同的研究者对问题解决方法会有不同的设想，或有不同的操作方式。那么，如何衡量应用性研究成果的价值也就成为研究设计需要考虑的问题之一。也就是说，怎样才能知道一项研究所提出的问题解决方法是合理、有效、具有可行性的呢？这就需要在研究设计中提供便于对研究成果进行监测和评估的背景、目标及标准材料，即交代应用性研究的经验背景、适用范围、最近目标，以及衡量是否实现最近目标的主要标准。只有在研究设计中清楚地列出评价系统，才有助于具体的应用性研究过程围绕核心目标而展开，并使得研究具有可评估性，避免应用性研究处于“各说各的理”的纷争状态。

总之，应用性研究的设计要抓住实际应用和具体操作这两个重心，针对有重要现实意义或应用前景的问题，提出寻求解决问题的方法的基本框架。

三、评价性研究的设计

评价性研究是定性研究中的重要形式之一。广义的评价性研究包括批评性研究（critical study）和评估研究（assessment research）。批抨性研究主要是对基础理论研究或社会现实的批判式和评论式研究，如文学、哲学批评性研究，通常是对已有文学作品及观念、哲学理论加以再现陈述、内容分析以及批判与评价。评估研究主要指对行动实践效果的预测、估计和评价，以了解已有实践经验所产生的各种效应，同时为调整及部署下一步行动提供参照经验。狭义的评价性研究主要指对某个社会实践项目或某种社会现实状况的分析、判断和评价。例如，定性研究的评价性研究通常包括对某项社会政策的评估、对某个社会工程项目的评估、对某一法律的评估等。这些研究一般通过实践经验来衡量、估计相应政策、工程项目或法律已经产生和可能产生的经济、社会及其他影响或效应。研究的目的主要在于为政策、工程项目或法律的维持或调整提供总结性、指导性或评论性意见或理念。

根据研究对象或评价对象的不同，评价性研究大体可分为构成性评价（formative evaluation）研究和总结性评价（generalizing evaluation）研究。构成性评价研究主要是针对某项具体方案、计划或政策措施而进行的评估研究，其内容主要包括对这些方案、计划或政策措施的情境适应性、内在合理性、预期效应、调整必要性和可能性等加以判断和评价。构成性评价的目的在于对具体方案或政策的推行过程提出一些评价性意见。也就是说，通过构成性评价研究，可对某一政策或行动方案是否具有可行性、如何推行以及在实行过程中需要注意哪些问题等提出系统的评估意见。总结性评价研究是对已经完成或正在进行的社会行动实践项目（如政策、法律等）加以总结和评价。研究内容主要包括对行动实践中所包含的理念、原则、策略、实际效应及其成因、未来调整的方向及内容等加以概括、总结和评价。总结性评价研究的目的主要是通过对已有经验的总结和评价，提出相关的行动实践理念、策略及指南。

在评价性研究的设计中，熟悉和掌握与研究对象相关的经验性知识是非常必要的。譬如，在对一项医疗改革方案的评价性研究进行设计时，研究者首先必须获得相应的直接经验性知识，如到医院去体验或观察病人看病、医生治病的实际经验。只有具备这些经验性知识，才能设计出有针对性的评价框架。

此外，评价性研究设计要清晰地列出研究的逻辑框架。对评价性研究来说，确立明确的研究目标、研究内容、具体项目及预期结果尤为重要。这样的逻辑框架，是界定研究范围、规范研究程序的保证。按照一定逻辑结构而进行的评价性研究，不同于一般化的评论。为避免评价性研究陷入一般化、随意性的泥潭，提高评价性研究的科学性，需要在研究设计中确立较为严密、合理的研究逻辑框架。

第三节　定性研究设计中的分析单位

在一项定性研究中，对相应研究问题的探讨必须建立在某种分析单位之上。所谓分析单位，是指对研究对象进行考察和分析，以及解释其间差异的单位。界定分析单位，一方面是为了确定一项研究的基本范围，即要研究什么，对谁进行考察；另一方面也用来说明研究解释可以推论的范围。定性研究中的分析单位主要有个体、群体与组织、社会事实等。

一、个体

个体是指构成社会群体的每一个分子。在社会科学研究中，个体是较为常用的分析单位。尤其在定量研究中，个体是最为常见的考察和分析单位。例如，在社会学的问卷调查中，无论研究对象是何种社会群体或组织，调查研究所考察的单位以及研究进行分析的单位都是个体，而且主要通过对个体之间差异的解释来反映概括性规律。

在具体的社会科学研究中，作为分析单位的个体可以根据对象总体的类型及特征来确定。譬如，如果研究对象为农民工群体，那么考察和分析单位就是农民工个体，因为农民工群体的特征需要由构成这一群体的农民工个体的特征来加以描述和概括。同样，对其他不同群体，如工人、大学生、乡村干部等的研究，也要将这些群体中的个体作为考察和分析单位，通过选择其中的一些个体并对相关方面的特征进行考察和分析，来概括和解释群体的一般特征或相关方面的规律。

从理论上讲，以个体为考察和分析单位的定性研究，研究的目的并不局限于对个体的描述和解释，而仍然是描述和解释个体所属群体或所代表群体的特征和一般规律。个体层面的特征常常也被用来概括群体的一般特征。因此，在定性研究中，分析单位在个体与群体之间往往难以界定或易于被混淆。分析单位的不清晰或混淆个体与群体分析单位，往往会造成研究的路径错误和逻辑错误。也就是说，我们如果将研究的分析单位确定为个体，就要重点考察和分析个体的特征，通过分析个体来得出概括性特征，而不能直接用分析群体或总体的特征来替代。同样，我们如果将研究的分析单位确定为群体，就要重点考察和分析群体层面的特征，而不应去分析群体内的个体行为和特征。总之，在定性研究设计中明确区分和界定分析单位究竟是个体还是群体非常重要。

二、群体与组织

群体与组织是社会行动和社会现象的重要载体，社会中的诸多现象及社会运行同群体与组织有着密切关系，因而在定性研究中，群体与组织是非常重要的分析单位。例如，在人类学研究中，亲属集团或亲属组织，以及民间政治、经济、文化和宗教组织通常会被作为分析单位；在社会学研究中，小集团、亚群体、家庭、学校、机关、企业组织等是重要的分析单位。

当将群体作为分析单位时，一般需要对群体层面的特征和规律加以描述和解释，如在对民间组织的研究中，重点考察和分析的对象是民间组织在成员、结构、规模、运作、管理及功能等方面的特征和运行规律。研究分析需要抓住群体与组织的特征及规律，当然其中会涉及一些成员（如头领或领导）的特征，但这些成员的特征是作为代表群体或组织特征的某些方面来被加以分析的；不需要对群体或组织领导的个人行为和个人特征加以具体分析。

在定性研究中，作为分析单位的群体通常包括邻里、家庭、单位、学校、社区、村落、城市，以及社会中的职业群体、文化群体和小群体等。例如，林德（R. Lynd）夫妇在《中镇》研究中的分析单位就是一个城镇社区；费孝通的《江村经济》，以一个村落为考察和分析单位。

在定性研究中，被用作分析单位的组织主要有民间组织、社会组织、中介组织、政府组织、企业组织等。例如，布莱切尔（M. Blecher）和许惠文（V. Shue）

在《束鹿：一个县级政府及其经济》中，将河北的一个县级政府组织作为分析单位①。

如果确定以群体与组织为分析单位，那么在研究中需将焦点放在群体与组织层面的特征及规律上，通过对代表和反映群体与组织的特征的考察，描述、解释和比较社会中的特定群体与组织的一般性质和运行规律。

在对社会现象、社会制度及社会运行的定性研究中，将群体与组织作为分析单位通常能发挥定性方法的特长和优势。如在定性的个案研究中，通常会将某种群体与组织作为考察与研究的对象，通过对群体与组织个案的深度考察与分析，来揭示和解释社会现象的形成机制及运行规律。

三、社会事实

社会科学研究通常要根据社会成员的行动所构成的事实去探寻和分析社会现象和社会运行的机制、规律和趋势。这些事实主要有仪式、事件、作品、创造物和制度等。例如，一些人类学、民俗学研究常将某种人生礼仪、宗教仪式以及其他文化仪式作为考察和分析单位。此外，人们在社会互动中形成的事件，创作出的艺术品、著作以及建筑物等，也常常被作为社会科学研究的分析单位。

当将社会事实作为研究的分析单位时，研究者通常要重点考察和分析社会事实的内容、特征、过程及规律。例如，在法律社会学的纠纷研究中，通常将纠纷事件或案例作为分析单位，考察和分析的重点主要是根据纠纷内容而划分的纠纷类型，不同类型纠纷的事件特征、参与者特征、演变过程以及解决方式，等等。

由于社会事实总是与个体或群体有一定的关联，也就是说，社会事实总是某些个人或某些群体的行动事实，因此，在对社会事实的分析过程中，通常难以避免分析与事实相关的个体或群体的特征及规律。譬如，仪式分析可能会涉及仪式行为与参与者的特征的关系问题；对著作、艺术品、建筑物等事实的分析，常常会涉及对作者特征的分析。但是，以社会事实为分析单位的研究与以个体或群体为分析单位的研究是有很大差别的，必须区分开来。分析中的关联分析并不等同于分析单位的混同。如果确定以社会事实为分析单位，研究的重心就要落在社会事实上，而不能移位到个体或群体上。即便对社会事实的分析可能关联到个体或群体，分析的焦点和结果也要置于社会事实的层面上。

清楚地界定分析单位是研究设计的重要环节，关系到研究究竟要解答什么问题以及如何解答。因此，分析单位的界定对确立研究的逻辑目标和逻辑思路是非常必要的。

在定性研究中，常见的与分析单位界定相关的逻辑错误主要有两类：一类属于

① BLECHER M，SHUE V. Tethered deer：government and economy in a Chinese county. Stanford：Stanford University Press，1996.

区位错误（ecological fallacy），另一类属于简化论错误（reductionism）。

区位错误是指用对区域或团体的考察和分析结果来推论区域或团体内的个体特征。典型的区位错误如：一项研究考察了两个村庄，发现A村的少数民族人口在全村人口中所占比重高于B村，同时A村外出打工的人少于B村，且A村的家庭经济条件要比B村差。如果由此分析推论说少数民族村民外出打工比汉族村民少，所以其经济条件相比汉族村民更差，就犯了区位错误。因为，研究考察是以村庄为单位的，即村庄的人口结构及经济特征，而分析推论的结果只有在对区域内的个体特征加以考察后才能得出。也就是说，我们还需要考察A村和B村外出打工的人究竟有何特征、各个家庭的具体经济情况究竟如何。只有这样，我们才能知道外出打工与民族特征、民族身份与经济状况是否有关联。要避免研究中的区位错误，关键是要明确研究的分析单位与研究解释的关系，尤其是要明确解释对象所对应的行动者主体。

所谓简化论，是指对复杂问题的简单化解释。简化论错误与区位错误相对，是用对个体特征的简单考察和分析，或用单一的因素和变量，来解释和推论由群体行动构成的复杂现象。在社会科学研究中，如果将以个体为分析单位的数据或材料过度地扩展推论，就容易导致简化论错误；此外，如果在研究中过于强调某种单一变量或因素，而且将对单一变量或因素的考察和分析作为对某种具有混合性和复杂性的现象的解释，那么也属于简化论。

第四节　个案研究方案的设计

个案研究是定性研究的主要研究方式之一，它通过对某一方面的一个或几个典型或案例进行深入、全面考察，来描述、概括和解释个案所代表事物的一般特征和规则。

个案研究方法在定性研究方法中具有非常重要的地位，成为一种越来越重要的研究工具[①]。个案研究不仅在社会科学研究中发挥其独特的作用，在众多管理及社会工作实践中，也具有较为实用的工具性功能。无论是在组织管理方面，还是在社会工作中，对具体个案的深入研究和分析，都是管理决策和工作方式选择的必要步骤。

由于个案研究所考察和分析的对象是范围较小的个别案例，因此有些人可能对这种研究方法持有偏见或误解，认为个案研究属于一种较低等级的研究，其科学性程度较低，只适合较为初级的探索性研究，而不具有科学解释的功能。

然而事实上，个案研究同样具有科学解释的功能。通过对典型个案的深入全面

① 殷．案例研究：设计与方法．重庆：重庆大学出版社，2004：4.

考察和剖析，也能实现对某种类型现象的因果关系的说明和解释。其实，研究方法并不存在等级高低和优劣之分，而只看针对特定研究对象和研究目的，何种方法更加有效、更加可信。

在某种意义上，个案研究方法与实验法和社会调查法在认识原理上是相通的、一致的，都是为了达到认识现象或问题的本质的目的。实验法和社会调查法实质上是对具有代表性的多个案例进行考察，然后再分析一般规律；个案研究方法不过是对一个或几个具有典型性的案例加以深入考察，以达到对某种类型的事物或现象的特征及规律的认识。此外，个案研究方法与实验法及社会调查法的相通之处在于它们都是实证研究的重要方法。

与实验法和社会调查法不同，个案研究方法对研究器材或调查研究工具没有特别细化的要求，譬如对个案材料的记录既可以使用现代电子工具，也可以使用传统人工方法。但是，个案研究方法的质量保证也和实验法一样，在较大程度上取决于研究设计。没有严密设计的个案研究，其研究目标能否达到难以保证。因此，一项效度和信度高的个案研究，需要在研究方案设计中对整个研究过程的各个环节加以策划和规范，使得研究活动及其内容对于目标实现是有意义的。

个案研究通常分为两种基本类型：一种是单一个案研究，另一种是嵌套个案研究。前者是对一个研究对象的整体性研究，如对一个村庄、一个县的文化或政治的研究；后者是在研究中对多个不同案例进行考察和分析，这些案例既可能来自同一个对象，也可能来自不同对象。

一、单一个案研究的设计

单一个案研究常见于人类学和心理学等学科的定性研究，由于其考察和分析对象只有一个案例，因此这种研究有其相应的适用范围。

首先，单一个案研究通常用于对个案所代表的某类事物的整体性理解和认识。例如，费孝通在《江村经济》的研究中，是通过对江南一个村落的个案研究，达到对中国农民及其文化的整体把握和理解的。

其次，单一个案研究还适用于检验某种理论的研究。为了检验或补充某种理论，我们通常可以选择一个典型个案进行具体考察，揭示个案在某个方面的具体形态和运行机理，并以此与所要检验和对话的理论进行对照和比较，通过对比即可发现已有理论解释中的内容有哪些与个案研究所显示的事实不相一致。如格罗斯（N. Gross）等人在《组织创新的实施》一书中，正是通过对一所学校的个案研究，来对曾经流行的“创新的障碍”理论加以检验和完善的。研究者所选择的那所学校既有创新成功的经验，也有创新失败的经历。通过对这所学校创新过程的具体分析，作者发现创新失败的原因并不在于学校存在“创新的障碍”，而在于创新的实施过程不同。学校创新成功的经验则反映出，如果组织具有实施创新的过程，即组织能够主动、有意识地去推进一些创新的内容，就可能实现创新。因此，这一个案研究让人们开始反思“创新的障碍”理论的局限，将焦点转向组织创新的过程。[1]

最后，单一个案研究通常适用于对特殊人群或特殊现象的深入研究和描述。为了解社会中的某些特殊群体，如精神病患者群体、街头流浪群体等，社会科学家可以通过追踪这一群体中的某个个案来揭示和描述他们的生活形态、心理特征及变化轨迹。例如，列堡（E. Liebow）在《泰利的街角》中，围绕对流浪汉泰利这一个案的深入考察，描绘出了街头流浪群体的社会形态以及他们所反映出的美国社会的失业问题[2]。

单一个案研究设计的步骤和内容主要包括：

第一，选择典型个案。由于单一个案研究所要考察和分析的对象只有一个，因此个案的选择显得格外重要。在确定研究的个案时，主要看所选个案是否满足这样几个条件：一是个案具有所探讨问题所包含的典型特征；二是研究者对个案有较深刻的理解；三是个案具有可接触性。选择具有代表性、典型性的个案，且研究者能便利地接触个案、从个案中获取丰富的素材，这在单一个案研究中具有关键性的作用。

第二，掌握研究个案的背景材料。个案研究同实验研究相似，需要对个案进行有控制性的观察或考察。在实验研究中，对实验对象的控制可以通过控制分组和控制实验环境等途径来实现。而在个案研究中，控制主要通过对个案背景的全面掌握来实现。当我们详细了解了研究个案的具体背景材料后，就能把握所观察的现象与个案的背景之间的关系。

第三，确定焦点问题。个案研究虽然主要通过对个案的整体性认识来实现研究目标，但在研究中同样需要有针对性，尤其是理论针对性。也就是说，在研究中必须明确对个案的考察针对怎样的理论问题。只有在明确理论针对问题之后，才能将研究聚焦于某一方面。例如，马林诺夫斯基在《西太平洋的航海者》中对特罗布里恩群岛土著的研究，主要针对文化制度究竟是进化而来的还是在人们生活中形成的这一进化论与功能论争论的理论命题，为此他确定了考察和分析的焦点——库拉现象[3]。库拉是当地土著拿用贝壳制成的项圈和臂镯进行仪式性交换的行为。之所以说是仪式性交换，是因为交换的物品既无实用价值，也无装饰的美学价值，而只在交换的仪式中才具有其特定价值。马林诺夫斯基想通过对这种纯粹的仪式性物物交换现象的考察，来揭示一种地方性文化是如何构成其完整性的。

第四，计划考察的内容及路径。在对单一个案进行考察和分析时，需要针对焦点问题，明确所要考察的重点内容以及策划考察的途径。有针对性地收集个案材料是个案研究的重要策略，面对一个个案，研究者要想从其广泛而复杂的经验中发现

---

① 殷．案例研究：设计与方法．重庆：重庆大学出版社，2004：46.

② LIEBOW E. Tally’s corner. Boston：Little，Brown，1967.

③ 马凌诺斯基（马林诺夫斯基）．西太平洋的航海者．北京：华夏出版社，2002：2.

问题的本质，就必须选择一条有效的途径。有效的途径对于解释和说明焦点问题是非常重要的，甚至是必由之路。

二、嵌套个案研究的设计

嵌套个案研究是指含对多个个案进行考察和分析的个案研究。个案研究作为定性研究的重要方式之一，并不仅仅是对一个个案或案例的研究，在有些情况下，个案研究会在研究中包含或嵌套多个不同的个案或案例。比如在对一个社区、一个村庄、一个事件或一个仪式的研究中，通常会嵌套多个个人、团体或活动等案例来充实研究，以便更加深入和全面地揭示个案的特征及规律。此外，在政治学、心理学和管理学的个案研究中，通常需要运用多个案例来进行比较分析，通过选择不同类型的案例来加以考察和分析，即可比较出某种现象的特征及运行规则。再者，有时我们还需要选择多个相似的个案进行反复考察和分析，以检验所发现的结果是否具有一致性。由此可见，嵌套个案研究实际上分为三种基本类型：一是多层次个案嵌套研究，即在一个大个案中要对其下所包含的不同小个案进行考察和分析；二是多类型个案嵌套研究，也就是对多个不同类型的个案进行分析和比较；三是多个案重复研究，即选择多个个案进行重复观察和分析，以检验或验证对第一个个案的观察和分析结果。

在设计嵌套个案研究方案时，首先需要明确嵌套个案研究的类型。如果个案研究属于多层次个案嵌套研究，就需要规划和设计进一步考察的个案，并要理顺所嵌套个案之间的关系。例如，在对一个村庄的个案研究中，如果研究的焦点问题与个人、事件或仪式密切相关，个案研究的设计策略就会倾向于多层次个案嵌套研究。因为只有通过对村庄内的典型人物、突出事件和特殊仪式加以具体考察和分析，才能更有效地揭示村庄在这些方面的特征及变化规律。在这样的研究中，研究设计和计划的关键就在于要针对研究目标，选择合适、可以加以考察的具体个案。

资料库 3-1

多层次个案嵌套研究范例

《林村的故事——一九四九年后的中国农村变革》一书是对福建省一个村庄——林村的人类学研究，其研究目的在于揭示 1949 年后，也就是中国共产党执掌政权之后，政府与村庄有着怎样的关系，以及这种关系在不同历史时期是怎样变革的。

这一研究表面看属于对林村的个案研究，然而其并未选择对林村这一村庄个案进行整体性考察和分析，而是采取了嵌套人物个案的策略来对村庄的历史变迁加以表述和再现。作者选择了林村的党支部书记——叶书记作为个案考察和分析的主线，通过叶书记的回忆、表述和亲身经历，来揭示政府在不同历史阶段是通过何种方式或行动，来影响和控制农村基层的。在对叶书记这一个案进行考察时，作者主要运用了生活史的方法，让叶书记回忆和讲述从新中国成立到改革开放几十年间经历的各种政策变革和政治运动以及相关感受。

《林村的故事——一九四九年后的中国农村变革》以一种类人物传记的个案研究策略，选择了与理论焦点问题密切相关的人物作为考察和分析的中心，一来增强了个案研究的真实感，二来提高了研究的理论针对性和有效性。这一研究可谓嵌套个案研究的重要范例之一。

资料来源：黄树民．林村的故事：一九四九年后的中国农村变革．北京：生活·读书·新知三联书店，2002.

如果个案研究属于多类型个案嵌套研究，那么，研究设计的重点在于对案例进行分类。合理、准确的分类，是发挥案例比较作用的关键。在对多个案例加以分类后，对不同案例的考察和分析就相当于描述和揭示不同案例间的差异及原因。

资料库 3-2

多类型个案嵌套研究范例

《礼物的流动——一个中国村庄中的互惠原则与社会网络》一书是对中国农村社会的礼物馈赠与交换行为的人类学研究。这一研究是以东北的一个村庄——下岬村为田野考察点的个案研究。作者试图通过这一个案来探讨中国农村社会的礼物交换及人际关系的特征，以及礼物经济与整个社会变迁的关系。

针对研究所要探讨的理论问题，作者将对下岬村考察的重点进一步细分到礼物馈赠或礼物交换的经验上，于是将礼物交换实践分为仪式性场合的礼物馈赠、非仪式情境中的礼物馈赠以及工具性送礼三大类。通过对多种随礼和送礼情境及实践的考察，作者揭示了乡村社会中礼物与人际关系网络的特征及其在社会交往中的功能。

这一研究通过对不同类型的礼物交换行为的考察和分析，实现了对一个村庄的社会结构、关系网络及其变迁的认识和理解，不仅是具有专门问题导向的个案研究的重要范例之一，也是嵌套分类个案研究的重要形式。

资料来源：阎云翔．礼物的流动：一个中国村庄中的互惠原则与社会网络．上海：上海人民出版社，2000.

在设计多个案重复研究时，需要效仿重复实验法的原理和程序：一是要精心挑选多个相似的个案，二是要严格控制观察和研究程序，即按照实验法的复制原则，确保观察和研究程序的相近性和一致性。也就是说，要用对多个个案的观察和分析结果来说明或解释某种现象，必须保证多个个案是在相同或相近的条件下呈现出各自的特征和规律的。

三、个案研究设计模式

个案研究在社会科学的经验研究中被广泛使用。无论是在社会学和人类学的实地研究中，还是在管理学、教育学、心理学等其他社会科学的实证研究中，个案研究都是最为重要的定性研究方式之一。因此，设计好个案研究，是使用定性研究方法的重要前提。

设计一项个案研究，与工程学的设计有巨大差异。建筑师设计一个建筑方案，可以在图纸上规划出建筑的基本框架，然后按照这个框架去进行建设，就能实现建设目标。而社会科学的定性研究，面对的是行动中的社会人，所以个案研究设计不仅要提供一个研究框架，把几个主要元素包括进去，还要按照这个框架去实施研究。个案研究设计必须考虑到研究过程的动态性，因为定性研究的主要因素，如研究者、研究对象和研究情境是不断变动的。所以，马克斯威尔（J. Maxwell）认为："质的研究中的设计是一个进行中的过程，它需要在设计的各个要素之间不断来回'走动'，需要处理评价目的、理论、研究问题、方法以及相互间的效度威胁和这些要素之间的关系。"① 鉴于此，马克斯威尔提出了一种互动式定性研究设计模式（见图 3－2）。

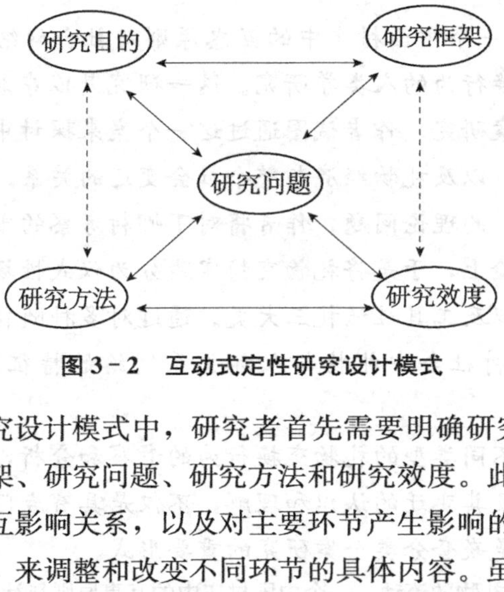

图 3－2　互动式定性研究设计模式

在互动式定性研究设计模式中，研究者首先需要明确研究过程中的五个要素，即研究目的、研究框架、研究问题、研究方法和研究效度。此外，研究者还需要考虑不同要素之间的相互影响关系，以及对主要环节产生影响的其他因素，特别是要在评价效度的基础上，来调整和改变不同环节的具体内容。虽然互动式定性研究设计模式的研究架构提供了一种逻辑结构，但这种逻辑结构不是固定的结构。研究者在具体研究过程中，需要根据对研究效度的评估和判断，不断地调整或变动所设计的主要环节的具体内容。例如，根据对所设计的研究方法之于研究目的、研究问题的效度，来改变具体研究方法和研究策略。假如，在一项个案研究中，文献法不足以解答所要研究的问题或满足研究目的，那么，需要根据可行性、可操作性来对设计中的研究目的、研究框架、研究问题、研究方法的具体内容进行相应调整。

① 马克斯威尔．质的研究设计：一种互动的取向．重庆：重庆大学出版社，2007：3.

第五节　定性研究逻辑框架的设计

科学研究活动是一种理性活动，其过程是由系统的、合乎逻辑的行动构成的，定性研究也不例外。要提高定性研究的科学价值，需要使研究过程中的各项活动都按照一定的逻辑规则进行。为了确保定性研究的逻辑性，通常在研究之前要设计一个严密的逻辑框架。

一、逻辑框架及其结构

所谓研究的逻辑框架（logic framework），是指对科学研究过程的各环节、步骤、内容及方法之间的逻辑关系和程序进行界定的纲要和框架。确立逻辑框架是研究设计的重要内容，尤其在应用性研究中，为了提高研究的可操作性，就需要对整个研究的逻辑层次加以明确界定和规划。

在研究的逻辑框架里，通常包括研究目标、研究目的、预期成果、活动内容以及监测指标等几个部分。研究目标的设定就是给研究确立一种方向和蓝图。在通常情况下，研究目标与某种重大理论追求相连。

研究目的与研究目标有些相近但又不相同，研究目的是指根据研究目标而确立的具体的目的，也就是说，研究者要达到某种重大理论目标，在一项个案研究中要能够实现哪些具体研究目的。这些目的的实现对理论目标追求来说是一种路径和保证。

预期成果是根据研究目的而规划相应的研究产出，以实现所设定的目的。在通常情况下，如果研究属于一项基础性研究，那么研究目标和研究目的一般会设定为解答或回应某些理论问题，这样预期成果的设计就需要针对所要探讨的理论问题的结构，设想几种可能的答案或解答方式。如果研究属于一项应用性研究，那么研究目标和研究目的通常是解决实际中的具体问题，因此预期成果的设计也就需要针对具体问题而预设相应有效的解决方案。

活动内容的设计是对预期成果的进一步具体化和操作化。研究要产出某些成果，就必须有相应的行动或具体实践做保证，因为成果是研究实践的结果。一项研究设计的内在逻辑的严密程度，在较大程度上取决于对所要进行的研究行动或实践的预计，以及所预计的研究实践对于满足研究目的和完成研究成果的逻辑有效性。

在研究逻辑框架的设计中，为了进一步明确未来的研究计划，提高研究的可操作性和可评估性，通常还会对预期成果和活动内容设置几个具体的监测指标。所谓监测指标，就是用来检验和评估实际的研究进程的实施效果，以及实现研究目的的程度的指标。特别是在应用性定性研究中，监测指标的设置有着重要意义。

资料库 3-3

逻辑框架设计的格式

研究目标（goal）：

研究目的（purposes）：1.

2.

预期成果（outputs）：1.

监测指标（indicators）：

2.

监测指标（indicators）：

活动内容（activities）：1.

监测指标（indicators）：

2.

监测指标（indicators）：

3.

监测指标（indicators）：

二、逻辑框架的设计

设计定性研究逻辑框架的过程，实际上是研究者理清研究思路、明确研究程序的逻辑关系的重要过程。一个规范、合理的研究逻辑框架，会大大提高定性研究的规范化和科学化程度，对提高定性研究的信度和效度有较为重要的帮助。

设计规范化的研究逻辑框架，关键是对逻辑框架中的各项内容要有规范、合理和正确的陈述，使逻辑框架所确立的研究过程能形成一个完备的逻辑系统。

研究目标的表述一般要用较为抽象的理论原则或更宏大的理念来加以设想和规划，重点是预计自己的研究与某种理论流派的基本观念，或与某种社会理想如公平、正义、可持续发展等之间的关联。在设计表述中，关键要抓住研究的内容将可能在哪些方面或以何种方式对较为宏观的理论或较为远大的理想有所贡献。

对研究目的的陈述，首先需要与研究目标有所区别。研究目标与研究目的之间的细微区别主要体现在层次上：研究目标一般来说相对更宏大、更抽象，而研究目的则更为具体。所以，关于研究目的的陈述，需要澄清研究所要解决的具体理论问题。通常一项研究会聚焦于某个具体研究目的，但有时一项研究也可以有多个具体研究目的或问题，不过这些目的或问题之间，应该有高度的相关性。

预期成果的表述是对研究目的的陈述做进一步细化和深化，因此，在表述中，需要体现出目的与手段之间的逻辑关系，即把预期成果视为实现研究目的的手段和途径。既然将预期成果看作实现研究目的的手段，那么，所设计和表述的预期成果对于实现任一研究目的而言可以不是必要的，但应该是充分的。

活动内容是针对研究所预计完成的成果而进行的活动安排，具体的活动内容是实现预期成果的实践保证。从这个意义上说，预期成果与活动内容之间的逻辑关系属于必要条件的关系，即要实现某项预期成果，就必须有什么样的活动内容。譬如，预期成果中包含要对社会不平等有经验性的考察和检验，那么在活动内容中就必须有经验调查的行动安排。

至于监测指标，通常情况下会根据研究目的和具体行动安排，设置几个重要的可控、可衡量的指标。

在设计好研究逻辑框架后，还需要对整个框架的结构加以总体检查。检查的重点内容是看逻辑框架中的各个组成部分之间的逻辑层次是否清晰，逻辑关系是否合理、正确，逻辑系统是否完整。

第六节　研究课题的设计与论证

对于从事科学研究的人员来说，申请研究课题是其工作的重要组成部分。因此，课题申请方法和技巧是科学研究者需要掌握的一项基本技能。申请研究课题的方法实际上也属于一种研究设计，其中的主体内容就是关于某项研究的设计。

一、研究课题的设计与论证的目的和意义

作为科学研究的事前准备，研究课题的设计与论证的根本目的在于争取获得对研究的认可和支持。支持包括两个方面：一是研究资金的支持，这类支持是进行科学研究活动的物质保障；二是对研究课题的社会赞许，即所计划进行的研究被认为是具有一定价值的和可行的。

如果进一步分析的话，那么研究课题的设计与论证主要为了达到这样几个具体的目的：

第一，争取研究课题的立项。对科学研究者来说，既要做自己的研究，也需要做由研究课题资助的研究。在通常情况下，我们可以根据自己的研究兴趣在相关领域进行探索和研究。在进行这样的研究时，我们既可以运用现成的文献资料或数据资料，也可以通过自费调查来收集一手资料。总之，所有的研究都在个人财力所能支持的范围之内。我们如果希望自己所要进行的研究能得到基金项目的支持，就得

争取让所设计和论证的课题通过立项评审。立项评审一般包括严格的、专业化的程序：由若干名相关领域的专家组成的评审组来对课题设计和论证的计划书或报告进行评估，然后根据设计和论证内容的重要性、合理性和可行性，最终从一些论证方案中挑选出一个或几个作为立项对象。由此可见，一项研究设计与论证的质量不仅直接关系到所计划的研究能否得到专家的认可，也直接关系到研究能否获得研究经费的支持。

第二，设计与论证一项研究课题是为了展示和证明个人或团队的研究素质和才能。虽然获得研究基金的支持对于开展科学研究活动尤为重要，但申请研究课题并非全都是为了获得经费支持。成功通过立项评审还包含另一个重要的意义，即个人或研究团队的科研能力得到了认可或赞许。例如，目前中国对知识或智力劳动的评价体系，经常将个人或团队所申请到的研究课题及研究经费作为一项重要评价指标。这就表明，成功的课题研究设计与论证，已经在一定程度上得到了人们的认可。

第三，研究课题的设计与论证过程也是研究者将自己的专业知识与社会需求结合起来的过程。虽然科学研究活动具有较强的个体自主性，也就是说，研究者在科学活动中通常会保持较高的独立自主性，以便发挥个体在科学探索中的个性及创造力，但是，科学研究活动同时也离不开社会现实，满足社会现实需要既是科学研究的重要动力来源，也是实现自身价值的重要途径。现实性、时势性是科学性的重要构成，那些能解决重要现实问题、满足时代重大需求的科学成果，必然具有较高的科学价值。所以，对从事科学研究的工作者来说，申请研究课题除为了获得资助和被同行认可外，另一个重要目的就是更好地满足社会需求或公益需求。一方面，那些公开招标的研究课题通常是由相关社会或公共机构征集的与现实需要密切相关的重大问题，需要集中智慧去加以探究和解决；另一方面，通过执行和完成公开招标的课题研究，能够更有效地将科学研究成果快速转换为社会实践，更好地服务和满足社会需求。

针对课题设计与论证的具体目的，研究者需要采取相应的策略以便能更好地加以实现。

首先，针对立项的目的，我们在课题设计和论证时要明确自己所设计的内容将面向同行专家。也就是说，论证报告的读者对象是专业人士，而非普通读者。因此，课题设计必须遵循专业的规范，而且在内容设计上必须把握专业化的要求，即对相关专业领域的理论及研究现状要有系统、深入的了解和理解。此外，所设计的研究方法也需要符合专业要求。总之，研究课题的论证与设计必须具备一定的专业化水平，需要按照相关专业的规范，去深化和细化所计划的研究内容和研究程序。

其次，为了使自己所设计的研究课题得到认可，研究者必须选择自己所擅长的研究领域中的问题作为研究对象，而且所做的选择尽量与自己以往的研究积淀有一定关联。尽管我们在研究中需要不断追求创新，但任何创新都必须建立在一定的积累之上。因此，课题设计的创新性要在与自己以往的相关研究的比较中才能清楚地看出。为了使自己所设计的研究得到认可或赞许，研究者所设计的课题内容应尽可能充分展现自己完全可以胜任相应的课题任务。

最后，在课题设计中，为了使研究能更好地满足社会或公益需求，研究者需要用敏锐的眼光去洞察社会现实，获得关于研究对象的直接经验认识。在课题设计的具体内容中，要注重将研究所探讨的问题与现实经验更加密切地联系起来，让人能清晰地了解研究问题的经验表现及现实基础。

二、研究课题论证的基本结构

研究课题的申请通常需要按照基金机构提供的固定表格来填报，如国家社会科学基金课题的申请，申请者需要填写全国哲学社会科学工作办公室制作的《国家社会科学基金项目申请书》。在这格式统一的申请表中，除了需要申请者提供个人及课题组成员的一些基本信息之外，其主体部分就是“课题设计论证”。目前，虽然国内有多种申请社会科学研究课题的渠道，申请方式也有所不同，但课题设计论证的基本结构则无实质性差别。

课题设计论证一般包括这样几个主体部分：(1) 课题背景；(2) 问题及研究内容；(3) 研究思路和方法；(4) 预期成果和价值。在有些课题设计与论证中，有时还需要介绍课题组的研究条件，如已具备的物质条件和已掌握的数据资料、学术团队和工作环境等，以反映出申请者的研究基础。

课题背景部分通常主要论述所设计的课题具有什么样的理论和现实意义。为了阐明课题的理论意义，需要从已有研究和文献中去梳理相关的理论脉络，从相关理论总结、回顾和比较中展示自己所探讨的问题具有什么样的理论背景。与此同时，我们还可从当下的社会需求中去阐述课题所探讨的问题具有何种现实意义。

课题设计论证的核心部分是问题及研究内容的陈述部分。在这一部分里，我们需要用精练的语言概括出课题研究所要探讨的关键问题。也就是说，要陈述我们开展此项研究，究竟是为了解答或解决什么样的问题，而且要说明这样的问题是有解的问题。当明确课题所要研究的具体问题之后，就需要进一步论证研究将如何围绕这些问题来进行考察和探究。因此，在研究内容的陈述中，需要强调针对问题而提出的理论假设或基本观点，即课题的论点。此外，在诸多研究内容中，还需要突出研究的重点，对研究问题的关键部分加以探索与研究。

为了论证课题研究的可行性，以及证明研究者能够达到课题设计所拟订的研究目的，研究者需要在设计论证中注重对研究方法论的系统阐述。论证研究思路和方法的目的是说明研究者将如何实现研究目标，如何完成研究内容，如何分析和解释在研究中发现的问题。在方法的论证中，既要勾勒出研究的基本路径或程序，也要说明研究中将要采取的具体技术路线，以及具体的方法和手段，如资料收集方法、分析模型及检验方法等。

对研究成果的预期是课题设计论证的重要组成部分。通过这一部分，不仅可以展现研究设计者对课题内容的理解程度，也可反映出研究者对拟进行的研究过程的把握和操控水平。与此同时，对预期成果的计划，也是说明课题研究价值所在的一种方式。在设计预期成果时，关键是所列出的成果要能够高度概括研究的重点内容，并且成果与所设计的研究内容要保持严密的逻辑关系。此外，预期成果还要体现出研究的创新性。

课题设计论证不同于研究论文写作。课题设计论证在结构上要达到简练、明晰和合理：简练就是要求论证内容的陈述达到简单而又精确，即用精练的语言高度概括出课题研究将要涉及的丰富内容；明晰就是要求达到让人对其基本观点、研究目标以及实现目标的方法一目了然的程度；合理就是要求在论证内容的安排上合理布局，突出重点和新意。

资料库 3-4

课题设计论证范例

课题名称：转型期中国矛盾纠纷的动态监测与多元化解机制研究

一、选题及其意义

进入21世纪，中国社会将依然处于快速转型过程之中，伴随着社会转型、结构调整和观念变迁，社会矛盾纠纷也将会呈现多发、多元之态势。为科学、系统和准确地把握转型期矛盾纠纷的构成、现状、特征、成因、动态趋势和治理经验，深刻理解矛盾纠纷的形成、演化及化解机制，有必要从多维度、多学科、多角度去研究矛盾纠纷，由此给创新社会治理、增进社会和谐、促进社会稳定的社会建设实践积累知识存量。

就学术意义而言，社会矛盾与冲突、纠纷化解和秩序构建是社会学研究的核心领域之一。从经典马克思主义到当代社会学（马克思，恩格斯，1972；齐美尔，2002；科塞，1989），都将研究矛盾纠纷与社会秩序问题作为考察和理解社会运行的重要视角。新兴交叉学科法律社会学更是把矛盾纠纷及其化解机制的研究作为主要问题（Sarat & T. Kearns，1993），通过对这一问题的研究，来探讨和理解法律与社会的关系。因此，对转型期中国矛盾纠纷及化解机制的研究不仅有助于矛盾化解和社会治理的实践，而且对于拓展有关矛盾纠纷化解与社会秩序建构的社会学理论有重要价值。

二、研究问题与相关研究及理论

本课题拟研究两个方面的问题：（1）转型期中国矛盾纠纷的构成如何？能否对其加以动态监测？如可以的话，如何对其实施动态监测？（2）转型期矛盾纠纷化解的现状如何？基于动态监测，何以建立起多元化解机制以更加有效地治理矛盾纠纷？

目前关于转型期矛盾纠纷及化解机制的社会学研究，大体有两大类：一类是宏观理论之研究（齐美尔，2002；科塞，1989；达伦多夫，2000；李培林 等，2005；吴忠民 等，2011；张静，2012）；另一类是微观经验之研究（Miller & Sarat,

1980—1981；Michelson，2007；董磊明，2008；陆益龙，2009；郭星华，2010）。

…………

在国内关于矛盾纠纷的宏观理论研究方面，吴忠民等结合中国社会转型的现实，从矛盾论的视角分析了转型期社会矛盾的现状和趋势；张静则从结构-制度及历史-变迁等维度探究了社会冲突的结构根源；李培林等用阶层意识的分析法探讨了当前中国社会冲突的主观因素。

…………

国外关于纠纷及其解决机制的经验研究主要提出了“纠纷金字塔”论和“纠纷宝塔”论（Miller & Sarat，1980—1981；Michelson，2007）。纠纷金字塔论是通过对纠纷及其解决过程的经验研究而将现实社会中矛盾纠纷的结构描绘为金字塔形；纠纷宝塔论则根据中国经验，认为纠纷的分布呈宝塔形，而那些爬到宝塔塔尖的纠纷，其当事人拥有一定的关系资源。此外，欧伯恩和李连江则试图通过对农民抗争事件的研究，从法律和政治的角度说明农村矛盾冲突的成因、特点和社会影响（O'Brien & Li，2006）。

三、理论假设及主要内容

本课题将立足于经验研究，去实现两个有关矛盾纠纷、社会秩序与社会变迁的社会学理论关怀：一是矛盾纠纷动态演化论；二是矛盾纠纷多元动态结合化解机制论。

为构建和检验上述两个理论假设，本课题将在如下方面展开研究：

（1）矛盾纠纷研究：问题、理论及方法。本部分将主要从总体上探讨和阐述中国社会转型、矛盾纠纷及其化解机制与社会秩序这一研究问题的内涵及意义；回顾该领域的重要理论和相关研究，进而提出基于中国经验的矛盾纠纷及其化解理论构建目标；根据设定的目标，探索和设计恰当的研究进路和方法。

（2）转型期中国矛盾纠纷的现状、类型和特征。本部分主要在社会调查和个案调查基础上，揭示转型期中国居民究竟遭遇了什么样的矛盾纠纷，以及矛盾纠纷究竟呈现怎样的形态。

（3）矛盾纠纷演化的动态过程与规律。本部分将以矛盾纠纷的过程为研究切入点，通过对矛盾纠纷演化过程中的状态、性质、特征及转换节点的分析，揭示不同矛盾纠纷动态演化的机理和规律。

…………

（11）矛盾纠纷的动态监测与社会风险的防范。虽然矛盾纠纷是普遍的、绝对的，但对社会系统的正常运行和社会秩序构成系统性风险与威胁的矛盾纠纷只是其中一部分。本研究最后将进一步探讨矛盾纠纷演化为系统性风险的过程及机理，并结合多元动态矛盾纠纷化解经验，提出如何在动态监测的基础上构建起预防矛盾纠纷系统性风险的社会“安全阀”机制。

四、研究进路和技术路线

本课题拟采取理论导向的研究进路，研究立足于对转型期中国矛盾纠纷及化解的经验考察，旨在构建和拓展关于矛盾纠纷及其化解机制、秩序与社会转型的社会学理论。

本研究的具体技术路线见下图：

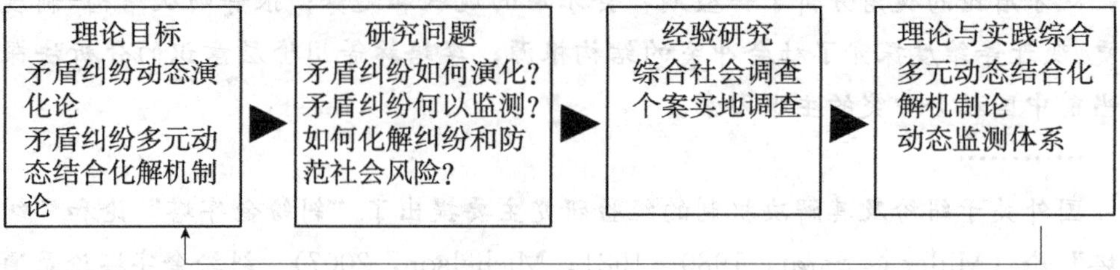

课题研究的技术路线

五、可能的创新之处

本课题可能在以下方面有些许创新：

（1）新的经验材料。本课题在经验研究中所获得的关于转型期矛盾纠纷现实状况的宏观和案例资料，不仅能为研究矛盾纠纷及其化解机制积累新的经验材料，而且能为我们把握矛盾纠纷的现状及演化趋势提供新的事实依据。

（2）丰富和拓展关于矛盾纠纷及其化解机制的法社会学理论。本课题从动态和多元化视角，探讨矛盾纠纷动态演化论及多元动态结合的纠纷化解机制论，对转型期中国的社会治理实践，以及矛盾纠纷的社会学理论来说都具有一定新意。

六、前期研究基础及参考文献（略）

三、课题设计论证的效果评估

课题设计论证是对一项尚未进行的研究或尚未实施的项目进行的计划和设计。虽然一项优秀的设计论证并不一定能确保产出优秀的研究成果，但要想取得优秀的研究成果，则必须具有一个良好的研究设计做基础。从某种意义上说，一项好的研究设计论证是成功研究的一半。那么，什么样的课题设计论证属于优秀的论证呢？在通常情况下，对课题设计论证水平的评估会遵循以下几个原则：

（1）专业性。这一标准主要用来衡量设计论证的专业化水平，如设计论证所反映出的对专业理论、相关领域的前沿问题、专业研究方法等方面的了解和掌握程度，以及设计论证对专业规范的遵守情况。专业性原则就是要求课题设计论证必须体现和反映研究者具有一定的专业素质，如对相关专业理论及研究方法的掌握、对专业领域的研究现状的把握等。一般来说，一项课题设计论证水平的高低，与其设计论证的专业化水平是密切相关的。

（2）时效性。这一原则主要用来评价所设计的研究课题对前沿理论问题回应的有效性，以及满足社会现实需要的程度。在某一阶段内，各种研究领域中都会有相应的热点问题、前沿问题，对这些问题的有效回答是课题研究的理论价值所在。此外，如一项设计论证能很好地对社会现实问题做出一定反馈，则表明该项研究具有相应的应用价值。

（3）充分性。课题设计论证的充分性主要指论证内容是否完整、论证理由是否充足。此条评价原则能反映出研究设计者对尚未进行的研究的理解、预见和操控水平。课题设计论证的充分性程度能反映出研究者能否实现课题研究的目标，以及研究成果可能达到的水平。

（4）创新性。在评价课题设计论证水平的高低时，创新性是其中的一项重要指标。创新性评价原则是对课题设计论证中所包含的新素材、理论创新、方法创新等加以衡量和评估，也就是估计研究者在拟研究的课题中，会获得哪些与以往研究所不同的材料、运用什么样的新方法，以及在理论解释中会有哪些新意。如果一项研究的课题设计论证不能说明自己的研究与已有的相关研究有何不同，或对已有研究的哪些方面有所推进，那么所设计和论证的课题研究会失去立项的合理性，即无研究的价值。所以，创新性是研究者在进行课题设计论证时始终要自我提醒的一个关键原则。即便一项课题设计论证结构再完整、内容再丰富，如果没有研究者自己的创新之处，那么课题立项的意义也不大，且其中很多的劳动可能属于重复劳动。从这个意义上看，创新性原则是课题设计论证所要遵循的核心原则。

本章要点

1. 定性研究设计就是根据定性研究过程的特点，对其中可能遇到和面临的问题以及相应的研究策略和方法加以预设、准备和计划。定性研究设计主要是对定性研究的目的，研究过程的复杂性、变动性及应对方法的提前分析、准备和计划，以使研究活动有的放矢、有备而来。

2. 定性研究根据基本目的不同，通常有基础性研究、应用性研究和评价性研究等类型。

3. 分析单位，是指对研究对象进行考察和分析，以及解释其间差异的单位。在社会科学研究中，个体是较为常用的分析单位。尤其在定量研究中，个体是最为常见的考察和分析单位。在定性研究中，作为分析单位的群体通常包括邻里、家庭、单位、学校、社区、村落、城市，以及社会中的职业群体、文化群体和小群体等。当将社会事实作为研究的分析单位时，研究者通常要重点考察和分析社会事实的内容、特征、过程及规律。

4. 个案研究是定性研究的主要研究方式之一，它通过对某一方面的一个或几个典型或案例进行深入、全面考察，来描述、概括和解释个案所代表事物的一般特征和规则。互动式定性研究设计模式包含研究过程中的五个要素，即研究目的、研究框架、研究问题、研究方法和研究效度。

5. 研究的逻辑框架是指对科学研究过程的各环节、步骤、内容及方法之间的逻辑关系和程序进行界定的纲要和框架。课题设计论证一般包括这样几个主体部分：

(1) 课题背景；(2) 问题及研究内容；(3) 研究思路和方法；(4) 预期成果和价值。

关键概念

定性研究设计、设计原则、分析单位、单一个案、嵌套个案、逻辑框架、课题设计论证

思考问题

1. 设计好定性研究有哪些意义？
2. 在设计基础性研究、应用性研究和评价性研究时，需要重点区分哪些问题？
3. 单一个案研究与嵌套个案研究主要有哪些区别？
4. 评估课题设计论证效果的主要标准是什么？

推荐阅读书目

1. 马克斯威尔．质的研究设计：一种互动的取向．重庆：重庆大学出版社，2007.

2. 马凌诺斯基（马林诺夫斯基）．西太平洋的航海者．北京：华夏出版社，2002.

3. 殷．案例研究：设计与方法．重庆：重庆大学出版社，2004.

4. 邓津，林肯．定性研究：策略与艺术．重庆：重庆大学出版社，2007.

第四章

田野工作及民族志方法

社会科学研究离不开资料的收集，如果没有翔实、可靠的资料，社会科学研究也就成了“无米之炊”。社会科学研究中运用的资料不外乎两类：一是定性资料，二是定量资料。定性资料是指反映研究对象的特征和性质、多以文字形式呈现的资料；定量资料是指主要反映事物量的特征及变化规律的数据资料。收集定性资料是定性研究的一项基础性工作，定性资料与定量资料的收集在方法论上是相通的，在收集方式方法上则有一些差异。本章将重点介绍收集定性资料的几种主要方法。

第一节 田野工作概述

田野工作源自人类学家的工作。早期的人类学家，包括考古学家、语言人类学家、体质人类学家和文化人类学家，他们收集资料的工作常常是在民间田野里进行的。例如：考古学家要在田间荒野里寻找和发掘遗迹；语言人类学家要到田间地头去和土著交流对话；体质人类学家要到田野中测量当地人的体格特征和食物的营养成分；文化人类学家则要和当地人一起到田间劳动和一起生活。由此，田野工作也就逐渐延伸为人类学研究方法的代名词。田野工作作为收集一手资料的重要方式之一，也已经在其他人文社会科学的研究中得到广泛应用。

一、田野工作的意义

田野工作是指研究者深入研究对象的生活场域和劳动现场，去体验和感受研究对象生活世界的一种方法，是研究者获得田野经验和收集资料的重要途径。社会科学所要研究和探讨的问题，其实都是与人有关系的问题。人的观念和行为影响和构成了社会事实，无论是经济、政治领域，还是社会与文化领域，都离不开人的行动和经验的支撑。因此，社会科学研究归根结底就是要理解和认识人的行动及其背后的观念和动机。

关涉到人的研究不同于自然科学对物质的研究，人的内心世界和行为是千差万别且变化频繁的，要把握人的思想和行为的变动规律，感性认识以及自身的体验是非常重要的途径。所以，文化人类学倡导采取民族志（ethnography）研究策略来研究人和文化，就是要求研究者亲临现场，去获得直接经验感受和一手资料。实践表明，这样一种研究策略对于研究那些规模较小、异质性不强的社会或群体组织是非常有效的。田野工作方法的运用正是遵循这一研究策略。文化人类学早期的民族志研究主要是到那些无文字的或被认为原始的土著社会去做田野工作。例如，马林诺夫斯基选择特罗布里恩群岛做田野工作，不外乎有两方面理由：一是因为那里仍属于“未开化的”社会，按当时占主流的社会进化论观点来看，那里的岛民仍处在文明发展程度较低或者说“野蛮”的阶段；二是因为那里属于异文化的社会，有着与西方社会迥异的母权制文化，因此，相关的经验考察和认识将有助于反思和重新认识流行的文化理论。费孝通突破英国社会人类学“文野之分”的壁垒，开创性地将田野工作引入本文化和文明社会的研究之中，从而拓展了社会与文化人类学的视野和领域。费孝通在江苏省吴江县（现为吴江区）江村（开弦弓村）的田野工作，开了在文明社会进行人类学田野工作的先河。而且在20世纪40年代，田野工作被广泛用于对中国农村社区的研究，从而赋予了田野工作方法更广泛的应用范围。

在现代社会与文化人类学的发展过程中，田野工作几乎被当作人类学的法宝。没有田野工作经验的人类学者，就不能算是真正的人类学者，没有田野工作的研究，就不能算是严格意义上的人类学研究。田野工作的训练成了人类学专业训练的必备部分，由此可见田野工作方法在人类学研究中的重要性。

田野工作方法已经不仅仅是人类学的专有方法，在社会科学的众多研究领域中，大量定性研究，如社区研究、组织研究、政治经济行为研究以及社会心理研究等，通常需要通过田野工作方法来进行。个案研究是探讨和认识社会问题的重要策略，个案研究一般需要借助田野工作方法去具体实施。因此，田野工作方法已经成为定性研究中的一项很重要的研究手段和方法。

资料库4-1

田野工作寓言

孩子们告诉哈尔考姆：“我们想了解世界。噢，先生，请告诉我们，我们怎样才能认识世界呢？”

“你们读过那些伟大思想家的著作吗？”

“先生，我们读过，我们读了你所推荐的每一位思想家的著作。”

“你们是否认真实践过你们所获得的知识，使之成为无限宇宙中之一环？”

“先生，我们实践过，全力以赴、严肃认真地实践过。”

“你们学过科学中的实验、调查和数学模式吗？”

“是的，先生，甚至超出了考试的范围。我们学习了实验、调查分析以及数学模式演变和检验的深层领域。”

"你们仍不满意吗？你们还想了解更多吗？"

"是的，先生。我们想了解这个世界。"

"那么，我的孩子们，你们必须走到世界当中去。生活在人们之间，像他们那样地生存，学习他们的语言，深入他们的日常生活。去体验世界、感受世界、观察倾听、接触和被接触，记录下你们的所见所闻、人们的思维方式，以及你们的感觉。

"投身于世界当中，观察、赞叹、体验和反省。要想理解一个世界，你们必须成为那个世界的一部分，同时与之保持距离——既是其中的一部分，又与之保持距离。

"那么去实践吧！回来时告诉我你们的所见所闻、你们所学到的一切，以及你们开始了解的东西。"

资料来源：巴顿．质的评鉴与研究．台北：台湾桂冠图书股份有限公司，1999：99.

田野工作方法在定性研究中的重要意义主要表现在：

第一，田野工作是对人的观念及行为加以直觉认知的必由途径。感性认识是我们认识世界的基础，直觉经验为我们对事物的认识提供了较为直接的、可靠的素材。研究者通过在田野工作中的亲身体验，以及与所研究的人和社会的直接接触，可以获得大量关于研究对象的直觉认知，这些直觉认知将对我们形成关于研究对象的理性认识发挥引导作用。

在社会研究中，直觉经验对理论的形成来说通常是不可或缺的。一种关于社会现象的理论解释，如果缺乏感性的、直接的经验，就难以达到深刻和有效，虽然对社会科学家来说，他们当然可以选择定量研究的路径来研究社会问题，但是，进行定量研究的研究者如果缺乏对社会现实的直觉经验，就不可能真正理解其所分析的数据的意义。研究所建立的数学模型再漂亮，也不一定能深刻、准确地揭示社会现实。

田野工作最为重要的意义就在于让人能够直接体验到相关的社会生活，而这些经验往往是构成社会世界的基本要素。社会世界之不同于客观物质世界的地方就在于生活经验的多样性和差异性，要理解和认识那些有差异的东西，直观的感受、亲身的体验是非常重要的。

第二，通过田野工作，可以从整体上全面地认识社会事象。很多社会和文化现象都是由多方面、复杂的因素构成的，用简单的因果关系来解释这些现象，往往并不能让人真正理解和认识它们。因此，一些社会和文化科学研究，需要从整体上去把握和认识那些复杂的社会和文化现象，这也就是人文社会科学中的整体性认识论（holistic）。所谓整体性认识，是指把具体的、个别的现象放置到整个社会和文化的背景之中去加以考察和理解。

通过田野工作，研究者不仅可以观察到重点研究的现象，而且能全面了解这些现象产生的大环境，以及这些现象与大环境、大背景中的其他现象之间的关系。例如对一个地区住宅建筑风格及居住文化的理解，从一般的实物或图片中，我们只能了解一些表面的、形式上的知识，而我们如果到那些地区做较深入的田野工作，就会了解和体验到住宅与当地的气候、生态及其他自然条件的关系，以及人们的生活方式和社会结构与住宅文化的关联，这样，我们就能对住宅及其社会和文化意义有更全面、更深刻的理解。

田野工作对整体性认识的作用还通过研究者的社会融入来得以实现。田野工作不同于问卷调查。问卷调查需要在很短时间里问完研究者所想知道的问题，而田野工作并不注重信息提供者（informants）怎样回答问题，而注重如何能在一定程度上走进研究对象的生活世界。因此，田野工作者通常需要长时间地参与到研究对象的日常生活之中。在这个过程中，田野工作者便可以逐渐形成关于研究对象的整体性观念。

第三，田野工作是获得一手社会事实资料的有效方法。定性研究的信度和效度在较大程度上取决于定性资料的获取方式以及资料本身的可靠性和有效性。毫无疑问，直接从现实社会中获得的一手资料，为社会与文化理论解释提供了较为可靠、可信的素材或论据资料；那些通过亲身体验获得的一手资料，对于有效解释所研究的社会与文化问题也会有较大帮助。所以，对社会科学研究尤其是定性研究来说，获得一手资料越多、越充分，对理论分析和解释越有利。

田野工作需要研究者亲自参与，而不是让调查员代劳。因此在田野工作中，研究者能够获取和掌握大量的一手资料。在通常情况下，研究者可以根据自己的理论假设和计划，以及田野工作的实际进展情况，不断地调整、补充和完善一手资料。譬如，我们在田野工作中根据自己的所见所闻，对所要探讨的相关理论问题加以思考，从而发现还需要收集哪些方面的材料，由此调整田野工作的下一步计划，去补充那些方面的调查。

第四，田野工作是理解社会世界中的观念及行为意义的重要方式。在社会与文化研究领域里，对有些问题的研究无法按自然科学的逻辑去验证某种规律，而只能去理解或意会其中的意义和机理。例如，文化人类学通过对亲属称谓制度的探讨，只能理解具体的亲属称谓体系在不同文化中所包含的社会意义，以及它与亲属关系、社会结构、伦理观念有什么样的联系。我们很难给出一个普遍的定律，然后用经验来验证这些定律。文化科学的意义主要在于揭示和理解人类的某些行为与不同的文化观念是怎样联系起来的。所以，正如韦伯所倡导的那样，理解是社会科学研究的重要目标，一些对历史、文化以及社会行动的研究，就是想达到对历史及社会文化现象意义的理解。

我们究竟怎样才能更好地理解社会文化现象呢？虽然我们可以通过多种途径去理解一些事物，而且存在着从不同角度的理解，但是，对社会中人的观念及其行为特征的理解，相对较为特殊。在通常情况下，需要在实际的社会情境中，才能较为准确和深刻地理解人的观念和行为。也就是说，在诸多社会与文化研究领域里，由于所要探讨的问题可能与人的观念及行为相关，因此，比较理想的研究途径就是去做田野工作。因为田野工作经验是一种亲身感受和体验的经验，有了这些经验，我们可以通过相互主体性的转换过程，即移情式理解，实现对研究对象的更真切、更深入的理解。

第五，田野工作也是进行定性实证研究的基本方式。定性研究并不都是思辨性的、纯推论的、纯描述性的研究，也包括按照现代科学逻辑规则进行的实证研究，而且这种定性实证研究在社会科学的诸多研究领域发挥着重要作用。如人类学、心理学、管理学中的一些个案研究，就针对所选个案开展田野工作，并以所获得的经验材料，作为检验某种理论假设或与某种理论进行对话的基础。

对定性实证研究来说，其方法论原理与定量实证研究是相似的，两者所不同的是研究方式的差异。定量实证研究通常采用问卷调查和实验观察的方式来获得量化的数据，而且对数据的代表性要求较为严格；定性实证研究则主要采用田野工作的方式来获得定性材料，田野工作的对象以及调查材料的代表性并不关键，关键在于田野工作的个案是否具有典型性、田野材料是否完整。所谓典型性，是指个案反映某种类型的现象或事物的一致性程度。例如，毛泽东在湖南考察农民运动时，就选择了农民运动进行得有声有色的湘潭、湘乡、衡山、醴陵、长沙五个县进行调查[①]。至于完整的材料，是指能系统、全面地揭示所探讨问题的现实素材。要满足定性实证研究的这两个基本要求，进行田野工作是较为理想的研究方式。

二、田野工作的内容

田野工作既是一种收集定性研究素材的方法，也是一种进行定性研究的过程。因此，田野工作的内容可以分为两大类：一是资料收集，二是思考研究。

在资料收集方面，田野工作的主要内容包括：

第一，收集和掌握田野点的地理及生态环境特征方面的资料。虽然对田野工作地点自然环境特征的认识，可以从一些文献资料中获得，如地方志以及地区概况等一般会介绍当地的地理、气候等方面的基本情况，但是，对田野工作者来说，仍需要在此基础上，根据实地的调查体验，把握当地自然环境的主要特征。感受和认识田野工作地点的自然环境特征非常重要，一个区域内的社会和文化与自然生态环境是一体的，许多社会制度、文化法则其实就是特定区域内的人在与自然互动的过程中形成的。因此，社会科学要理解一个特定区域里的人和社会，必须联系他们所生存和生活的自然环境。

第二，整体把握田野点的社会关系及组织结构的基本情况。一个社会总是包含着各种各样的人际或社会关系，如亲属关系、族群关系以及组织关系等。田野工作者要想从整体上理解所研究的社会，就必须收集构成该社会的主要社会关系网络、

① 毛泽东．湖南农民运动考察报告//毛泽东．毛泽东选集：第1卷．北京：人民出版社，1966：12-44.

组织结构等方面的材料。例如，当在传统村落社会做田野工作时，可以询问该村落的姓氏和家族构成，寻找或询问村落中的谱系资料，然后，沿着所了解的谱系关系，收集相应的家族组织或其他组织的情况。

第三，收集当地文化法则、交往规则以及民风民俗方面的资料。田野工作的重要目的之一在于理解地方性文化。理解一种文化，仅靠对当地文化事象的了解是不够的，必须深入调查事象背后的一些基本法则或规则。只有通过对这些文化法则或规则的了解和分析，才能进一步理解当地人的观念世界，才能真正理解当地文化逻辑及意义。例如，乔健在对台湾地区卑南人吕家社的研究中，通过收集祖先牌位以及相关的继嗣规则方面的材料，从而对卑南人的文化及其社会与文化变迁有了整体性的理解[①]。

第四，收集社会记忆及个人生活史方面的资料。田野工作者不仅要了解和理解所研究社会的文化，而且需要认识该社会的文化的变迁过程。因此，收集社会史资料对田野工作来说，是为理解当下情况提供历史背景材料。社会记忆材料是留存于当今社会、反映社会文化变迁过程中的重要事件或经历的材料，包括民间传说、故事、神话以及一些史料记载等。尽管这些记忆已不是历史的完全再现，但这些记忆以某种特殊的方式对社会变迁的重要事件做出反应。生活史（life history）资料反映出个体在现实生活中的社会感受、态度和反应。[②] 在田野工作中了解当地人的生活感受和社会态度，对理解该社会的文化及其变迁过程来说有着重要参考意义，因为当地人的反应、感受和理解是更直接、更真实的反映。

田野工作除了获取直接生活经验、收集一手资料外，思考研究问题也是其一项重要内容。对社会科学研究者来说，田野工作的根本目的不在于直接感受经验，而在于发现问题和解释问题。所以，直觉经验的获取固然重要，但研究者不能停留于直觉经验，而需要超越直觉经验。所谓超越，是指在获得经验的同时，有目的地、系统地考察、思考和分析经验现象，并在直觉经验基础上探讨更为深刻的理论问题。

田野工作者的思考内容可用“W-H-W”模式概括，即 what-how-why。田野工作者在结束一天的调查工作之后，首先需要思考的问题是：我们看到和听到了什么？对“什么”（what）这一问题的思考，不是简单地回忆和记录下所见所闻，而是深入思考什么人在什么时候、什么地方做了什么或说了什么，这些经验现象有什么特征、属于什么性质或归于什么类型，它们之间有什么内在联系。

对“怎么”（how）这一问题的思考，是田野工作与问卷调查的重要区别之一，也可以说是田野工作的优势之所在。研究者在田野工作中不仅仅能够获得社会事实，更重要的是能够联系具体情境理解这些事实是怎么发生的。所以，田野工作者

---

① 乔健．人类学家与原住民研究：一些个人的经历与反思//马戎，周星．田野工作与文化自觉：上．北京：群言出版社，1998：409.

② KOTTAK C. Anthropology. New York：McGraw-Hill，1994：26.

既要关注自己在田野中看到和听到了什么，也要关注所看到和所听到的事是怎么发生的，也就是社会事实的发生过程和变动机制。

对“为什么”（why）这一问题的思考，主要是分析和思考在田野中发现的重要社会事实为什么会发生。解释或理解社会事实是社会科学研究的基本目的，田野工作者所掌握的经验材料之所以不同于当地人的直接经验，是因为田野工作者是带着科学研究的目的，并按照理论逻辑之要求去系统获取经验材料的。田野工作者经常地思考“为什么”，是为明确下一步需要调查的问题做准备。只有通过深入思考，田野工作者才能预知下一步需要调查的内容，以及需要掌握的材料。

三、田野工作的策略

田野工作方法的初学者通常会因这些问题而困惑，如：我们怎么知道当地人所说或所报告的是否是事实呢？我们又怎能知道人们的行为表现是否是他们真实意愿的反映呢？这些问题，实质上都涉及田野工作的推进策略，也就是研究者究竟应该按照何种取向、以什么态度、用何种方式来开展田野工作。

在田野工作中，研究者需要运用两种研究策略去研究田野点的社会与文化：一是主位取向（emic approach）的策略，二是客位取向（etic approach）的策略。主位取向的策略也叫行动者或当地人取向的策略，研究者在研究中首先需要掌握行动者或当地人是怎样做的、怎样说的以及怎样想的，即了解当地人的原初观念。客位取向的策略指的是研究者或观察者取向的策略，也就是研究者站在客观的立场去对社会文化现象加以客观分析和解释。关于主位与客位取向的策略的关系问题，人类学者哈里斯（M. Harris）对印度教地区牛的性别比过高现象的研究提供了一个经典范例。当哈里斯在田野工作中询问当地人为何存在公牛多于母牛这一现象时，当地人的回答是：“小母牛死的多”。当继续追问当地人为何小母牛死的更多些时，当地人给出的解释是：“小母牛吃得少些。”哈里斯发现当地人所提供的信息都是真实的，牛的性别比例不平衡肯定与死亡率的性别差异相关，而且小母牛的死亡率高于小公牛，确实与它们的营养相关。但是，小母牛为什么会吃得少些呢？哈里斯发现这个问题是当地人难以给出客观解释的，只有通过田野工作者的客位观察才能找到更有效的解释。哈里斯根据当地人提供的信息进一步观察发现，当地人在小母牛吃奶的时候，会不自觉地驱赶小母牛。这一行为已经融入他们的文化之中，他们自己并没有意识到行为的后果和意义。①

在这一研究范例中，主位取向的策略主要是收集和掌握行动者或当地人是怎样解释他们的社会文化现象的，客位取向的策略则是研究者在行动者或当地人所提供信息的基础上，站在观察者的立场去寻找行动者或当地人由于置身其中而不能看清的因素。这一范例表明，田野工作者在调查研究中，需要将主位取向的策略与客位

① 哈里斯．文化人类学．北京：东方出版社，1988．

取向的策略巧妙地结合起来，这样才能找到对问题的更有效、更准确的解释。

资料库4-2

积极的研究方法

民族志学者不应当只是守株待兔，还必须四面出击，把猎物逼进网中，或穷追不舍，不达目的不罢休。正是这一点把我们引向了更为积极的搜集民族志证据的方法。……民族志学者应该受到最新科研成果、原则和目标的启迪。……良好的理论训练以及对其最新成果的熟悉，与“先入为主的成见”不同。假如一个人出去考察，决定要证实某种假设，若是他不能在证据的压力下经常改变自己的观点并弃之如敝屣，不用说，他的工作就毫无价值。但是，他带到田野的问题越多，根据事实铸造理论和运用理论看待事实的习惯越强，他的装备就越精良。先入之见在任何学科中都是有害的，但预拟问题却是科学思考者的主要禀赋，这些问题是通过观察者的理论学习发现的。

…………

“野蛮”(savage) 一词，无论原义如何，总是暗示着随心所欲、无规无矩、稀奇古怪。通俗的想法是把土著人想象成奇异信仰与恐惧的牺牲品，他们的生活似乎全赖天佑。相反，现代科学却显示出他们的社会有确定的组织，在公共与个人的关系中，人们受到权威、法律和秩序的管治。此外，他们的个人关系也受到极其复杂的亲属和宗族纽带的控制。的确，我们看到，他们缠结在一个义务、职责和特权的网络中，这个网络对应着一个精心构造的部落组织、社区组织和亲属组织。他们的信仰和习惯在任何意义上都不缺乏一定的一致性，而他们关于外部世界的知识足以指导他们进行很多冒险事业和活动。而且，他们的艺术品同样不缺乏意义和美感。

资料来源：马凌诺斯基（马林诺夫斯基）. 西太平洋的航海者. 北京：华夏出版社，2002：6-7.

主位-客位相结合的田野工作策略，实际上与哈里斯关于牛的性别比的研究策略是一致的。田野工作者就是要尽量收集当地人或文化持有人的各个方面的素材，并努力将这些素材拼凑起来，然后再进行细致的观察和更深入的分析。这些材料的意义和有效性将逐渐显示出来。

第二节 民族志与参与观察法

民族志研究是研究者参与到研究对象的日常生活之中，并通过与其社会成员的直接互动来获得研究资料，由此再现研究对象的整体全面的研究范式。民族志研究既是定性资料的收集方式，又是定性研究的过程，因而它是定性研究的重要策略和方式之一。

一、民族志及其研究技术

作为定性资料收集的方法，民族志的特点主要表现为：（1）收集资料途径的参与性；（2）收集资料的简洁性和整体性；（3）收集资料过程的互动性。

民族志中的资料收集需要研究者亲自参与到地方性社会的日常生活中去，即研究者必须直接参与收集研究资料，而不能由他人或助手替代。在这一点上，民族志方法与定量研究方法有着本质区别。虽然定量研究中的数据也来自社会调查，但这些数据并不一定需要研究者亲自到研究对象的生活中去收集。研究者可以选择合适的数据库，也能通过数据分析而获得相关的研究发现。然而不是研究者直接参与其中所获得的经验材料，是不能作为撰写民族志的素材的。

一部民族志是一个地方性社会、文化、组织或其他社会实体的一幅“素描”或“速写”。在这幅素描中，人们不仅可以看到一个社会与文化的全貌，还能从再现或表达中，领悟该社会与文化的精神。所以，构造民族志的材料，一方面要具有简洁的特征，即能有效表现该社会与文化的特质；另一方面还应具有整体性，即能反映和再现一个社会与文化的基本形态和整体情况。为此，研究者需要关注和收集研究对象各个方面的材料——从地理位置到生态环境，从历史传统到当今现实，从日常生活到观念世界等各种与社会和文化构成相关的材料。

民族志类似于“素描”而不同于“影像”，因为民族志是研究者创造出的关于地方性社会与文化的基本形态和特质，而不是简单地再现一个社会或一种文化。民族志不是直接的记述和描述，而是对社会、文化特质和精神的把握。虽然现代的科技手段（如摄影、摄像、录音技术）越来越发达，且使用这些手段所捕捉的材料更能客观、直接地反映当地社会和文化，但是，仅靠这些客位再现的方式来收集资料，难以撰写出有深度和意义丰富的民族志。研究者只有通过互动式资料收集方式来收集资料，才能保证资料不停留在具体表象层面，而能从中挖掘出丰富的社会与文化意义。所谓互动式资料收集方式，就是研究者通过与研究对象的直接社会互动来获取研究资料，如参与观察、深度访谈等。从过程的角度看，互动式资料收集方式既是收集资料的过程，又是定性研究的过程。互动式资料收集方式在一定意义上体现了民族志研究与实证主义经验研究的不同之处。实证主义经验研究更加注重经验的效度，即获得的经验材料对于验证理论假设的有效性，而民族志研究则注重让经验材料回归情境，也就是让经验材料有社会文化情境意义。

民族志研究不仅代表一种定性资料的收集方法，而且是一种重要的研究范式。特别是在人类学研究中，民族志及其研究技术占据着基础性的地位。当今，人类学的民族志研究方法被广泛借鉴，用于诸多领域的定性研究，成为多学科定性研究的重要范式之一。正如人类学者泰德洛克（B. Tedlock）所总结的那样：

民族志长期以来被尊为人类学的一种理论取向和哲学范式，最近被吸纳为文化研究、文学理论、民俗学、妇女研究、护理学、法学、规划学，甚至工业工程学的有用方法论。无论在哪个领域，它都有一个核心假设，即通过与人们在日常生活中进行直接的互动，相对于采用其他任何方法，民族志学者们能更好地理解他们的研究对象的信仰、动机和行为。①

民族志研究技术有两个核心要领：一是直接参与研究对象的日常生活，二是与研究对象进行亲密的互动。只要把握好这两个要领，就能更好地理解当地的文化及社会行动的动机和意义。民族志研究技术的两个核心要领可以通过两种方法去掌握，即参与观察法和深度访谈法。参与观察可以解决研究者的直接参与问题，深度访谈可以拉近研究者与研究对象之间的距离，并使研究者通过亲密交谈理解研究对象的观念世界。

二、观察及参与观察法

观察既是人类认识外部世界的重要方式之一，也是科学研究的方法之一。观察是运用视觉感官去获得经验材料，观察法是通过对研究对象的系统察看来获得对其结构及规律的认识。观察法是实证主义科学研究所崇尚的基本研究方法之一，实证主义强调用可靠的经验事实来建立科学理论，直接观察则是获取可靠的经验事实的基本方式。在一般人看来，“耳听为虚，眼见为实”，但事实上，眼见的并非都是可靠的事实。现实中我们常常会发现这样的情况，面对同一个情景、同一种事物，人们从中获得的信息会有较大的差异。这种差异的存在，说明了人的感官知觉具有选择性，认识并非客观情景或事物在人的感官中的直接反映。

既然人的观察具有选择性，那么观察的结果就存在效度或有效性高低问题。作为科学研究方法的观察法，不等同于随意观看，而需要经过精心设计，有计划、有步骤、系统地进行观察。观察法就是通过对研究对象的系统、重复观察，来认识事物的特征及变化规律。观察法是实验研究方法的核心构成，在自然科学研究及发展中发挥了积极作用。作为系统科学研究方法，观察法被引入社会科学领域，与现代社会学、人类学的形成与发展有着密切关系，尤其是与现代人类学的民族志研究密切相关。社会科学中的观察法借鉴了自然科学实验研究中的观察法的原理，通过对社会现象和人的行为的直接、系统观察，来理解或解释社会现象和行为动因。

人文社会科学研究中的参与观察法既非参与和观察的简单组合，也不等同于直觉经验主义方法（即通过“走走看看”来获得一些直觉经验就能更好地理解研究对象的方法）②。如果参与观察法仅仅为简单的参与和一般性观察的话，那么，每一个

① 泰德洛克．民族志和民族志描述//邓津，林肯．定性研究：策略与艺术．重庆：重庆大学出版社，2007：506．

② 陆益龙．超越直觉经验：农村社会学理论创新之路．天津社会科学，2010，3（3）．

生活在其中的当地人都会比研究者更擅长此方法，每一个当地人的生活经历也就相当于科学研究了。因此，科学的参与观察法必须是遵循科学研究之逻辑，经过精心设计并系统严格执行，且能有效获得关于研究对象的本质或规律方面的信息的一种研究手段。

参与观察法是定性研究中收集资料和证据的重要方法。这一方法的优势在于：首先，它要求研究者亲自参与到研究对象的社会生活情境之中，这样可以更直接、更近距离、更全面地观察和了解所要研究的对象，从而可以更有效地获得关键性信息或资料。其次，研究者通过参与过程以及在参与过程中与研究对象的社会互动，实际上在演绎和复原社会事象，由此研究者能亲身感受到研究对象的内心世界的变化过程，从而有助于更深入地理解和认识研究对象。最后，相对于一般观察而言，参与观察更具有灵活性、针对性和选择性。研究者能够通过参与过程来不断提高它的效度。一般观察常常停留在对事物表象的认识层面上，而要把握事物的木质及规律，往往需要透过表象去进行更为深入、系统的调查和观察。

参与观察法的有效性取决于两个构件：一是参与，二是观察。有效的参与观察，要求研究者根据具体的研究设计，选择适度的参与方式。所谓“适度”，就是指研究者参与到研究对象生活场景之中的程度较为合理、合适。李亦园提出，在参与观察中，研究者参与到研究对象生活场景之中的程度可以分为从完全观察者到完全参与者之间的不同程度（见图 4－1）[①]。

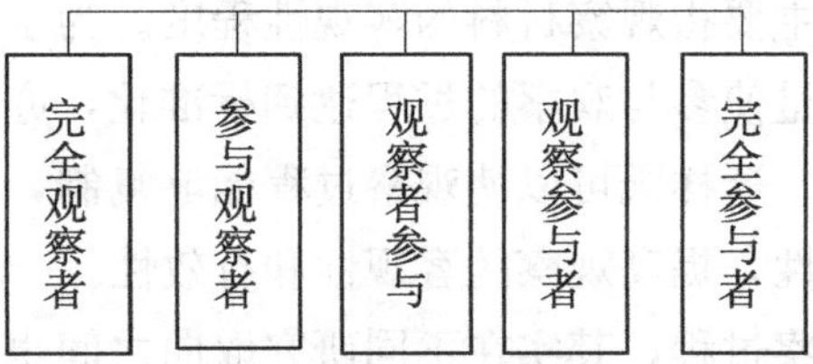

图 4－1　参与观察中研究者的参与方法

在定性研究中，研究者参与的程度与方法有效性的关系并不是固定的，既不是参与越多越有效，也不是越不参与越好。能否通过参与观察有效地获取研究证据资料，关键取决于各项研究的具体需要。研究者需要按照科学的研究设计，选择适度的参与方法。譬如，在对传统社区的民族志研究中，研究者需要从整体上深刻理解社区的构成及演变机制，因而就要广泛且深入地参与到社区生活之中，这样才能获得真正有效的田野材料。

参与观察法的有效性不仅受参与程度的影响，而且与观察的系统性有密切关系。作为科学研究的观察法，其科学意义主要在于研究者的观察是按照严密的设计而系统进行的。参与观察不等同于走走看看，具有科学性的参与观察必须是根据严

---

①　李亦园．关于人类学方法论//周星，王铭铭．社会文化人类学讲演集：上．天津：天津人民出版社，1997：196.

密的逻辑进行的系统性观察。所谓系统性观察，就是观察者为解答某些研究问题而有计划、有步骤地进行的观察。在系统性观察中，观察者不仅仅要获取社会事实，更重要的是要把握各种社会事实之间是如何关联起来的。在定性社会科学研究中，研究者通常受“眼见为实”这一观念影响，以为只要看到了社会事实就能发现科学道理，因而容易出现“观察泛化”的现象。例如，在中国农村研究领域，曾流行过一种“用脚研究”的方法论。所谓“用脚研究”，是指主张农村研究者只要到农村去走走看看，就能更加有效地解释农村社会现象和问题。[①] 这一方法论实际上受直觉经验主义的影响，对直觉和表象过于信赖和过度使用，从而容易导致以表象代替本质、用表面事实代表社会规律的错误[②]。同样，这一方法论的局限性还存在于根据此方法提出的一些政策和对策之中，当这些政策和对策得以在更大范围内推广时，其不适宜性可能会造成意外的社会效应。

三、参与观察的过程

通过参与观察法获得的研究资料的效度和信度问题，是该方法运用中的核心问题。对于研究中所运用的观察材料，人们常常会对其效度和信度产生怀疑。人们会问：“这些材料能有效说明问题吗?”“这些材料是否带有研究者的偏见?”

参与观察的效度，是指所观察的内容对于揭示问题或解释现象的有效性程度。参与观察的信度在这里主要指观察材料的客观性程度。为了提高参与观察的效度和信度，通常的做法是尽量使参与观察的过程达到标准化，亦即通过标准化、系统化的程序来实施参与观察。这样既可以使观察过程能够复制，也可以减少参与观察过程中观察者的主观随意性，提高观察的客观性和有效性。

至于标准化参与观察过程，其实在不同研究取向之间也存在一些差异。传统民族志研究取向一般把参与观察过程分为三个阶段：一是描述性观察（descriptive observation）阶段，二是焦点观察（focused observation）阶段，三是选择性观察（selective observation）阶段[③]。在描述性观察阶段主要观察和记录自己所看到的一切事物。研究者不管所见到的事物重要不重要，也不管其属于何种性质、相互间有何关系，把见到的、注意到的所有细节，统统描述或记录下来。在焦点观察阶段需要把观察的焦点放到重要事象（即重要的人物、重要的场所、重要的活动和事件）上，对那些不重要的事象则加以忽略。在选择性观察阶段则要在焦点观察的基础上，选择那些相关联的或因果链上的事物加以观察，以便发现事物变化的机制或因果关系。

当代人文社会科学领域中的建构主义者在此基础上，给参与观察过程增加了一

---

① 徐勇．当前中国农村研究方法论问题的反思．河北学刊，2006（2）．

② 陆益龙．超越直觉经验：农村社会学理论创新之路．天津社会科学，2010，3（3）．

③ WERNER O，SCHOEPLE G. Systematic fieldwork. CA：Sage Publications，1987：262－264.

个阶段，即反思性观察（reflexive observation）阶段。所谓反思性观察，是指将观察融入与研究对象的互动过程之中，并将参与和互动的过程作为反观和思考对象。反思性观察包含五个原则或标准：（1）把参与地方性社会作为社会互动或观察的基础；（2）在社会互动或观察中更加关注地方性社会的实然部分而非应然部分；（3）把社会互动或观察过程演绎成开放、动态的过程而非固定的模式；（4）用直接观察和个人体验相结合的方式获取有效信息；（5）反思互动或参与观察过程中的各种行动间的关系。当地人的行动并非完全是由当地社会文化规范所确定的，有些可能是与研究者互动过程中的一种反应方式。[①]

就具体程序而言，参与观察主要包括以下六个标准步骤：（1）选择观察与研究对象；（2）进入研究对象的生活和劳动场所；（3）参与研究对象群体的社会文化活动；（4）一般性地观察；（5）有针对性地观察；（6）记录和整理参与观察内容（见图 4－2）。

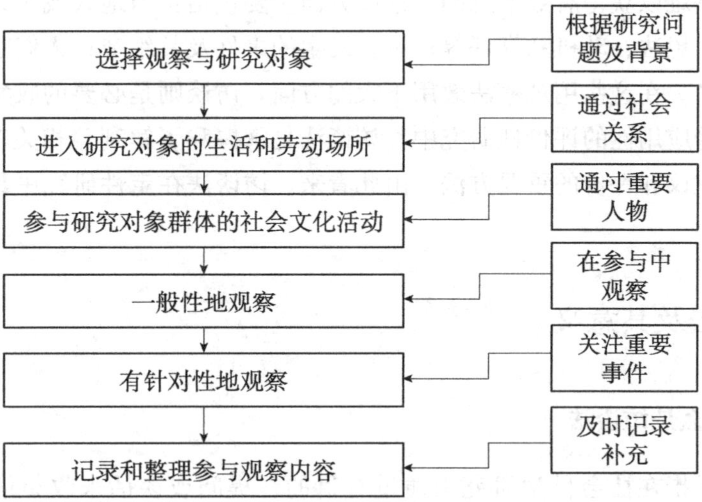

图 4－2　参与观察的基本程序

运用参与观察来收集定性资料，第一步就是要合理选择适当的研究对象来加以观察研究。研究对象的选择直接关系到观察资料的有效性，若选择得当，就能获得效度高的研究资料。选择研究对象的关键在于要根据研究问题以及对相关社会背景的把握，尽量避免随意性和偶合性。第二步就是要通过一定的社会关系网络，与研究对象所在的当地社会取得联系，以便进驻到研究对象的生活和劳动场所中去。第三步是在进入研究对象的地方性社会之后，通过当地关系人，参与到当地社会与文化活动之中去，并尽可能融入当地社会。第四步是在进入和参与当地社会文化活动的同时，观察和了解当地社会的各种社会现象和事物。第五步是根据具体研究问题，有选择地重点观察相关人物和事象，以便获得解答研究问题的有效信息。第六

---

① 安格罗西诺，德培雷．反思观察：从程序到文本//邓津，林肯．定性研究：经验资料收集与分析的方法．重庆：重庆大学出版社，2007：716－730.

步是在参与观察之后，系统记录和整理在观察中所获得的各种信息。参与观察者不能像新闻记者那样，随身携带笔记本、照相机、录音笔等记录工具，否则会把自己变成局外的观察者而非参与观察者。因此，在参与观察过程中，研究者必须事后记录和整理观察内容。

第三节 深度访谈法

在田野工作中，研究者除了通过参与观察来获取有效信息之外，访谈也是收集定性资料的重要甚至是必要的方法。因为通过访谈所得到的信息对于解答研究问题具有直接或间接的作用。此外，访谈之所以对田野工作是必要的，还因为在有些方面用观察法是难以获得有效信息的。这些方面主要包括：当地人或被访者的观念世界，如态度、想法、动机和喜好等；过去发生的事件及其细节；人们赋予某些行为和事物的意义。在这些用观察法效用不大的方面，访谈则是必要的收集定性资料的手段。在那些应用性的评价性研究中，访谈法是掌握和了解利益相关者的态度、意向、期望、建议和评价的重要方法。由此看来，访谈法在定性研究中具有较广泛的应用范围。

一、访谈法及其意义

（一）什么是访谈法

访谈法是指在社会科学研究中通过有目的地提问或谈话来收集信息资料的方法，简言之，访谈法就是有研究目的的询问和谈话。作为一种科学研究的方法，访谈法有五个基本要件：（1）访谈者；（2）受访者或被访者；（3）社会场景；（4）询问和谈话过程；（5）信息或资料。

访谈者是访谈的实施者，在田野工作和民族志研究中，访谈者就是研究者。研究者只有亲自实施访谈，才能真正理解通过访谈获得的信息或资料。在调查访谈（survey interviewing）中，访谈者一般是经过培训的访谈员或调查者。他们可以按照标准化的程序进行访问和记录访谈内容。

受访者或被访者是接受访问或与访谈者交谈的对象。田野工作中的受访者既可以是当地社会的所有成员，也可以是其中的重要人物或焦点人物，即在当地有较大影响，或有较高威信，或信息灵通，或与某些事件有重要关系的人。调查访谈中的受访者通常需要按照抽样的原理来选择，主观随意地选择受访者将会影响所收集信息的效度和信度。

访谈离不开一定的社会场景，访谈的社会场景既是访谈的条件，也是理解访谈信息的重要背景。尤其在田野工作中，社会场景的意义更为重要。

询问和谈话过程是访谈的主体构成，正是在这一过程中，访谈的目的和意义才能得以实现。询问和谈话过程是由访谈者向受访者提出问题或二者进行交谈的过程。在田野工作中，提问和交谈通常是开放的，问题和谈话内容并无固定的模式。在调查访谈中，提问和交谈常常是按照设计好的问题或提纲进行的。

访谈的根本目的就在于从研究对象那里获得有效的信息或资料，访谈法的主要内容也基本体现在信息或资料之中。因此，访谈信息或资料的质量直接关系到访谈的效度和信度。如何在访谈中获得更加有效、更加可信的信息或资料呢？这就涉及如何实施访谈，关于这一问题，学界存有不同的见解，主要包括：（1）访谈是一门艺术而非科学；（2）访谈是一种游戏，访谈者和受访者参与其中并运用各种不同的技巧；（3）访谈是一种技术技巧，人们以此作为手段达到一定目的；（4）访谈者类似于某种职业或雇工，进行深度访谈者就像挖掘工，进行一般访谈者就像新闻记者；（5）访谈是一种面对面的社会互动过程。①

由上可见，虽然访谈法的内涵和基本构件是较为固定的，但在实际运用中，人们会根据实践需要去选择和应用不同的访谈策略、技巧和程序。与此同时，人们也会赋予访谈不同的理解和意义。

（二）访谈的社会

访谈在当代社会发挥着越来越广泛、越来越重要的作用，从大众媒体到科学研究、从精神领域到物质世界，无不渗透着访谈的印迹。因此，从某种意义上说，当代社会已成为访谈的社会（interview society）。“访谈的社会”这一概念首先是由西尔弗曼（D. Silverman）等人提出的，意指当代社会对访谈的依赖，以及访谈在当代社会中的重要性。② 访谈在社会生活及科学研究领域中的重要作用主要体现在以下几个方面：

第一，访谈是获得关于社会世界的经验材料或数据的必要途径。因为人们无法与自然界形成言语对话，所以自然不能直接告诉我们关于物质世界构成的信息。而社会世界则不同。社会是由人们的互动形成和运行的，作为一种交流互动方式的访谈，则能够还原或复原社会经验的形成和变化过程，因而是我们了解和认识社会世界的一种直接方式。

第二，访谈是认识和理解社会主体的主观世界和意义世界的独特路径。人文社会科学所面对的诸多研究任务，都包含对社会主体即人的观念和意义世界的分析和认识。访谈——特别是深度访谈——通过内心世界的交流沟通，实现相互主体性，由此到达认识对象的主观世界。

① BERG B. Qualitative research methods for the social science. New York：Pearson Education，2007：89.

② 邓津，林肯．定性研究：经验资料收集与分析的方法．重庆：重庆大学出版社，2007：683－685.

第三，访谈是当代社会信息传播的重要方式。当代社会可谓“信息爆炸”的社会，各种媒体——传统的和现代的——每天都以惊人的速度传播着大量的信息。这么多信息究竟来自何处呢？它们又是怎样获得的呢？纵观大量传播信息，我们不难看出，访谈成为一个重要的信息源，很多信息是以访谈的形式产生的，或是在访谈过程中产生的。

第四，访谈是访谈者与受访者建构的言语事件（speech event）。这些事件提供了由人们共同建构的丰富的意义和资料。在当代诸多人文社会科学理论和方法论中，访谈材料或数据已经不再仅仅被视为一种证据。由访谈背景、访谈过程以及在访谈过程中建构的意义所构成的完整的社会事件，赋予了研究主体性和更为深刻的意义。

虽然定性研究有不同的类型和目标，但有效的定性材料对于各种定性研究都非常重要。而要收集到有效的定性材料，研究者就应根据不同研究之需要，采取不同的策略去进行访谈。

二、访谈的类型及特征

在社会科学研究实践中，有多种多样的访谈方式。所以，关于访谈法的分类，也就有多种不同的观点。伯格（B. Berg）根据访谈形式的不同，将访谈分为标准化访谈（standardized interview）、半标准化访谈和非标准化访谈三种类型①。巴顿（M. Q. Patton）将定性访谈划分为非正式的回话访谈（informal conversational interview）、一般性访谈引导法（general interview guide approach）和标准化开放式访谈（standardized open-ended interview）三种②。而纽曼则按照访谈法的使用范围，把访谈划分为典型调查访谈（typical survey interview）和典型田野访谈（typical field interview）两种③。

不论是何种分类，其实都是对访谈法结构和特征的分析和概括。随着访谈法被越来越广泛地应用于定性研究之中，有些概括并不能反映访谈法的新用途及特征，如创造性访谈、演绎性访谈等，都是在当代定性研究中出现的新的应用方式。

（一）结构性访谈与非结构性访谈

从访谈法的结构特征角度看，访谈基本上可被划分为两大类：一是结构性访谈，二是非结构性访谈。

所谓结构性访谈，是指访谈限定于一定的结构模式，即按照设计好的访谈结构

---

① BERG B. Qualitative research methods for the social science. New York：Pearson Education，2007：93.

② 巴顿．质的评鉴与研究．台北：台湾桂冠图书股份有限公司，1999：227-232.

③ NEUMAN W L. Social research methods. Boston：Allyn and Bacon，1994：359.

进行的访谈。结构性访谈的特征包括：首先，受访者的范围有限定的结构；其次，访谈中的话题、问题及答案也有固定结构；最后，访谈信息或资料也按照一定的结构模式收集和记录。

非结构性访谈与结构性访谈相对，是指不受固定结构模式限制而进行的访谈。非结构性访谈无论是在形式、程序上，还是在内容上，都具有较大的灵活性、开放性，以及独特性。非结构性访谈通常不是按照研究设计中的访谈计划进行的，而是在即兴场合中进行的，也就是在访谈者与受访者的交流互动过程中演进的。因此，非结构性访谈的意义更多地体现在这样的互动实践之中。关于结构性访谈与非结构性访谈之比较，可详见表 4-1。

表 4-1　结构性访谈与非结构性访谈之比较

访谈类型	特征	优势	劣势
结构性访谈	1. 有正式的结构 2. 程序化的 3. 非抽样偏差的可控性 4. 过程的可复制性	1. 适宜于大量的访谈任务 2. 操作难度较低 3. 可控制访谈质量 4. 可检验结果及信度	1. 程序限制访谈者的即兴发挥 2. 所收集信息资料的范围有局限性 3. 一些背景和深层意义常被忽视
非结构性访谈	1. 没有正式的结构 2. 开放式的 3. 访谈偏差的不可控性 4. 过程的不可复制性	1. 适宜于个案研究 2. 有利于访谈者的发挥 3. 具有灵活性，可获得更丰富的信息 4. 资料是独特和唯一的	1. 适用范围较窄 2. 对访谈者或研究者高度依赖 3. 存在资料的信度问题 4. 存在资料收集及运用的伦理问题

在一些具体研究经验中，结构性访谈与非结构性访谈并不是完全分离的，它们有时是相互嵌套的。譬如，在进行结构性访谈时，访谈者也会选择一些重要受访者，对他们进行深入的非结构性访谈。同样，在一些非结构性访谈中，有时也要穿插询问研究设计所拟的固定问题。

(二) 创造性访谈

创造性访谈（creative interviewing）是由道格拉斯（J. D. Douglas）总结提出的一种访谈方式。道格拉斯特别强调访谈要具有创造性，根据情景不断变化，而不应该受制于固定的规则①。

创造性访谈的根本目的在于认识真正的主体，了解并理解研究对象的内心世界和主观世界。但是，研究对象的内心世界和主观世界并不总是开放的、自动呈现

---

① DOUGLAS J D. Creative interviewing. CA：Sage Publications，1985：1.

的，而是最为深层、难以接近的。因此，访谈者要在访谈中理解受访者的深层体验，必须运用创造性的访谈策略和技巧，来促使受访者扩大其内心世界的开放度。如果按照固定的规则来进行访谈，那么访谈者不仅难以接近受访者的内心世界，而且难以确认通过访谈得来的信息是否为受访者内心世界的真实反映。由此看来，标准化访谈所得信息的信度和效度其实建立在受访者的回答都是他们的真实意志的反映这一前提上，而在揭示受访者真正的内心世界方面，其有效性存在较大局限。

访谈者如何才能让受访者不断开放其内心世界呢？这是创造性访谈所面临的较为困难的挑战。在通常情况下，创造性访谈策略的关键在于相互开放，要求访谈者通过向受访者开放自己的内心世界，以促成受访者开放其内心世界。所以，创造性访谈首先需要与受访者建立起较为亲密的、信任的人际关系，这种关系要靠多次的互动交往才能形成。此外，访谈者还需营造出交流谈心的氛围，以使受访者敞开心扉，畅谈自己的深层体验。

（三）演绎性访谈

演绎性访谈（performance interviewing）属于后现代性访谈策略。在后现代主义理论中，结构、客观、实在并不被看得很重要，相对而言，过程、主体性、实践则被视为具有重要意义。就访谈法而言，访谈的重要意义就在于访谈自身，而不是访谈之外的其他东西，如资料的客观性、效度和信度问题等。例如，建构论就属于当代后现代主义的一种理论，其在社会学方法论方面就尤为强调行动及社会实践对理论建构的重要性。①

演绎性访谈是指将访谈与交往互动的实践融合在一起，一方面通过访谈来演绎“人际戏剧”，另一方面通过人际交往互动来建构访谈的内容。演绎性访谈的特点体现为强调表演性的交互行动，以及社会互动的过程。在这一意义上，访谈被视为访谈者与受访者通过各自的表演行动，构成类似戈夫曼所说的人际戏剧，这种人际戏剧本身就是日常生活或社会世界的呈现②。因此，演绎性访谈过程也会折射出人生、社会和历史中的种种情感、经历和事实，从而帮助人们理解社会世界的秩序是如何建构和演变的。

在演绎性访谈中，访谈者所要重点关注的是访谈过程而非访谈资料，要强调交往互动的实践，互动实践及其内容主要是访谈资料。访谈者的任务则是不断地表演和参与互动实践，而不是专门从受访者那里获取信息和资料。

当代社会科学领域中的口述史（oral history）方法可以被看作演绎性访谈的一种形式。传统口述史是指通过口头叙述来收集历史资料，主要被运用于地方史、社会史及人物史研究方面。如今，口述史方法被引入社会学、人类学和社会心理学之

---

① 陆益龙．建构论与社会学研究的新规则．学海，2009（2）．

② 戈夫曼．日常生活中的自我呈现．杭州：浙江人民出版社，1989：16．

中，并被赋予新的意义，如建构和反思的意义。[①] 通过口述史的记忆和叙述，可以重构过去的重大事件或历史过程，并在重构和反思的过程中，把个人的经验、生活史与社会进程联系起来，构成对生活世界的理解和再认识。

三、深度访谈及其策略

深度访谈是田野工作中收集定性研究材料的重要途径之一。相对于标准化访谈和一般性谈话而言，深度访谈是指在田野工作中与当地居民——尤其是重要人物——展开深入而全面的访问和交谈。深度访谈的目的在于从历史的角度、从整体上去理解当地社会和文化的深层意义。田野工作者通过参与观察可以获得一些表面的事实素材，而要认识这些表象或事实的深层意义，需要依赖于与当地人进行深入而全面的交流。所以，深度访谈不仅是田野工作中的一项基础性工作，也是一项综合性工作。

深度访谈的典型特征主要体现在“深度”二字上，它包含了对访谈的两个基本要求：一是要求访谈过程有深度，也就是说田野工作者要深入田野之中、深入访谈之中，认真研究访谈问题和访谈策略，使访谈本身具有一定的深度。二是要求访谈达到揭示当地社会文化深层意义的效果，即指访谈材料要有深度，而不是一般现象和表面事实的再现。要满足深度访谈的这两个基本要求，合理运用访谈策略显得尤其重要。

深度访谈是一种综合性的、复杂的访谈。一方面，它要遵循访谈的一些基本程序和步骤；另一方面，它又要在此基础上进一步拓展和深入。关于访谈的基本步骤，克韦尔（S. Kvale）曾提出实地调查访谈有七个步骤：

（1）定出议题：将访谈目的以及欲探讨的概念明确化。

（2）设计：列出达成目标需经过的过程，包括伦理方面的考察。

（3）访谈：进行实地访谈。

（4）改写：建立关于访谈内容的文件。

（5）分析：确定搜集到的资料与研究之间的关联。

（6）确证：检查资料的信度和效度。

（7）报告：告诉别人你学到了什么。[②]

深度访谈要求访谈者除了完成以上七个步骤的基本任务之外，还需注意运用以下策略：

（1）深入所描述经验的表面之下。

---

① DUNAWAY D，BAUM W. Oral history：an interdisciplinary anthology. Nashville：American Association for State and Local History，1984：3－26.

② 巴比．社会研究方法：第8版（上）．北京：华夏出版社，2000：371.

(2) 停下来探究一个命题或问题。

(3) 要求更多的细节或解释。

(4) 询问研究对象的思想、感情及行动。

(5) 让研究对象针对主题。

(6) 回到早期的观点。

(7) 复述研究对象的观点，检验是否准确。

(8) 放慢或加快速度。

(9) 转换当前的话题。

(10) 承认研究对象的品性、视角或行动。

(11) 使用观察技巧和社会技巧来推动讨论。

(12) 尊重研究对象并且对他们接受访谈表示感谢。①

为实现深度访谈的深度本质，在访谈实践中通常要尽可能避免二分式反应（dichotomy-response）问题。所谓二分式反应问题，是指受访者对访谈提问做出“是”或“不是”、“对”或“不对”这样二分式的回答。很显然，从二分式回答中，研究者所得到的信息只可能是简单的事实，而不能揭示深层意义。所以，田野工作中的深度访谈需要规避这一类问题。

要避免二分式反应问题，一方面要求访谈者的询问尽量避免或减少使用一般疑问句，如：“您有过这种经历吗?”这样的提问必然引导受访者做出“有”或“没有”的二分式回答，进而在一定程度上影响此方面的访谈继续深入下去。如果使用开放式问题，如“请您谈谈在这方面的经验和感受，好吗”，那么，受访者的回答将会更为具体和细致。

要在深度访谈中避免二分式反应问题，另一方面还需要争取受访者的耐心合作和增加开放度。二分式反应在有些情况下是受访者因不愿意与访谈者深入交谈而采取的一种应答策略，这时，访谈者需要运用一些交往策略来争取受访者的配合。

总之，作为田野工作中收集定性资料的重要方法，深度访谈兼有标准化和开放性的特征：访谈要按步骤进行，过程却具有较高的灵活性；访谈内容既有事先设计的固定议题和主题，又有在交往过程中根据情境而进行的自然谈话。

第四节　文献法

文献法是指收集那些已形成文字的材料作为研究素材或证据的方法。通过参与观察法和访谈法所收集的研究材料，也可能以一种文献形式呈现。这种文献属于新

① 卡麦兹．建构扎根理论：质性研究实践指南．重庆：重庆大学出版社，2009：35.

形成的文献，或曰第一手文献。通过文献法收集的文献资料与之不同，它是已存在或已形成的文献材料。

在定性研究中，文献资料有较为广泛的用途。与那些文字记录相对应的，是人类社会的某种行动或某种想法。文献和档案资料记载了社会行动的痕迹。尽管文献资料所记录的思想不一定与行动一致，或者所记录的行动并不一定再现完整的事件，但是收集和分析这些文献资料，能够让研究者从已有的痕迹中去了解和认识某些时期的社会现实。

一、文献资料收集

作为定性资料的文献（document），主要是指由个人或团体记录和形成并保存下来的文字材料。文献是一种文本化、物质化的人类思想和行为活动痕迹。收集文献资料是定性研究的重要途径和方式，尤其在历史学、考古学、人类学、民俗学和社会心理学的定性研究中，收集文献资料是研究的重要前提。没有文献资料，研究犹如“无米之炊”，难以进行下去。

（一）文献类型

在定性研究中，用于分析研究的文献资料有多种类型，其中主要包括：（1）个人记忆类文献，包括个人日记、笔记、札记等记录个人生活及活动经历的文献。（2）个人思想类文献，包括个人书信、讲话、文章等反映个人思想和感受的文献。（3）社会记忆类文献，主要指口述史、传记等反映社会性记忆的文献。（4）团体记事类文献，主要指团体或组织日志、记事等记录团体事件和活动的文献。

个人记忆类文献是为个人准备且由个人形成的文本资料，它们是（或曾经是）个人与自己交流的一种媒介，或者说是个人的一种独白形式。因此，此类文献的最重要特征就在于其私人性和私密性。既然它是私人的、私密的，那么文本所呈现的经常与“真实的”状况是较为相近的，那些个人记忆的材料往往能真实地反映个人和社会的经验。

个人思想类文献属于个人主观世界的文本化和物质化形式，是个人呈现自己内在世界的一种结果。个人思想类文献所能反映的主要是个人的思想方式，而不一定代表其真实意志，更不代表其实际行动。因为人们所说出的并不必然是其所想的，人们说过的不一定做过。所以，对个人思想类文献，研究者需要重读和重构其意义。

口述史那样的社会记忆类文献主要由单个人或几个人形成。它们记录了人生及社会事件的重要经历，其中有较多的资料不是公开的，而是作为保留社会记忆的一种方式。因而，这类文献在一定程度上反映了社会现实，为洞察人生和社会事件提供了重要线索。

团体记事类文献是一些团体或组织在正式运行过程中形成的文本化的痕迹。这些资料主要记录团体或组织运行的经历，如船队在航行过程中记录下的航海日志、企业的管理日志等。由于这些资料的形成原本就是为了保存证据，因此，此类文献在定性研究中可当作某种性质的证据资料使用。

（二）文献收集

文献收集是一项复杂且困难的工作，要想获得有价值的文献资料，需要解决两个问题：一是研究对象拥有哪些与研究问题相关的重要文献；二是如何才能从研究对象处得到重要文献。

虽然文献是一种文本化、物质化的痕迹，但同时很多文献是私人性的、非公开的。要获得重要的、对研究有帮助的文献，首先必须了解研究对象那里究竟保存了哪些文献资料。为此，研究者可以采取以下策略与方法：

（1）在探索研究阶段，通过其他文献了解研究对象可能拥有的相关文本资料。

（2）在田野工作中，通过观察去把握相关文献资料的保存状况。

（3）在田野访谈中，从受访者那里了解和确认是否存有相关文献资料。

在了解和掌握研究对象所保留的文本资料的基本情况之后，接下来的工作就是思考如何得到这些资料。要获得这些资料，必须征得资料所有者或保存者的同意与合作。具体策略主要包括：

（1）讨论：与文献资料持有者共同讨论文献资料的内容及价值。

（2）说明：向持有者说明自己使用文献资料的范围和条件。

（3）征求意见：征求持有者对文献资料使用的意见。

（4）承诺：向持有者承诺处理和使用文献资料的方式及条件。

（5）复制：请求允许复制文献资料。

虽然收集文献资料对定性研究来说意义重大，但在资料收集过程中，研究者不能仅仅为了获得资料而忽视对研究对象隐私权的保护。文献资料的获得必须以对持有者充分尊重为基本前提。

二、档案资料收集

档案（records）是文本资料的一种形式，记录和存留着人类社会活动的一些痕迹，因而是一种物化的过去事实。档案资料不仅为我们洞察历史提供了一些物证，也为我们重新体验过去提供了参照物。档案与文献不同，文献是为个人准备的，而档案是为官方准备的；收集文献涉及一种个人技术，而使用档案则受权力的限制，有关隐私、机密和匿名性的法律影响着对档案的接近和使用。[①]

---

① LINCOLN Y，CUBA E. Naturalistic inquiry. CA：Sage Publications，1985：277.

（一）档案的价值

档案主要是由机构或正式组织保存下来的证书、文件、报告、契约、合同及报表等记录机构或组织重要活动和重要事项的官方材料。就最初的形成目的而言，档案有两个重要的意义：一是保密。任何机构和组织都会有重要的决策过程，无论是政府机构还是企业组织，其重要计划和决策事先都并不能公开，而是需要作为秘密保存起来。所以，很多档案在当时是被严格保管起来的机密资料。二是记忆与证明。由官方或组织开出的证明材料一般都留有副本或存根。这些副本、存根以及文件、合同、案卷等重要材料都会以档案形式被保存下来。保存这些档案材料，一方面是为了记载这些活动的内容和过程，另一方面是为了作为今后核查和验证的物质凭据。

作为已有的文本资料，档案的研究价值不同于新形成的语言材料（即在访谈中记录下的文本材料）。档案的系统性、正规性和机密性等特征，意味着它们对揭秘和重现某些过去的社会事实具有重要价值。档案材料中的许多内容，包含了过去所隐藏的重要信息，这些重要信息主要包括某些事件的重要细节，如决策的意图和具体过程、集体行动中的个别角色以及独立个体行动之间的联系。通过某些档案材料，定性研究会提供一种关于过去事实的重构，从而让人了解以前不为人知的事件或历史过程，把握以前被忽视的独立个体行动之间的联系。

作为一种物化的材料，档案以卷宗形式被保存下来。它与历史考古中的遗留物不同，其重要意义在于能从某个角度直接揭示历史或过去的经验，而且所提供的证据可能是形成一种新的认识或理解的物质基础。历史考古中的器物，既是人类物质文化的重要构成，也是人类活动的痕迹。从这些历史器物中，研究者也能构建出关于过去的经验和思想。在一些研究中，我们只能根据所发现的器物去联想和推测历史经验以及人们过去的思想观念，而不能将其作为揭示过去事实的直接证据。所以，器物之于定性研究的价值主要体现在为人们重构历史经验或重新体验过去提供一种媒介，研究者主要通过对多种留存下来的器物的考察，构建起某种联系。档案之于定性研究而言，则具有作为直接证据的价值。

（二）走进档案馆

官方和正式组织保存的重要文件材料，很多会保存在官方的档案馆或单位的档案室里。因此，要为定性研究查阅档案资料，我们必须走进档案馆。档案馆是专门从事档案管理和服务的机构，根据《中华人民共和国档案法》（以下简称《档案法》），档案馆“是集中管理档案的文化事业机构，负责收集、整理、保管和提供利用各自分管范围内的档案”。中央和县级以上地方设有各级各类档案馆。

档案馆中的档案对于认识和了解社会的方方面面都具有重要价值。《档案法》第二条规定：“档案，是指过去和现在的机关、团体、企业事业单位和其他组织以及个人从事经济、政治、文化、社会、生态文明、军事、外事、科技等方面活动直接形成的对国家和社会具有保存价值的各种文字、图表、声像等不同形式的历史记录。”在社会研究尤其是社会史的研究中，将相关档案资料和社会调查资料结合起来运用，能够更加有效和清晰地回溯和洞察历史事件及其社会背景。例如，黄宗智在研究清代的法律与民间纠纷实践之间的关系时，就利用了四川巴县（现为巴南区）、天津宝坻县（现为宝坻区）以及台湾地区淡水和新竹的历史档案资料，与此同时，结合运用了社会调查资料，从而一方面较清晰地了解了民间纠纷案件的处理情况，另一方面深入了解了各种民间纠纷及其处理的社会背景①。

走进档案馆并充分利用档案资料，需要按照档案管理规则去收集和利用档案。档案馆保存和管理的档案大体分为两种：一种是已开放的档案，另一种是未开放的档案。研究者要收集和利用已开放的档案资料，首先要从档案馆了解已开放的档案的基本目录，然后凭借相关有效证明进入档案馆即可查阅。对于那些未开放的且不属于保密范围的档案，研究者可找到相关部门，按要求提供合法有效证明，就能够查阅和利用部分未开放的档案。在通常情况下，国家档案馆保存的档案，自档案形成起 30 年后即可向社会开放；经济、科技类档案的开放期限可缩短至 30 年以内；涉及国家安全和重大利益及不宜公开的档案，向社会开放的期限需经国务院批准。

在查阅和利用档案资料——无论是已开放的档案还是未开放的档案——时，研究者应依法承担对档案的保护责任，严格遵守档案保存、管理和利用的制度和法律。

三、史志材料收集

从历史的维度来认识社会既是定性研究的重要特点之一，也是其优势所在。当我们把种种社会现象或事实置于历史长河之中来加以考察时，才能发现或理解社会世界不同于自然世界的意义和法则。要从历史维度来考察社会，就离不开对历史资料的收集。对历史资料的运用，不仅仅限于历史学。在人类学、社会学、教育学等社会科学的研究中，收集和利用历史资料，并把这些历史资料与现实经验材料结合起来，将大大拓展社会科学研究的视野。

（一）年鉴资料

在研究地方性社会时，查找和利用地方年鉴资料非常重要。年鉴资料通常是记录地方、部门或行业社会经济及政治活动中重大事件的工具书或案卷资料。年鉴资料主要有这样一些特征：（1）地方性。年鉴资料能集中反映地方性社会的经验。（2）专门性。较多年鉴资料主要记录某些行业和领域的重要活动，能有针对性地反映社会基本状况。（3）重要性。年鉴资料通常按编年方式记载地方性社会领域或专门领域中的重大事件和重要活动。（4）全面性。年鉴资料通常以一年或较短的时段

① 黄宗智．清代的法律、社会与文化：民法的表达与实践．上海：上海书店出版社，2007：3.

为期限，因而所记录的内容和范围较为全面，涵盖了能全面反映某一时段社会活动基本情况的信息。

年鉴资料主要包括统计年鉴、行业年鉴、地方年鉴、大事记、年度社会经济资料汇编等。在进行深入的田野工作和民族志研究之前，查阅和利用相关的年鉴资料，是了解所研究的地方性社会基本背景的重要途径。此外，地方性的年鉴资料，也能启发研究者确定重点研究的问题。最后，年鉴资料中的信息与实地调查资料可以相互检验。

（二）地方志

在田野工作中，充分利用地方志资料对全面了解和认识所研究的地方性社会有着重要意义。中国有着悠久的地方志编纂传统。地方志资料有历史联系性，全面系统地记载和概括了地方性社会的自然环境、政治、经济、社会与文化的历史与现状。目前，按照国务院的地方志工作条例规定，县级以上政府都要组织编纂和管理所管辖行政区域的地方志。

广义的地方志还包括更广范围的地方志资料。如在一些地方，村镇也有组织编纂本村镇的地方志的传统。由此保存下来的村志和镇志，为认识这些村镇的历史文化传统及社会变迁过程提供了丰富的资料。

地方志所记载的多为一般性的、表面化和平面化的信息。在定性研究中，可以利用地方志中反映区域社会的基本情况的资料，尤其是那些记述自然条件和历史事实等的资料。运用这些资料，主要目的在于了解区域的生态环境和历史文化传统。

地方志多为公开出版物，在选择某个区域社会作为研究对象后，研究者可以在图书馆里查阅相关志书，或到研究对象所在地的史志办公室或当地政府办公室查阅。

第五节　网络田野与微信民族志

到2021年，全球互联网用户达到46.6亿，中国互联网用户达到10.1亿，这些数据充分显示出网络社会的崛起①，信息技术、数字技术革命正在深刻地改变着社会生产与生活方式。移动通信、互联网的广泛使用，不仅催生了现代社会的时空结构，也带来了越来越多的新生事物。人文社会科学研究要与时俱进，把握网络社会中各式各样的新现象，了解网络社会的运行机制，就要推进方法创新，通过网络田野工作方法，直接、深入地理解网络社会种种行动的意义。

---

① 卡斯特．网络社会的崛起．3版．北京：社会科学文献出版社，2006.

一、网络资料收集

在网络社会，互联网不仅已成为日常生活的主要信息来源，也是信息传播的新媒体。许许多多传统媒体中的信息资源在转换为网络媒介内容后得以更快速、更广泛地传播。由于网络中包含越来越丰富的信息，因而人文社会科学研究者也越来越多地利用网络工具和网络资源来开展研究活动。

资料是科学研究的基础，研究活动首先必须收集较为充分的资料。利用网络而开展的研究活动，也就必须收集网络资料。

网络资料大体可做两类划分：一类是网络参考资料或二手资料，另一类是网络事实资料或一手经验材料。这两类网络资料的收集方式类似于一些研究所概括的“次级在线研究”与“初级在线研究”①。网络参考资料的收集是指研究者以网络为工具途径来收集并获取相关研究所需的数据、档案、图像、文献等方面的资料以做研究参考。在某种意义上，网络参考资料也就是网络上的资料。网络事实资料的收集属于“初级在线研究”，即在对网络社会、网络空间、网络社群等与网络相关联的事象所进行的实证经验研究中，研究者需要通过获取网络上的一手资料，亦即用在线研究的方式来开展研究。在此过程中，网络是研究场域、研究对象，网络资料是社会事实、经验材料，研究者需要掌握翔实的网络资料，并通过对这些资料的分析、解读，构建相应的理论来解释相关的网络社会现象。例如，对网民的网络行为的实证研究，就必须有网络事实资料的支撑。

在人文社会科学研究中，需要收集的网络事实资料主要有两大类：一是网络页面信息资料，相当于网络“文本内容”，亦即在互联网页面上呈现的信息、社会事实等内容；二是网络互动资料，相当于网络“实验数据”，亦即研究者通过网络互动方式获得的相关信息和资料，如在网络聊天群组里的聊天互动信息以及相关数据。

通过网络来收集资料，主要优势在于：第一，提高资料获取效率。通过互联网查询并获取资料，排除了资料存储、资料获得等方面的时空和制度障碍，研究者通过获取数字化信息而能够方便快捷地掌握资料。第二，扩大资料获取范围。网络时代的信息化、数字化建设在不断扩展，使得网站、网络平台越来越多，网络资料资源越来越丰富、越来越广泛，各种各样的数据库、资料库上线，研究者通过搜索或检索，便可获得相关信息。第三，降低资料收集成本。相对传统书面资料收集而言，对网络上的数字材料的收集减少了人力、财力和物力，从而大大降低了获取资料和研究活动的成本。

通过网络来收集资料也存在一些局限性，主要包括：第一，网络上的资料的权威性与可靠性有所降低。因为网络资料是经过数字转换的二手资料，且不同网络来

---

① 休森，沃格尔，劳伦特．如何进行网络调查．北京：中国人民大学出版社，2021：1．

源的资料常会有一些差异，因而在获取和使用网络资料时，还需对其效度与信度加以考量。第二，研究者从网络上获取并使用资料，会逐渐形成依赖网络资料的习惯，由此减少对传统书面资料的使用，这会在一定程度上影响研究者的认知和思维方式。第三，快捷的网络资料获取也容易诱致资料使用的平面化和碎片化。虽然数字化网络资料可能涵盖了范围较广的资料，研究者可以快速便捷地了解多而广的数据资料，但面对多种资料，研究者在从中选取时可能会依据平面、直觉的标准，从而使资料的组织与使用存在深度不够或逻辑联系不强等问题。

二、网络田野

网络田野是指以网络空间为田野点或考察对象，旨在获得网络一手资料，并试图理解和解释网络社会事实的研究方法与过程。网络田野是一种定性资料收集方法，因为通过这一方法，可直接从网络田野工作中获得并掌握相关研究所需的定性资料；同时，网络田野又是一种关于网络社会研究的方式及过程，反映出研究者参与到网络活动空间中开展的系统、深入的研究。在这个意义上，网络田野就属于“网络志”（netnography）范畴[①]，亦即以网络为对象和场域的民族志研究。

网络田野方法“可以用于探索网民态度、网络事件的意义及其社会蕴意，还能够从用户在虚拟计算机社区的登录（或潜水）状态中挖掘更深层次的人类交流状态”[②]。随着网络化时代的来临，网络之于人类社会的意义变得越来越丰富、越来越复杂，网络田野研究有助于人们通过参与观察更加深入、系统地探讨网络与社会的关系。

就田野点而言，网络田野不同于实地田野，网络田野工作是对网络社区开展的田野工作。网络社区是由网民的在线行动和互动行为组成的一种特殊社会空间，网络社区的典型特点主要体现在三个方面：(1) 共时性。网民的在线活动和互动在时间上具有共同性、即时性和暂时性。(2) 虚拟性。网络社区虽有真实社区的某些共同性特征，但又不是真实的社区，而是虚拟的，人们可以虚拟身份参与相关活动。(3) 非现场性。在虚拟的网络社区中，成员不需要进行面对面、现场的交流和互动，而是通过在线、不在场的方式开展活动。

在调查方法上，网络田野工作与实地田野工作有共通之处。其主要方法包括三种：(1) 在线参与观察。虽然网络社区是虚拟的，但网络社会行为会在网络中呈现出来，并留下一些痕迹。研究者需要通过上网，细致地观察网络中各种现象之间的内在联系以及网络社会行为的形态和特征。与实地田野工作相似，根据研究者参与程度的不同，网络田野工作也要根据研究问题的需要，采取不同的参与方式。如在对“粉丝”群体等一些网络社群的研究中，研究者可以直接加入相应的网络交流群

---

① KOZINETS R V. Netnography：doing ethnographic research online. CA：Sage Publications，2009.

② 奥尔森．如何进行资料收集．北京：中国人民大学出版社，2021：117.

组。(2) 在线深度访谈。在网络田野研究中，运用在线深度访谈可获得一手的、个案的、主位取向的定性材料。在线深度访谈是指选取典型个案、重要信息拥有者或关键人物，通过在线聊天或网络通信等方式，访问和了解受访者的行动事实、主观观念和态度的资料收集方式。(3) 网络云搜索。这一方法主要基于网络大数据的原理，运用一些数据检索技术和软件工具，获得网络文本、行踪和轨迹等方面的大数据分析结果，从而揭示相应社会现象的特征和趋势。如较为流行的“词云图”法，就是先通过关键词检索，再运用云分析原理而生成示意图（见图 4－3)。

图 4－3 网络田野方法词云图

三、微信民族志

微信是一款为智能手机等智能终端提供即时通信和社交服务的应用软件，具有消息推送、朋友圈、公众平台、在线支付，以及通过网络免费发送语音、视频、图片和文字消息等功能。腾讯公司的报告显示，到 2021 年 9 月底，微信用户已达 12.6 亿。由此可见，在信息技术革命的推动下，社会生活可以说已进入了一个“微信时代”。“在一个微信的时代里，作为一种人类共同体的世界共同体的场景想象已经变得很容易实现了，今天的人类学民族志的书写或许可以变成一种拼插式的创新。”[①] 也就是说，微信技术的广泛使用为人文社会科学的定性研究方法创新提供了条件，这种新方法便是“微信民族志”。

作为即时通信和社交的信息工具，微信的交流与互动突破了网络虚拟社区的不可视、平面化的部分局限，通过在线视频、音频聊天，增加了网络行动和互动的真实性、立体感。所以，微信民族志类似于“视觉民族志”，运用这一民族志方法，可以更好地将网络中的声音、视觉甚至触觉糅合起来。[②] 微信民族志也具有“感官

① 赵旭东．微信民族志与写文化：基于文化转型人类学的新观察、新探索与新主张．民族学刊，2017，8 (2).

② PINK S. Doing visual ethnography. London：Sage，2001.

民族志”的特点[①]，研究者在研究过程中可以利用和发挥感官的功能，从而获得一定的民族志直觉经验。

微信民族志是定性研究的一种新方法，其产生主要得益于技术的更新，同时也顺应了技术革命带来的社会变迁形势的需要。通过网络和微信平台等途径，可以获得认识和理解社会的新事实、新材料。微信民族志方法的突出优势在于便捷性，随着智能手机和微信程序应用的普及，通过微信渠道可以获得绝大多数社会成员的社会活动资料。研究者能够方便地使用手机通过微信直接收集研究资料，并可从微信使用中获得亲身体验和感受，从而有助于其理解社会新生事物。

传统民族志研究注重整体论方法论，亦即强调对研究对象进行整体性的理解和把握，倡导从整体的角度来观察研究对象。虽然通过微信民族志能便捷、即时地与研究对象进行直接交流和互动，甚至可以进行音频或视频互动交流，但是微信民族志方法的整体性仍较弱，因为微信平台难以为研究者提供清晰、真实的社群边界和相对完整的社会背景。

由于微信使用日益成为人们日常生活方式的重要构成，日常生活的诸多方面已与微信密切关联，因此，对社会科学研究来说，微信民族志大有“用武之地”。微信民族志可作为一种日常田野方法运用于收集关于日常世界的一般事实和经验材料，为理解信息化时代的社会现实和社会变迁提供一种便利途径。

本章要点

1. 田野工作是指研究者深入研究对象的生活场域和劳动现场，去体验和感受研究对象生活世界的一种方法，是研究者获得田野经验和收集资料的重要途径。田野工作的内容可以分为两大类：一是资料收集，二是思考研究。

2. 民族志研究是研究者参与到研究对象的日常生活之中，并通过与其社会成员的直接互动来获得研究资料，由此再现研究对象的整体全面的研究范式。参与观察和深度访谈是民族志研究中收集资料的技术手段。

3. 访谈法是指有研究目的的询问和谈话。作为一种科学研究的方法，访谈法有五个基本要件：(1) 访谈者；(2) 受访者或被访者；(3) 社会场景；(4) 询问和谈话过程；(5) 信息或资料。从访谈法的结构特征角度看，访谈基本上可被划分为两大类：一是结构性访谈，二是非结构性访谈。创造性访谈是指通过创造性访谈策略达到理解研究对象主观世界的目的。深度访谈有两个基本要求：一是要求访谈过程有深度，即访谈本身具有一定的深度。二是要求访谈达到揭示当地社会文化深层意义的效果，即访谈材料有深度。

4. 文献法是指收集那些已形成文字的材料作为研究素材或证据的方法。文献是一种文本化、物质化的人类思想和行为活动痕迹。档案与文献不同，文献是为个

① PINK S. Doing sensory ethnography. London：Sage，2009.

人准备的，而档案是为官方准备的；收集文献涉及一种个人技术，而使用档案则受权力的限制，有关隐私、机密和匿名性的法律影响着对档案的接近和使用。

5. 网络资料有两类：一类是网络参考资料或二手资料，另一类是网络事实资料或一手经验材料。网络田野是指以网络空间为田野点或考察对象，旨在获得网络一手资料，并试图理解和解释网络社会事实的研究方法与过程。网络田野既是一种定性资料收集方法，也是一种关于网络社会研究的方式及过程。微信民族志是定性研究的一种新方法，是指通过网络和微信平台等途径获得研究资料的方法。

关键概念

田野工作、主位取向、客位取向、民族志、参与观察、访谈、访谈的社会、创造性访谈、演绎性访谈、深度访谈、文献、档案、口述史、地方志、网络田野、微信民族志

思考问题

1. 在田野工作中将主位取向与客位取向策略相结合有何意义？
2. 处理参与观察中的参与程度问题需要考虑哪些因素？
3. 结构性访谈与非结构性访谈各有怎样的特征和优势？
4. 文献和档案资料对于定性研究有何重要意义？
5. 网络资料有哪些？其有何特点？

推荐阅读书目

1. 邓津，林肯．定性研究：经验资料收集与分析的方法．重庆：重庆大学出版社，2007.

2. 卡麦兹．建构扎根理论：质性研究实践指南．重庆：重庆大学出版社，2009.

3. 戈夫曼．日常生活中的自我呈现．杭州：浙江人民出版社，1989.

4. WERNER O，SCHOEPLE G. Systematic fieldwork. CA：Sage Publications，1987.

5. DOUGLAS J D. Creative interviewing. CA：Sage Publications，1985.

6. BERG B. Qualitative research methods for the social science. New York：Pearson Education，2007.

第五章

定性资料的整理和编码

在收集和积累一定的定性资料之后，研究者又要面临一个非常复杂和繁重的工作，那就是定性资料的整理和编码。定性资料的整理与定量资料的不同。定量资料通常是标准化、格式统一的信息，整理这些资料可以让研究助手或专门机构代劳，并且通过一些登录技术可很快完成。如通过问卷调查所收集的资料，可以先让专业的数据录入公司来帮助录入数据，然后请研究助手按照一定的逻辑格式清理和检查数据库。这样，研究者在进行定量研究时，可直接运用较为完整的数据资料来加以分析和解释。但是，对定性研究者来说，有些资料整理工作是研究助手和技术手段不能代劳的，而需要研究者的直接参与。所以，定性资料的整理和编码，其实并不像定量资料整理那样有固定的模式和方法，这里所谈的定性资料的整理和编码方法主要为经验、理论和技术层面的方法。

第一节　定性资料的整理

定性资料的整理工作是从资料收集到理论形成的一个过渡过程。一项定性的社会科学研究，从观察和访谈中获取研究资料，最终目的是解释或解决问题。为实现这一目的，需要从分散、繁杂的资料中找到有助于解答问题的资料，即可能成为有效证据或论据的资料。研究资料的整理积累，主要指使相对无序的材料变得有序，为资料分析提供简洁、有效的资料库。

在田野工作中，收集有效的定性资料既需要方法的技巧，也需要社交的技巧。因为在参与观察及深度访谈中，娴熟的交往技巧是必要的。在整理定性资料时，一方面需要有理论的鉴别力，另一方面也需要应用必要的技术手段和技巧。

一、定性资料的层次

在定性研究中，研究者收集的初始研究资料，有观察记录、访谈记录、录音、影像、文献资料、田野日志等。资料整理就是根据分析的需要，对这些初始资料加以登录、规整、分类和编码，以使初始资料成为不同层次的研究资料，从而为研究分析提供系统的定性资料库。

根据资料的抽象程度和整理程度的不同，用于分析的定性资料大体包括三个层次：第一层次为原始资料，即没有经过任何处理、从田野工作中收集的各种记录材料和文件资料，如田野笔记、访谈笔记、录音录像、从受访者那里索要的文档资料等。第二层次为初步整理资料，即经过部分整理或处理的资料，包括田野札记、评论、感想等。第三层次为编码资料[①]，即经过登录和编码的定性资料，如含有编码的记录摘要、编码的定性资料库或定性数据库。

形成不同层次的定性资料库，要求研究者在资料整理阶段针对不同性质、不同内容的资料加以处理和管理。因为在具体的研究实践中，并非层次越高的资料越有利用或分析价值，而是要看资料内容对于解释或解答研究问题的有效性和可靠性。对原始资料，研究者虽无须进行太多的加工和处理，但也需要进行系统性的整理和管理。其中最重要的工作就是将松散、繁杂的初始材料，如观察和访谈记录、收集的文档等，按照时间、人物、类型进行归档。整理原始资料的主要目的就是让原始资料变为较系统、有序的资料库。此外，整理原始资料也是为了保留其完整性和增加其可信度。最后，通过田野工作所收集的原始资料经过认真整理，也能产生历史资料的价值。完整的原始田野资料，在若干年后可能成为重要历史资料。

第二层次的初步整理资料通常是在资料收集后的较短时间内进行的。这类资料来自直接经验，同时又有研究者认识活动的参与，属于即兴的、灵感性的经验材料。研究者在与信息提供者的互动过程中，通常会形成情境性信息，亦即研究对象直接提供的信息之外的信息。这种情境性信息要靠研究者即时捕捉，并及时加以整理。如果相隔时间过长，那些情境中的细节以及从中所获得的灵感就会被快速遗忘。所以，很多田野工作者有写田野札记或短评的习惯。写诸如日记、札记、观后感和短评等材料，实际上是在整理部分田野资料，即把通过田野工作所获得的一些灵感、启发变成一种可供参考和分析的研究资料。

经过编码的定性资料，属于最高层次的资料。所谓最高层次，主要是就整理、加工和抽象的程度而言的，而不是代表效度和信度最高。要形成这一层次的资料，需要经过较为复杂的资料加工和整理过程，这一过程便是定性资料的编码过程。通过对初始资料的编码，可以将分散、无结构的资料加工成具有一定结构的数据库。而且，经过编码的资料有由一定的理论和分析性概念、术语构成的索引主题。

将在资料收集阶段所积累的研究资料根据其特征及研究需要整理为不同层次，既是为了提高资料使用的效率，同时也是为了更好地管理研究资料。对任何一项定性研究来说，研究的价值和意义在一定程度上也体现在资料之中，因为定性资料收

---

① HUBERMAN A, MILES M. Data management and analysis methods//DENZIN N, LINCOLN Y. Handbook of qualitative research. CA: Sage Publications, 1994: 428-444.

集过程包含了研究者较多的创造性劳动。

二、定性资料整理的作用

定性资料的整理是一个完整研究过程的重要环节，是连接资料收集与分析解释的中介。尽管这一环节有时可能渗透于调查和分析研究之中，但作为过渡，资料整理不是可有可无的环节，它对研究来说有着重要作用。其作用主要体现在：

第一，通过资料整理可以更好地组织定性资料。定性研究中的资料整理工作显得比定量研究中的资料整理工作更为重要。因为定量研究在设计阶段就可通过相关设计，将资料收集与整理工作统一起来，如在电话调查、电脑辅助调查、网络调查等中，调查结果在受访者作答后就已直接转化为较为整洁的数据库。而通过定性研究所收集的那些田野记录、录音资料、复制的文献档案等，通常是零散、庞杂的。研究者或专业人员对初始资料进行编排、登录、分类、归档，可以使原先较为分散的资料得以有序地组织起来，构成存档形式的文本资料和器物资料，为研究分析奠定基础。

第二，资料整理将提升定性资料的质量。当一手经验材料处于分散状态时，能够为相应研究提供的用来分析的信息、证据会受到一定限制，从而影响资料的质量。高质量的研究资料能够为研究提供较多的可以应用的有效证据或经验材料。资料整理的作用就是让重要信息或重要证据从繁杂的初始资料中凸显出来，以便得到重点关注和应用。经过整理的定性资料相比初始资料，质量将大大提高。

第三，资料整理将有助于定性资料分析。整理研究资料，就是把松散、无序的初始资料转变成有序、系统的资料。有了系统的资料，研究者更容易从中发现重要信息和可用证据，更容易运用有效资料进行研究分析。此外，一套系统、完备的资料，也会有助于研究者更快形成分析思路和理论框架，那些一目了然的资料实际上可以让研究者预知研究的大体内容和框架。因为分析研究在较大程度上取决于资料，有什么样的资料，决定了能做什么样的分析研究。如果整理好的资料大多反映的是研究对象主观世界方面的信息，研究者在分析过程中就能从主观观念的角度去分析资料。

第四，资料整理将提高定性资料的使用效率。经过艰苦的资料收集工作而获得的定性资料，包含着大量社会经验及信息，因而蕴含着重要的研究价值。发掘定性资料的有效信息，充分利用定性资料的价值，能促使定性研究实现价值最大化。整理已收集的定性资料，将分散的资料组织起来，形成系统的定性资料库，不仅便于一项研究利用其中的资料信息，而且可为其他研究提供资料库，由此使定性资料充分发挥其研究价值。

第五，资料整理会有助于保存和管理定性资料。松散的资料不利于保存和管理，而经过认真整理的系统资料，可以按照资料目录保存起来，这也为今后的使用提供了便利的查询条件。所以，整理收集的定性资料，一方面可以为资料分析做好准备，另一方面可以为资料管理奠定基础。得到精心整理和保管的研究资料，既具有较高的研究价值，也有一定的历史资料价值。因为一些从实地调查中得到的信息资料，反映了特定时期某一地方性社会及文化的现状和特征，这些资料能为未来的社会文化变迁研究提供有价值的参照。

三、定性资料整理的方法

将松散的定性资料整理成系统的数据库，通常采用两种方法：一是人工整理，二是电脑辅助整理。人工整理资料是一项基本工作，在定性资料整理过程中，很多工作离不开资料整理人员的手工劳动，例如，将记录材料整理成档案、给归档材料贴上标记、编写材料目录等。人工整理方法主要包括登录、建档和分类。登录是将部分零散的材料重新抄写或摘录下来，形成新的文字材料。建档就是将初始资料、信息整理成为可供分析研究的文本、档案和物证等。分类就是把零散的资料按照内容分成不同类别，并按类别将它们编排成系列文档。

随着电脑的广泛应用，在一些定性研究中，研究人员也会借助电脑来整理定性资料。运用电脑来整理定性资料，与整理定量资料有所不同。在整理定性资料时，通常主要是将各种定性资料存储到电脑之中，形成电子文档，以便编排、保存、检索和分析。此外，电脑辅助整理定性资料，会通过一些软件来录入经过编码的定性资料，形成属性或定性数据库，这种数据库类似于定量数据库，目的在于便于电脑检索和分析。由此可见，电脑辅助整理定性资料主要有两种目的：一是将初始资料转换成文档并存储下来；二是将电脑辅助的定性资料分析技术引入定性研究之中。目前，被用于定性资料分析的软件也越来越多，如 HyperQual、ATLAS. ti、AQUAD、QCA 等。不同软件的功能有较大差别，在选用软件来整理和分析定性资料时，需要根据软件的功能特征来判定。① 但是，在具体研究实践中，尤其在基础性的定性研究中，定性资料分析软件的运用依然有限。毕竟运用软件来整理和分析定性资料，难免有将定性研究定量化的嫌疑。

至于定性资料整理的具体方法，莱文（H. G. Levine）借鉴图书馆及信息科学的方法，提出了五条原则：（1）建立格式；（2）交互参考；（3）编写摘要；（4）编排目录；（5）编制索引②。

系统的资料一般需要一定的格式，如图书馆或档案馆的书籍、档案检索系统，要按某种固定格式来登录。在通常情况下，一些田野记录材料可以被做成一定格式的档案夹和记录卡片，档案夹和卡片上都标有主题词或文档名，观察或访谈人员、时间、地点，受访者等关键信息。这样，在田野工作中收集的定性资料就能得到有

---

① 迈尔斯，休伯曼．质性资料的分析：方法与实践．重庆：重庆大学出版社，2008：63.

② LEVINE H G. Principles of data storage and retrieval for use in qualitative evaluations. Education evaluation and policy analysis，1985，7（2）.

序地呈现。

在一份资料卡片或档案中，可以对相关联的资料加以标识，以便相互参考和检验。例如，一份田野记录档案中记录了受访者提到的某一次纠纷事件，而且其他影像资料中也有关于此次事件的记录，那么，在整理资料时就需要在这一事件记录旁标上交互参考的具体提示。

定性资料通常包含很多庞杂的内容，资料整理的一个重要任务是从这些繁杂的资料中架构起一个较为清晰、简洁的信息框架。为此，资料整理一般需要将资料内容简写成摘要，以概括和代表资料的核心内容与信息。

编排目录是给按照一定格式建成的文件、档案、卷宗编上页码、卷次或序号，然后根据顺序编辑出整个资料的目录。从目录中，人们能够清晰地看到定性资料的完整结构。

编制索引就是结合定性资料的主题、摘要、目录，再从中选择出一些重要的概念、人物、事件、问题等，根据它们在文件或档案中的具体位置，编制出一个可供检索的索引。编制索引，一是为了便于查询资料，二是为了突出定性资料中的重点内容，为研究思路的确立提供重要参考。在明确有什么样的资料后，也就能把握根据这些资料可以探究哪些问题。

第二节　定性资料的编码

编码是整理定性资料的一个重要方式。“质性编码，是对数据内容进行定义的过程，是我们分析的第一步。编码意味着把数据片段贴上标签，同时对每一部分数据进行分类、概括和说明。”① 经过编码的定性资料，包含了较多分类性和引导性的概念和信息，为定性分析提供了更为清晰的资料框架。

一、定性编码及其目的

定性编码是指对初始的定性资料根据其内容和意义用类别标签、概念术语、解释性短语加以标识、说明和区分的过程。定性编码所要编制的不是数字代码，而是语意性代码。在定量研究中，编码是给不同的选项标上不同的数字代码，以便进行定量分析。定性研究则不同，资料的编码不是将资料信息简化为数字代码，而是将复杂的资料转换成简练的概念系统和语意片段。

定性编码包含三个要素：一是资料分析，二是抽象概括，三是标码。定性资料编码必须有对资料的分析。

① 卡麦兹．建构扎根理论：质性研究实践指南．重庆：重庆大学出版社，2009：56.

要将繁多的初始资料转化为有序的资料库，首先要对整个资料加以初步分析，以了解其大体内容。

编码的一个重要形式就是对定性资料的片段加以标识，因此，在资料分析的基础上，还需要对资料加以分段和概括，即根据资料内容进行分段，并对各个片段加以抽象和概括，抽象出各个片段的意义。抽象概括需要把握资料的内容及意义，并将其意义转化为抽象的范畴或术语。

标码是根据抽象概括在定性资料的片段中标记上相应的代码。定性编码的标码一般为语词或短句而不是数字代码，有时也可加上次序码。例如，有一段对一张姓村民的访谈记录资料，内容主要讲述张姓村民与本村两名李姓村民的纠纷过程。对这段定性资料进行编码，需要在资料相应的位置标记上诸如"张姓 1 讲述""李姓 1""李姓 2""邻里纠纷""宅基地纠纷""不了了之""村干部处理"等字样。通过这些标码，人们能更加清晰地了解繁杂资料的核心内容。

对定性资料进行编码，主要目的有：

第一，了解初始资料的全貌，形成整体印象。定性编码过程，在某种意义上也是一种初步分析，以形成一个整体性研究思路。给定性资料编码需要通览所有资料，然后在此基础上对资料加以分段和概括。所以，通过编码，研究者可以把握资料的整体情况，了解哪些资料较为全面和深入，哪些资料便于利用。

第二，为定性资料的格式化和再构造做准备。给定性资料编码，相当于对资料进行深加工。这一加工过程有时是为了对资料加以重新构造，使其便于分析，或者与定量分析相结合。经过编码的定性资料，如果根据编码进行再登录，那么也可能构造出一种较为格式化的定性数据库。这种定性数据库将为资料分析创造更大的空间。

第三，提炼和简化定性资料，提高资料的利用效率。定性编码用概念、范畴、术语等简短代码来概括和代表复杂资料的主要内容及意义，由此也就产生了一种简化了的、更加精练的资料。因为资料的主要内容和意义更加明朗、突出，所以资料的利用效率得以提高。

第四，为定性研究的理论建构确立范畴框架。定性编码过程不仅是一个抽象、概括过程，同时也是范畴创建过程。根据资料内容而抽象出的主要范畴，为定性研究确立理论框架打下了一定基础。尤其是对经验研究来说，理论建构的基础来自演绎性理论假设。若要提出假设，则需要有一些探索性研究作为基础，其中就包括对资料的初步分析和了解。通过对定性资料的编码，形成了一些基于经验材料的基本概念、范畴、术语，这些都是建构理论所必需的基本素材。

二、初始编码

初始编码（initial coding）既可以被理解为定性编码的一个阶段，也可以被视为编码的一种类型。初始编码代表的是对定性资料所做的最初的、基本的整理和编码，其特点就是忠于初始资料，对资料进行最基本、最简单的编排和标识，也就是用简洁的语词来标记和解释资料片段的内容和大意。作为编码的一种类型，初始编码反映了定性编码的一种理念，即在编码过程中，尽量保持编码的开放性和暂时性。也就是说，尽量把定性编码当作资料整理工作而不是理论分析和建构工作。初始编码的一个重要原则就是尽量贴近资料的本意，不因资料编码影响后来的理论研究。

在初始编码中，研究者需要关注以下问题："资料关涉到什么方面的研究?""这些资料表明什么样的事实?""这些资料指向哪些类型的理论?"[①] 由于这些问题实际上主要涉及定性资料的大体内容和属性，因此，初始编码通常只是对定性资料做快速的判断、处理和标识。

初始编码的方式主要有：(1) 逐段编码；(2) 行动编码；(3) 事件编码。

逐段编码是对已记录的文本资料内容逐行、逐段地加以概括、命名和标码的方法。逐段编码实际上就是把定性资料的每个片段的大体内容突出出来。大多数来自田野工作的定性资料包含了大量琐碎的细节，如：参与观察记录可能是流水账式的记录，其中就有很多内容属于不太重要的信息；还有一些访谈记录材料常会有访谈过程中的絮叨之辞。逐段编码的重要价值就是从繁杂的资料中将重点信息显现出来，所以，逐段编码是定性编码中的一个非常重要的工具。此外，逐段编码的过程也有重要价值。研究者如果亲自进行编码，那么也可以在逐行寻找重点信息的过程中了解或回顾具体的田野情境，如观察、访谈互动的情境。这些情境细节虽然没有被作为重点信息标识出来，但可能对研究者理解重点信息以及产生新的理论灵感发挥重要作用。

行动编码是指按照初始资料中关于人的行动的内容来进行编码，即对定性资料中有关行动的记录内容用语词、概念来编码。行动编码的意义在于"要产生的是行动的语言而不是关于主题的语言"[②]。作为初始编码的一种方式，为保证开放性、初始性，为其他分析和理论构建创造更广阔的空间，在进行行动编码时要尽量减少先入之见。用行动作为编码的依据，主要体现了初始编码反映的是最基本信息，因为社会行动是社会现象的最基本元素。

事件编码是指根据初始资料所记录的事件进行逐个编码。事件编码方式所编排的是事件的内容和名称。这种编码更为简练，所反映的也是最为基本的信息。对资料中的事件进行逐个编码的过程，实际上也包含了对各个事件的分析和比较，这对于了解事件之间的关系以及事件的因果关系有重要启发作用。此外，事件编码所突出的是事件，而背景、细节以及事件过程中的一些主观因素则没有显现出来。这种编码方式有助于形成注重事实的分析和解释模式，即有助于从事件间的因果关系中寻找理论建构的突破口。

---

① GLASER B G. Basics of grounded theory analysis. CA：The Sociology Press，1992：57.

② 卡麦兹．建构扎根理论：质性研究实践指南．重庆：重庆大学出版社，2009：61.

初始编码虽是对初始资料的简单编码，但它也是定性资料整理和初步分析的重要方法。它的优势主要体现在：首先，能忠于和贴近初始资料；其次，能提供重点且中立的信息；再次，能为后期理论分析提供更开放的空间；最后，有助于在编码过程中产生新的理解。

三、聚焦编码

聚焦编码（focused coding）是指在资料初步整理的基础上，从中选择某种行动、某个事件、某种范畴进行有针对性的、集中的概括、抽象、界定和编排。所谓聚焦，意指所要编码的内容是定性资料中需要关注、分析和探讨的焦点问题。因此，聚焦编码涉及一个关键问题，那就是如何确立焦点，即如何聚焦。

在通常情况下，聚焦需要在全景扫描的基础上才能进行。如果没有对定性资料加以全景把握，也就不会出现焦点问题。所以，聚焦编码必须有初始编码或初步整理做基础，需要把聚焦编码作为定性编码的第二阶段，或进一步的编码。不过，初始编码与聚焦编码的关系并非连续性关系，也就是说，不是所有的初始编码都要推进到第二阶段的聚焦编码。很多定性研究有初始编码就足矣，而无须再做聚焦编码。

较为常用的聚焦编码方式主要有主题编码和重要事件编码。主题编码是指在确立一个核心主题之后，对与这一主题相关联的资料内容进行再编排和重新组合，形成新的资料集的过程。例如，面对关于乡村矛盾纠纷的访谈记录材料，如果在初始编码中发现有很多内容涉及“村干部调解”，我们就可以把“村干部调解”作为核心主题，然后对所有与“村干部调解”有关的内容重新加以编码组合。主题编码的突出优点是有助于确立理论构建的框架。

重要事件编码就是在初始编码的基础上，选择一个重要事件作为焦点，来重新编排和组织相应资料的过程。重要事件编码与初始阶段的事件编码的区别是，初始阶段的事件编码需要对所有事件进行逐个编码，而重要事件编码则是从中挑选出最为重要的一件来加以聚焦。此外，对重要事件的编码，通常按照事件-过程维度、人-时间-场所维度来进行，其中包含对事件具体环节、细节及相互关系的梳理、总结和编码。而初始的事件编码主要是给每个事件命名和标记。

聚焦编码的特点和优势主要体现在以下方面：

（1）聚焦编码对定性资料的整理更具选择性。通过聚焦编码所生成的新的资料库，其内容是从繁杂、琐碎的资料中被精心挑选出来的，因而对研究分析来说更具有选择性和针对性。

（2）聚焦编码使定性资料更具概括性。聚焦编码实质上是对定性资料的深加工，经过这样加工的资料库，其结构和内容通常包括一些抽象的范畴、术语和主题。这些抽象的编码更能突显资料的重点信息。

（3）聚焦编码有助于发现资料中最重要的信息。通过对初始编码的再审阅和认真筛选，聚焦编码将会使那些出现频率最高、最受关注、最为重要的内容显现出来。聚焦过程实际上也是资料的分析和过滤过程，经过逐步筛选，最终能把关键的、核心的内容挑选出来。

（4）聚焦编码可以使资料整理和初步分析更加集中。聚焦的意思就是集中注意力，聚焦编码可以避开定性编码中的烦琐内容及琐碎细节，直接将工作重点置于焦点问题之上，这样可以让研究者集中精力整理相关的重要信息，大大提高资料整理和利用效率。

（5）聚焦编码有助于生成新的分析思路和理论建构框架。在对定性资料进行聚焦编码的过程中，通常会形成有一定概括性和逻辑联系的概念和类属体系。这些概念和类属体系已经具备了一定的理论指向性，即既对分析研究和理论解释提供了方向性的选择，也对理论主题的确立起到了重要启示作用。

虽然作为定性资料整理的第二阶段，聚焦编码接近定性分析，但编码过程与分析过程还是需要有所区别。因此，在聚焦编码中，应尽量贴近和再现初始资料，避免过多、过早地让先入之见进入编码，否则会在无形中影响到后期的分析路径和理论构建。

四、编码步骤

编码是对原材料的加工和整理过程，是进行进一步定性分析和理论建构的重要步骤。

尽管在定性研究中，研究者所遵从的理论和方法论会有差异，从而在对待和处理资料的方式上也许会有所不同，但不论何种方式的资料编码，大多都包括以下几个主要阶段：

第一阶段，阅读原材料。对复杂的定性资料进行编码，第一步就需要通览原材料，以从整体上了解和把握原材料的大体内容及类型。为了准确地理解和再现原材料的内涵，有时需要资料编码人员反复阅读原材料。阅读原材料是一项艰巨的工作，因为那些来自田野记录的材料通常都很琐碎且冗长，编码人员必须阅读所有的内容，这样才能真正准确地把握原材料。阅读原材料也是一项基础性工作，是经验调查与分析研究之间的重要媒介。对原材料的把握和理解，直接关系到后期的分析和理论建构。

第二阶段，概括和抽象。在对原材料的内容进行全面了解之后，接下来的工作就是根据资料内容进行初步的概括和抽象。概括和抽象的任务主要就是把相近或同类的内容用名称、概念或术语概括出来。经过概括和抽象，可以将琐碎的资料加工成具有类属关系的资料，使资料中的重要信息得以呈现。

第三阶段，确立范畴或主题。范畴或主题代表一种更为抽象、更具理论指向的总结方式。确立范畴或主题是对定性资料的进一步加工整理，是从原材料中选择出现频率高、备受关注的问题作为重要范畴或主题，然后围绕这些范畴或主题寻找关联信息。通过范畴或主题的确立，原材料将得到进一步提炼。

第四阶段，用概念或主题注解原材料。对原材料加以注解是编码的一个重要环节。注解就是在原材料的相应位置标注上概念或主题，用以代表材料的内容和意义。注解是为重构材料以及后期材料的检索和利用做准备，经过注解的材料，相当于给材料的片段内容贴上了标识，从而给材料查询和检索提供了向导。

第五阶段，重新登录和编排注解的材料。在对原材料进行注解之后，需要选择一些重要的范畴或主题，并按照选定的范畴或主题对关联的材料进行重新登录，形成新的资料文件。新的资料文件的形成意味着编码工作的主体任务基本完成，因为新的资料子集已经是高度精练的资料库了，为定性分析做好了充分准备。

第六阶段，编写文件摘要及编码说明。编码的最后一项任务就是在重构新的资料库之后，编写简明的文件摘要及编码说明，以便为新资料库的其他分析和利用提供基本的导向和背景材料。

关于定性资料编码的主要步骤及内容，资料库 5-1 中介绍的例子为我们如何对庞大、复杂的定性资料进行整理和初步分析提供了一个很好的示范。

资料库 5-1

定性编码实例

为了全面考察人们是怎样看待和谈论法律的，……我们将原有的 430 个访谈材料改编成一个子集。最后，我们改编了 141 个访谈……

我们做出了一个计划，要求每个人先阅读大约 25 份访谈材料，确认频繁出现的主题……我们确认了大约 40 个主题，并对这些主题加以界定，用一个便于记忆的词给它们标上名称。例如，［时间］……［文件］……［警察］……［法官］……［律师］。

确定了 40 多个编码之后，我们每个人都阅读了全部 141 份访谈材料，在合适的地方插入了相应的编码。……一些手写的编码后来被录入每份材料的计算机文件之中。……这样，除了全部访谈记录之外，我们也创建了一个独立的数据库，其中包含了涉及每一种编码和主题的文件。每一个文件都在一个既定主题下汇集了所有访谈材料中与此主题相关的资料。……

除了全部访谈材料和主题文件之外，阅读每一份访谈材料的人还写了一份三四页的摘要。

资料来源：尤伊克，西尔贝．法律的公共空间：日常生活中的故事．北京：商务印书馆，2005：338-339.

第三节　扎根理论与编码

扎根理论是一种对定性研究产生巨大影响的理论，格拉泽和斯特劳斯在《扎根理论的发现》一书中，旗帜鲜明地支持定性研究，大力倡导扎根理论，并主张通过发展扎根理论研究来促进定性研究方法的合法化[①]。作为“定性革命的先声”[②]，扎根理论的重要意义就在于其发展了一套关于如何更好地处理定性资料与理论之间关系的策略和方法，以及创建了一种定性研究的理论范式。

一、扎根理论与定性编码

格拉泽和斯特劳斯将他们所运用的一套定性研究方法称为“扎根理论”，其含义是要扎根于定性资料去建构理论，或让理论扎根于定性资料。扎根理论的提出，与格拉泽和斯特劳斯所进行的一项研究的经验有着密切关系。20 世纪 60 年代早期，他们在对美国医院中的重病患者的垂死状态及死亡过程进行研究时，收集了大量的观察和访谈材料。这些材料主要记录了不同医院在危重病人临终前对死亡信息的处理方式，以及对病人的死亡过程的一些观察和访谈情况。面对这些观察和访谈记录，他们提出了一套系统处理和分析定性资料并从中发展出理论解释的策略。这套策略的核心内容实际上关于如何对所收集的定性研究进行编码，并在编码的过程中生成理论。[③] 所以说，在对定性资料进行编码时，扎根理论的编码理论已经为我们提供了多种有价值的编码方法。这些编码方法对指导我们的研究实践具有重要的意义。

扎根理论对定性研究的贡献不在资料收集方法方面，而在资料编码方面。在定性研究实践中，扎根理论创立了一系列资料编码的方法，这些方法主要包括：开放式编码、轴心编码、理论编码、选择性编码等。每一种编码方法都既包含从资料到理论的理念、原则和策略，也包含具体的方法和技术。

扎根理论的编码对定性研究的重要意义主要体现在：

第一，缓解了资料整理与理论建构相分离的问题。扎根理论所创立的编码原则和策略，注重在资料整理或编码过程中建构理论，从而使传统定性研究中资料与理论相分离的问题在一定程度上得以解决。

第二，提高了定性研究方法的合法化地位。在 20 世纪 50 年代，社会科学领域尤其是社会学研究中，盛行着实证主义的定量研究，似乎只有量化的研究，才是科学研究。而定性研究因为不能在客观事实材料基础上去检验某种理论假设，所以其作为科学研究方法的合法性受到质疑。扎根理论运用类似于定量研究的方式，通过编码对定性经验材料做数据化处理，然后对已编码的定性资料进行再构造和分析，并在此基础上建构理论。这一过程明显使定性研究的过程更具客观性和系统性，由

---

① GLASER B，et al. The discovery of grounded theory：strategies for qualitative research. London：Weidenfeld and Nicolson，1968.

② 邓津，林肯．定性研究：策略与艺术．重庆：重庆大学出版社，2007：544.

③ 卡麦兹．建构扎根理论：质性研究实践指南．重庆：重庆大学出版社，2009：5.

此定性研究方法在社会科学领域中的合法化地位得到相应提高。

第三，使定性研究方法更加系统和严格。扎根理论的编码方法涵盖了系统的资料整理、分析和理论建构的理论、原则和具体方法。对定性资料的编码，不仅使得分析研究能严格地建立在经验事实之上，而且让定性研究过程的可复制性在一定意义上得以增强，从而让定性研究更接近实证的科学研究范式。

第四，扎根理论的编码提高了定性资料的处理和利用效率。如何处理繁杂的定性资料一直是困扰定性研究的重大难题。面对五花八门的观察和访谈记录材料，如何进行理论分析，如何把理论分析与这些材料联系起来，是关系到定性研究信度和效度的重要因素。扎根理论提出的定性编码原则和方法，确立了类似于定量数据处理的基本模式，从而可以通过分工途径分担定性资料的整理工作，大大提高定性资料整理的效率。此外，经过编码的定性资料，可以通过重新登录和整理，生成半结构化的定性数据库。新生成的定性数据库的使用范围已经不再局限于直接收集田野资料的研究者，它同样可以被后来的其他研究者使用，这无形中提高了定性资料的使用效率。

尽管扎根理论的编码方法在定性研究中有着诸多创新，对提高定性研究在社会科学中的地位有显著促进作用，但同样不容忽视的是，扎根理论的编码是参照实证的定量研究逻辑进行的，从某种意义上说是通过效仿定量研究来争取定性研究的合法性，这无形中忽视了定性研究自身的特点和优势。

二、开放式编码

开放式编码（opening coding）是扎根理论的基本编码方法之一，是指在原材料基础上，概括其中所包含的基本概念和范畴，并用那些概念和范畴对材料加以定义和注解。

开放式编码属于定性资料编码中最基本的一种编码方法。所谓开放式，其意义在于编码的过程需要保持客观性和中立性，尽量不带有理论倾向，这样可以保证定性资料对各种理论分析来说都是开放的，编码只是建立客观事实的资料库。

明确资料中的“什么”“是什么”，是开放式编码的主要任务。在通常情况下，在对田野工作资料的编码过程中，首先要明确资料记录了“什么事件”“什么行动”，以及研究对象的观点“是什么”。

在开放式编码中，对行动、事件和观点常常用原有的语词或原生代码（in vivo codes）来加以概括和注解[①]。原生代码就是当地人或研究对象所用的语词和概念。用原生代码来概括和注解原材料，一方面可以使编码与原材料、原材料与经验事实更加契合，从而有助于增加定性研究的信度；另一方面，也有助于生成新的理论分析和解释的切入点，因为在研究对象的言语中，常常包含了对他们所经历事件或经

---

① 卡麦兹．建构扎根理论：质性研究实践指南．重庆：重庆大学出版社，2009：70.

验的有效解释。

逐行编码（line-by-line coding）是开放式编码的基本方法。逐行编码是指对原材料的每一行内容加以定义、命名、概括和注解。逐行编码的意义在于仔细阅读原材料的内容，并对每一个重要细节加以概括和标明。在原材料中，也许一行当中并没有一个完整的句子，或者一行有不止一个句子。逐行编码的具体操作方法是将原材料中的重要信息和内容概括出来，逐行加以注解（见表5-1）。

表5-1　访谈记录逐行编码示例

逐行编码	访谈记录a
决定放弃	所以我决定，这（工作中产生的痛苦、疲劳
根据成本	和压力）可不是个活法。我不一定要工作。
权衡利弊	……所以带着极大的遗憾，也不是出于我
放弃身份	的计划，我递交了辞呈。这是我所做过的
决定身份弃用	最棒的一件事。

资料来源：邓津，林肯．定性研究：策略与艺术．重庆：重庆大学出版社，2007：552.

进行开放式编码的主要原则包括：

（1）简明原则。在用概念或代码对原材料进行注解时，需要做到尽量简明扼要，让人一目了然，从而达到简化原材料的效果。

（2）接近原则。它是指编码要尽量接近资料的真实内容，各种概括、界定和分类应尽可能忠于原材料。虽然扎根理论的编码是对资料的再加工和分析，但为了保证资料的客观性，编码必须与原材料保持高度统一。

（3）契合原则。对原材料的编码，要让代码或意义注解尽量符合经验事实。也就是说，对定性资料内容的概括、定义、命名及归类，要尽可能地再现研究对象的经验世界，尽可能地客观反映事实。

（4）相关原则。就是要在编码过程中，尽可能地建立起有联系的概括和总结。扎根理论的编码的一项基本原则就是将资料与理论分析统一起来，因此每种编码过程实际上都包含了分析框架。开放式编码也不例外，同样要在贴近原材料的前提下，提供一些能反映行动之间相互联系的概括和总结。

（5）开放原则。作为最基本的编码方式，开放式编码必须保证资料编码的高度开放性，必须对资料的概括、界定要确保中立、开放的立场，不能带有价值和理论倾向。开放性的编码资料对后期的各种分析和理论建构都能提供有效的材料，而不是只对一种分析、一种理论有效。

三、轴心编码

轴心编码（axial coding）是指以某一类属为中轴，然后围绕这一中轴建立起密切关联的亚类属，由此把资料内容的类属属性及维度具体化和明确化。“轴心编码使得类属和亚类属联系起来，使得类属的属性和维度具体化，重新排列了你在初始编码中分裂了的数据，给生成的分析一种连贯性。”①

轴心编码是由斯特劳斯和科尔宾（J. Corbin）提出的一种定性资料整理和分析策略，这一策略的目标就是将定性数据连贯起来，即在不同的类属概念之间建立起联系。为达到这一目的，他们提出了一个结构框架，其中主要包括以下三方面内容：

（1）条件或情境。其主要是指资料所记录的研究对象的社会背景及互动的情境。在条件或情境类属中，编码人员需要描述和概括行动发生的场所、背景及互动的情境，以提供关于研究现象发生原因的背景材料。

（2）行动或互动。其主要概括和描述研究对象在特定情境中的具体反应，也即互动过程的细节、内容。通过行动或互动类属的概括，研究者了解了有哪些人选择了什么样的行动，以及在社会互动中，人们各自有什么样的反应。

（3）结果或互动后果。其主要概括行动所产生的影响，以及互动行为导致的各种后果。结果或互动后果类属主要回答什么行动最终是如何发展的，以及互动行为最终是如何演化的。这样也就可以把行动类属与结果类属联系起来了，人们由此可看到研究现象的前后关联。②

简单地说，轴心编码主要回答这样一些问题，以便把初始编码中分离的概念和类型串联起来。这些问题是：第一，研究对象是在怎样的环境中或条件下采取某种行动的，互动是在什么情境中进行的。第二，研究对象为什么采取那种行动或互动反应，他们行动的目的是什么。第三，研究对象选择谁作为互动对象。第四，研究对象是怎样行动的，后来的结果如何。由此可见，轴心编码实际上为理论分析提供了一个较为清晰的逻辑框架。图 5－1 是对病人访谈材料所做的“说出病情”与“避免说出病情”类属的轴心编码框架。

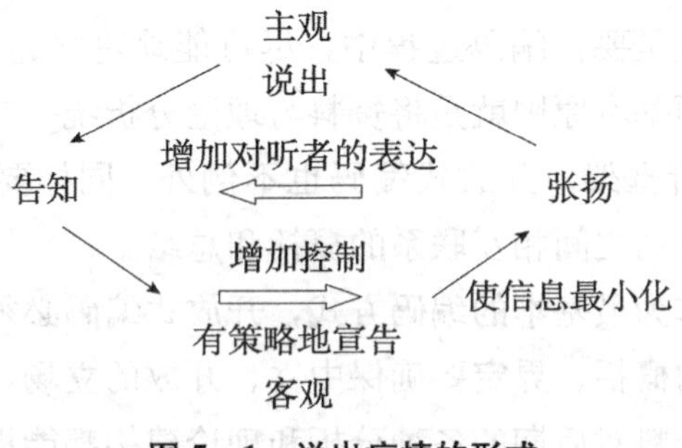

图 5－1　说出病情的形式

资料来源：STRAUSS A，CORBIN J. Basics of qualitative research：grounded theory procedures and techniques. CA：Sage Publications，1998：79.

---

① 卡麦兹．建构扎根理论：质性研究实践指南．重庆：重庆大学出版社，2009：77.

② STRAUSS A，CORBIN J. Basics of qualitative research：grounded theory procedures and techniques. CA：Sage Publications，1998：128.

轴心编码的优点在于能把分散的概念和类型联系起来，从而构建起较为清晰的分析框架，为分析和解释所研究的现象提供较为有效的技术手段。但是，轴心编码也存在不足之处。在编码过程中所构建的类属框架，也可能影响和限制研究者的认识和理论建构。

四、理论编码

理论编码（theory coding）是格拉泽倡导的编码方法，是指在聚焦编码过程中所进行的更为复杂的编码。理论编码将实质代码整合起来构成具体类属关系，需要把研究对象叙述的零散故事整合成可用实质代码加以分析的连贯故事。[①]

格拉泽是针对轴心编码提出理论编码的。在格拉泽看来，轴心编码可有可无。因为轴心编码只建立起类属与亚类属之间的联系，而没有将从聚焦编码中提炼的所有类属整合起来。理论编码则更具综合性和分析性，使资料编码更加理论化。

理论编码方法的特点主要体现在理论代码的使用方面。所谓理论代码，实际上是由一些分析性的范畴构成的，如“结构-功能”“身份-自我”等。格拉泽概括了18个重要理论代码为其理论编码，其中较为重要的代码就是6－C范畴。6－C范畴是指：（1）原因（cause）；（2）语境（context）；（3）偶然性（contingence）；（4）结果（consequence）；（5）协变（covariance）；（6）条件（condition）。[②] 从理论代码的特点来看，与其说理论编码是一种对定性资料的处理方式，不如说其是一种定性分析的策略，因为编码过程实际上提供了一种理论分析的维度。

除6－C范畴之外，理论代码还包括：一些属性范畴，如文化、社会；一些单元范畴，如群体单元、组织单元、区域单元等；一些序列范畴，如时间序列、结构序列等；以及程度、策略和过程等范畴。理论代码并没有完整的清单，它是从已有的资料中产生的，而不依赖于某些原则。正如格拉泽所认为的，理论代码是无限的、开放的，同时不同代码之间不存在相互排斥现象，各种代码都代表和概括了不同属性、不同类别的现象。[③]

理论编码与轴心编码存在原则上的差异：轴心编码偏向于提供一种分析框架，以便把分散的概念、类属和范畴联系起来；理论编码则注重编码的分析性，即提供分析性的代码而不是给出框架。因为在理论编码的倡导者看来，过早确立和依赖某种编码框架，会让人感到有先入之见的嫌疑。而且，清晰的框架虽有助于分析，但同时会限制和制约人们的其他理解和认识。

由于理论编码是一种更为抽象、更具概括性的编码，它与理论分析、理论建构密切相连，因此，进行理论编码要求编码人员必须具有扎实的理论基础，并且在通

---

① GLASER B G. Theoretical sensitivity. CA：The Sociology Press，1992：72.

② 同①74.

③ 同①81.

常情况下需要研究者自己去做，否则所生成的理论代码的分析性和有效性将大大降低。从这一意义上说，理论编码其实是一种理论分析的模式及过程。

五、选择性编码

选择性编码（selective coding）是指在初始编码或资料初步整理的基础上，将相关联的概念、范畴、类属挑选出来，以生成一种意义系统。意义系统的形成，将有助于人们理解庞杂的资料以及抽象和编码的意义。虽然孤立、单一的行动、概念和范畴能客观反映所研究的现象，但由于其不能提供彼此间的关系和背景，因而人们难以据此理解其丰富的意义。选择性编码就是要回答某种概括和抽象包含哪些意义，以及这些意义之间有什么联系。所以，进行选择性编码就要问："这是什么意思？""这一意义与什么有关？"

选择性编码并非具体方法，而是一种定性资料处理和分析的原则、策略。这种原则、策略是扎根理论在后来的发展中衍生出来的，主要为建构主义扎根理论所倡导。早期扎根理论在创立各种定性编码方法时，非常注重研究程序的客观性，也就是任何编码都尽量扎根于客观的材料，并按照稳定的程序来推进分析和研究。受建构主义认识论和方法论的影响，扎根理论在客观与主观两个极端方面选择了调和策略，既不把客观程序视为必要，也不完全放弃结构分析。

建构主义扎根理论的策略原则是，无论是在资料收集环节，还是在理论分析方面，都不主张过于依赖客观程序和单维度的真实，而是强调互动对构建意义世界的重要性。社会研究过程本来就是意义建构过程，研究者也是在互动中有选择地赋予研究对象某种意义的。建构主义扎根理论不太认同定性研究效仿实证主义对客观性的依赖，认为客观性是短暂的、有限的。定性研究的意义不在于发现知识，而在于创造意义的过程，客观的、标准化的程序会制约研究者主体发挥创造性。

从某种意义上说，选择性编码是对早期扎根理论编码方法的一种补充和发展。这一编码策略有助于淡化定性研究的实证主义色彩，为定性研究摆脱实证主义客观性标准的制约拓展了一条独立的、有自身特色的路径。

本章要点

1. 整理定性资料，主要是使相对无序的材料变得更加有序，为资料分析提供简洁、有效的资料库。定性资料大体包括三个层次：原始资料、初步整理资料和编码资料。整理收集的定性资料，一方面是为资料分析做好准备，另一方面是为资料管理奠定基础。

2. 定性资料整理，通常采用两种方法：一是人工整理，二是电脑辅助整理。定性资料整理有五条原则：（1）建立格式；（2）交互参考；（3）编写摘要；（4）编排目录；（5）编制索引。

3. 定性编码是指对初始的定性资料根据其内容和意义用类别标签、概念术语、解释性短语加以标识、说明和区分的过程。定性编码包含三个要素：一是资料分析，二是抽象概括，三是标码。

4. 初始编码代表的是对定性资料所做的最初的、基本的整理和编码，其特点就是忠于初始资料，对资料进行最基本、最简单的编排和标识，也就是用简洁的语词来标记和解释资料片段的内容和大意。聚焦编码是指在资料初步整理的基础上，从中选择某种行动、某个事件、某种范畴进行有针对性的、集中的概括、抽象、界定和编排。

5. 扎根理论是由格拉泽和斯特劳斯提出的一套定性研究方法，其含义是要扎根于定性资料去建构理论，或让理论扎根于定性资料。扎根理论的重要意义就在于其发展了一套关于如何更好地处理定性资料与理论之间关系的策略和方法，以及创建了一种定性研究的理论范式。开放式编码是扎根理论的基本编码方法之一，是指在原材料基础上，概括其中所包含的基本概念和范畴，并用那些概念和范畴对材料加以定义和注解。轴心编码是由斯特劳斯和科尔宾提出的一种定性资料整理和分析策略，这一策略的目标就是将定性数据连贯起来。理论编码是格拉泽倡导的编码方法，是指在聚焦编码过程中所进行的更为复杂的编码。理论编码将实质代码整合起来构成具体类属关系，需要把研究对象叙述的零散故事整合成可用实质代码加以分析的连贯故事。

关键概念

定性资料、原始资料、资料整理、编码、定性编码、初始编码、聚焦编码、扎根理论、开放式编码、轴心编码、理论编码、选择性编码

思考问题

1. 资料整理在定性研究中有何意义？
2. 何为编码？编码的内涵是什么？
3. 扎根理论对定性研究有哪些重要贡献？
4. 轴心编码与理论编码有何异同？

推荐阅读书目

1. 卡麦兹．建构扎根理论：质性研究实践指南．重庆：重庆大学出版社，2009.

2. 迈尔斯，休伯曼．质性资料的分析：方法与实践．重庆：重庆大学出版社，2008.

3. STRAUSS A，CORBIN J. Basics of qualitative research：grounded theory

procedures and techniques. CA：Sage Publications，1998.

4. GLASER B G. Basics of grounded theory analysis. CA：The Sociology Press，1992.

5. GLASER B，et al. The discovery of grounded theory：strategies for qualitative research. London：Weidenfeld and Nicolson，1968.

第六章

分类法与详析模式

面对通过经验调查所获得的定性资料，研究者要从这些反映具体社会单位及个体情况的分散材料中，形成对社会与文化的一般性或规律性的理解和认识，还需运用有效方法（诸如分类法与详析模式）对这些经验材料加以分析。分类法是按照类别标准将复杂现象简单化、有序化以达到深刻认识；详析模式是在分类基础上，通过控制某一标准或特征来进行交互分析，以便在分散的、个别的现象之间建立起联系，进而认识现象形成的原因。

第一节　分类法的逻辑基础

科学研究的重要目的就是发现和认识事物的规律及一般特征。迪尔凯姆认为："只有在社会类型既定的情况下，才能确定一种社会现象是否规则。因此，社会学的任务之一是确定社会类型，然后分析各种社会类型。"① 分类法正是确定社会现象的类型的一种基本方法，通过创立一种类别系列，我们便可将那些分散的、个别的现象联系起来，概括出它们的共同性及其他重要特征。

一、分类

分类是按一套规则或标准将资料归入适当类别单元之中，并赋予规则和类别单元一定的抽象逻辑术语及名称的方法。如对工会成员的分类，既可按性别分为"男性成员"和"女性成员"，也可按政治身份分为"党员成员"和"非党员成员"。第一种分类的规则或标准是性别特征，分类名称是男性和女性；第二种分类的规则或标准是身份特征，分类名称是党员和非党员。

通过分类，我们可以对经验材料加以重新组合，使其具有某种顺序性和一贯

---

① 迪尔凯姆．社会学方法的规则．北京：华夏出版社，1999：61.

性。因为在类别中，我们可以看到庞杂现象的简化特征及规律。

分类方法不仅在定性分析中常用，在一些探索性研究中也有着重要效用。正如迪尔凯姆所说："所谓分类是在开始研究时，用科学的方法从众多的不确定的个体中抽出一部分确定的个体，作为类型的标准，然后对这些确定的标准进行观察，而不必对各个个体进行全部考察。"①

分类不仅是一种资料分析方法，也是人们进行思考的基本步骤和方法之一。人们在分类的过程中，可以思考事物或现象之间的逻辑关系，并在此基础上进行更多的推理和分析。分类的标准及名称本身就是一种抽象的范畴和概念，因此，进行分类就包含对事物或现象的特征和规律的概括和总结。

在定性研究中，运用分类法的目的主要包括：

第一，确定研究对象的范围。任何一项研究都不可能对研究对象总体中的每一个个体全都加以考察和研究，而只能从中选择重点的、典型的个体来加以仔细考察和研究。选择个体并非随意为之，必须依据一定的规则，这样才能更好地满足考察和研究的要求。在通常情况下，一些探索性研究可以在对研究对象的分类中逐步缩小选择范围，并在此基础上确定考察和研究的重点个体。譬如，在人类学研究中，初步的分类分析将有助于我们选择田野考察的对象。我们可以根据本文化与异文化的分类确定研究对象是在本土还是在国外。此外，我们还可根据母权制社会与父权制社会、宗教信仰类型等分类，进一步缩小选择的范围。

第二，确立分析的切入点或侧重点。对研究对象进行分类，首先必须确立分类规则或标准，这实际上也是在确立分析和立论的基础。分类的标准通常既能代表事物的一种属性或特征，也能在一定程度上概括事物的某种规律。例如，迪尔凯姆把自杀现象分为利己主义、利他主义、宿命论和失范型自杀四种类型。这一分类的规则或标准实际上是自杀动因中的社会团结程度，其确立明确了分析基础，即从社会团结的理论视角来分析和解释自杀现象，把自杀现象与个人的社会关系或社会团结程度关联起来。②

第三，奠定比较分析的基础。分类实质上是根据事物在某种属性上的差别将事物区分为不同类型的方法，类型的划分为比较不同类型事物或现象的性质、特征及规律创造了条件。差异性比较既是一种分析手段，也是一种认识方式。通过比较不同类型事物或现象的异同，可以从中发现事物或现象的某些规律性特征。例如，费孝通在分析江村的土地问题时，把土地权分为"田面权"与"田底权"。从这一分类分析中，我们便可更加清晰地看到 20 世纪 30 年代中国乡村社会农民与地主、农民与土地的关系，以及农村土地问题的本质。

分类的核心问题不外乎两个：一是支配分类系统的逻辑规则，即分类标准问题；二是标明分类系统的逻辑术语，即分类名称问题。分类标准不仅是确保分类一

① 迪尔凯姆．社会学方法的规则．北京：华夏出版社，1999：64.

② 迪尔凯姆．自杀论：社会学研究．北京：商务印书馆，1996：6-12.

致性和连贯性的基础，也是事物或现象某一重要特征和规律的反映。分类名称则是对事物特征的总结和概括，对不同类别的命名，本身就是对复杂现象加以简化的方式。

在分类标准的确立问题上，需要遵循两条原则：一是针对性原则，即分类标准的确立能有效揭示和有助于分析事物或研究对象的重要特征；二是合理性原则，即按照标准进行的分类较为符合事物或研究对象的特征和规律。

在确定分类名称时，关键在于要使类别术语具有高度的概括性。一个分类名称既要能包括该类别所指的全部事物，同时也要能反映出该类别事物的某种重要特征。譬如，将社会组织分为"正式组织"与"非正式组织"，其中分类名称中的"正式"和"非正式"实际上就概括了该类别的一些基本特征。

二、集合论与分类分析

分类分析的逻辑原理与集合论有较为密切的关系，运用一些与集合相关的逻辑原理，可以看出分类系统的逻辑关系，了解分类是否具有一致性和连贯性。在分类中合理运用集合论的一些原理，需要重点把握集合概念、集合描述方法、集合关系及集合的基本运算方法这几个方面。

集合是指具有某种共同属性的个体或元素组合在一起构成的总体。在数理逻辑中，表达集合的方式主要有：如果元素 a、b、c、d 等都是 A 集合的成员，那么 $a \in A$，$b \in A$，$c \in A$，$d \in A$；如果元素 a 不是 A 集合的成员，即不具有 A 集合的共同属性，那么 $a \notin A$。此外，一个元素也可能属于不同的集合。譬如，一个男子既可以是男性集合的成员，也可以是男性职工集合的成员，还可以是丈夫集合的成员。所以，一个元素 a，可以属于 A、B、C 等不同集合，这样则表示为 $a \in A$，$a \in B$，$a \in C$。

描述集合的方法主要有两种：一是罗列法，二是界定法。用罗列法描述一个集合，就是罗列出该集合的全部成员或元素。例如，我们可以罗列出大学中"学位"集合中的元素，包括学士学位、硕士学位和博士学位。如果用数理方式表示，那么可记为 $\{p, s, h\}$，表示该集合由 p、s、h 三个元素构成。通过罗列，我们可以从现实经验中归纳和概括出一种分类系统的内在属性和共同特征。如进入"学位"分类系统之中的，都有具备独立的高等教育阶段和学术水平这些共同的特征。界定法是指通过给一个集合下定义的方法来明确界定集合的性质和属性，然后根据所界定的集合属性来考察集合的构成或元素。例如，我们可以将居住、生活在农村地区且仍从事农业生产的人界定为"在地农民"集合，这样，具有这一属性的元素都可成为该集合的成员。

对集合关系的准确把握，将有助于我们更好地进行分类。不同的集合之间会存在不同的关系，这些关系也可用集合的形式表示，如一个集合的成员也是另一个集合的成员，则可用子集表示，即 $A \subseteq B$。但是任何集合都是其自身的子集，所以为了避免集合的重复，通常运用排除集合自身的子集即真子集，表示为 A⊂B。例如，A 是 65 岁以上老人的集合，B 是 60 岁以上老人的集合，A 与 B 两个集合的关系是 B 包含 A。

如果一个集合与另一个集合具有交叉重合部分，那么可用交集表示，即 A∩B。两集合交叉形成的新集合，其中的元素既有 A 集合的属性，又有 B 集合的属性，或者说既是 A 集合的成员也是 B 集合的成员。例如，“30 岁以下的女职员”集合就属于“30 岁以下的职员”集合与“女职员”集合的交集。在这一集合中，成员必须同时满足两个集合的条件，所以她们同时属于两个集合的成员。

如果一个集合与另一个集合处于并列地位，那么用并集表示，即 A∪B。并集代表的是合并关系，即集合范围的扩大。并集中的成员既可能是 A 集合的成员，也可能是 B 集合的成员。例如，党员和团员的并集就是由党员或团员构成的集合，即党团员集合。

如果一个集合包含 A 集合外的所有元素，那么可用余集表示，即 A′。余集的逻辑原理在分类中意义很大。余集与泛集（universal set）相关联。泛集通常泛指某种事物或现象的总体，如职业群体、产业、区域等；余集则是指泛集中除了某一集合之外的所有元素。例如，“非农业”“非转基因”“非本地”等，这些集合中的成员都是相对于“农业”“转基因”“本地”集合而言的，所有不具有这些集合属性的元素，都是这些集合余集的构成部分。在通常情况下，我们可以根据某种属性来界定一种泛集，如所有的信仰行为、所有学生等，然后逐步划分泛集（U）中的元素。如果用泛集的运算原理来表示，也就是：A∪B∪C∪D∪...＝U。

如果某种集合没有元素构成，那么该集合便是空集，表示为 φ。在通常情况下，如果集合 A 和集合 B 的元素是相互排斥的，没有相交重合的地方，那么两个集合的交集就是空集，记为：A∩B＝φ。例如，男性成员与女性成员两个集合的交集就是空集。

集合论的原理及其运用，可以帮助我们更好地认识和分析分类系统中的关系及分类系统的演变规律。描述集合和运算集合的过程，可以帮助我们确立和检验分类系统的一致性。

三、分类的类型

在分类分析中，逻辑核心是“类型”（typology）的划分，因为类型的形成，不仅包含了对现象特征的归纳，而且代表了对现象关系的认识。为从庞大、复杂的现象中抽象出简化的类型，一方面需要敏锐地抓住现象的重要特征，另一方面需要进行理论演绎。

分类的类型通常有两大类：一是事物固有的类型，即在事物或现象的构成中，自然具有的类型性特征。譬如，自然及社会世界中的“生-熟”“前-后”“上-下”等，这些相对应的范畴既是事物的固有结构特征，又是对事物的分类方式。由此可见，在分类中我们只要能抓住事物的重要特征，自然也就可以按照其固有结构来划分类型。

二元的、相对的分类，普遍地存在于人类认识之中。在结构主义人类学家列维-斯特劳斯看来，二元结构是人类思维的元结构，这种二元结构的认知方式在人类的语言及文化中普遍有所表现①。如“远-近”“亲-疏”“可食-不可食”“可为-不可为”等认识方式，以及人类社会中的仪式及禁忌文化，与二元的认识论结构都有一定的联系。譬如，禁忌通常是人们将有些事物纳入“不可食”“不可为”的类别之中。

在人类学的研究中，运用固有的分类法实际上是采取主位取向的策略，即当地人本位的观念。例如，在时间分类上，当地人会有自己的分类，他们对什么是“平常的日子”，什么是“重要的日子”会有一种固定的分类。同样，在空间及社会分类上，他们也会有自己固有的关于“远-近”的分类。所以，在分析中运用那些固有的类型，更能把握所研究现象的重要特质。

在固有类型的分类中，通常主要根据事物或现象在相似性、同源性和共变性三个方面的特征来分类。相似性是指事物或现象具有某种相似的特性，如人与人之间有物与物的往来，根据人际互动中互换物这一特性，我们可以将这一现象看作“社会交换”行为，并进而根据经验中的交换特征，对社会交换加以分类。同源性主要指事物或现象有共同的起源或起因，比如社会生活中的习俗，不同的习俗均源自人类的日常生活。共变性是指事物或现象之间具有类似的变动过程，即当一种现象发生某种变化时，其他现象也会发生相似的变化。

二是建构性类型（constructed typology）。所谓建构性类型，是指人们根据理论建构或理论解释需要而对社会事物或现象进行的类型划分。在建构性类型中，既包含研究者的理论假设，也包含研究者对研究对象特征的抽象和概括。建构性类型并不等同于主观随意划分，而是需要按照一定理论演绎逻辑来确立划分规则，同时建构的类型又能与客观事物的特征相吻合。就像费孝通将土地权分为“田面权”和“田底权”那样，既提供了权利结构分析的理论视角，同时又简洁地概括出了现实的基本特征。

在定性研究的分析中，建构性分类不仅要在理论分析上有较高的效度，而且所建构的分类最好与研究对象高度吻合，或得到当地人的高度认同。正如洛夫兰（J. Lofland）等人所说，观察者建构的分析好不好、是否令人信服，主要看其分析是否得到当事人的认可。如果当事人说“对，就是这样，只是我以前没有注意到这些”②，就可以认为研究者的分析与现实保持一致了。

建构性分类的关键在于要有理论依据，即事先需要预设某种理论解释。由此看来，建构的类型也可能有先入为主之风险。要避免这种风险，建构性分类在设定理

① 列维-斯特劳斯．结构人类学．上海：上海译文出版社，1995：1-30.

② LOFLAND J，et al. Analyzing social settings. CA：Wadsworth，1971：34.

论预设时，必须准确地把握现象的特性，使建构的分类系统与经验现实较为相符。

第二节 分类的步骤

分类在科学研究中有着重要作用。分类不仅是定性研究的重要分析方法，在定量研究中也被广泛运用。在一些探索性研究以及定量测量中，也会涉及对所要考察和测量的现象的分类问题，如在社会调查研究中，问卷及题目的设计，通常会涉及分类方法。科学、合理地运用分类法，需要严格遵循分类的逻辑方法和步骤，使分类构成完整的逻辑系统。就分类步骤而言，一般有两种分类方式：一是自上而下的分类，二是自下而上的分类。

一、自上而下的分类

所谓自上而下的分类，是指从所要加以分类的事物或现象的总体开始，然后按照不同的分类标准对其所包含的元素逐层、逐级地进行分类。

从集合论来看，自上而下的分类就是在一个泛集里逐步按照一种单质属性进行再分类的方法。在自上而下的分类过程中，每一次的再分类都要确定一个单质属性作为分类规则，因此，这种分类也被称为单质分类。例如，我们在对“大学”进行分类时，第一步可以按照大学的财政来源构成这一单质属性，将其分为“公立大学”与“私立大学”；第二步可以按照大学的构成这一单质属性，将它们分别再分为“综合性大学”与“非综合性大学”（见图6-1）。

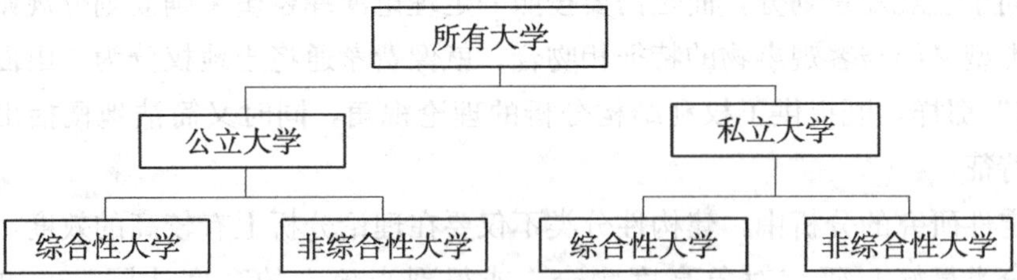

图6-1 自上而下的分类步骤示意图

自上而下的分类的步骤主要包括：第一，明确具有共同属性的对象总体；第二，从对象所具有的特征中选择一种单质属性作为分类标准；第三，依据所选择的分类标准划分出单质组群；第四，对单质组群根据需要选择单质属性进行再分类。

从分类过程来看，自上而下的分类由于始终以一种单质属性为标准来进行分类，因此较为简单、容易。但是，单质分类有产生分类偏差的风险。也就是说，我们依据所选择的单质标准进行的类别划分，可能与对象的自然属性或固有特征有较大程度的背离。譬如，在现实中，当我们把一些大学纳入综合性大学的类别，而将其他一些大学划入非综合性大学的类别时，实际情况可能并非与此相符。这样，分类分析的有效性及合理性就存在较大问题。

所以，在自上而下的分类中，准确地把握对象的重要属性并从中选择好单质标准尤为重要。在单质标准的选择中，首先需要做到对对象有较为全面而深刻的了解和认识，特别是对某些具体特征的了解和认识；其次，所选择的单质标准是划分对象的充分必要条件；最后，按单质标准所进行的组群划分必须有充分的理论依据。例如，如果我们将大学按财政来源构成属性分为公立大学和私立大学两个类别，那么，其中的类别划分应该有充分的理论依据，以澄清为什么可以将某些大学划入公立大学类别，而将另一些大学划入私立大学类别。

自上而下的分类在一些探索性研究中能发挥其积极作用，研究者可以通过这一方法对某种研究对象加以初步分析，确立研究的重点考察方向。

二、自下而上的分类

所谓自下而上的分类，是指从具有相同属性或特征的个体开始，将它们归纳成不同类别，然后再逐步概括类别间的共性并形成另一种分类系统。例如，当我们面对许许多多不一样的村落时，可以先根据它们所具有的不同特征进行分组，然后将不同组群组合起来形成一个类别，接着继续探寻不同组别的共同特征，再进行综合归类（见图 6-2）。

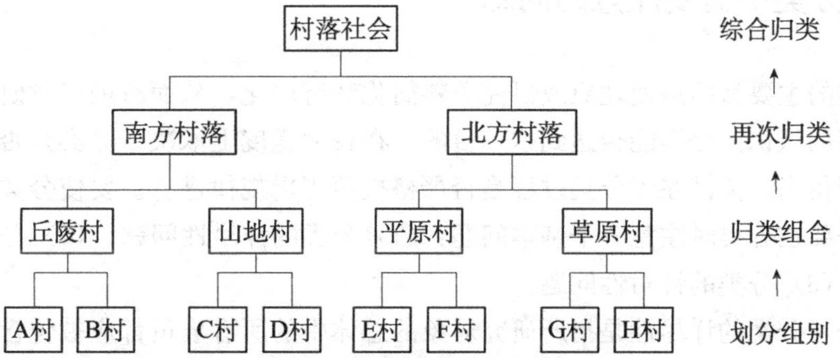

图 6-2　自下而上的分类步骤示意图

从图 6-2 可见，自下而上的分类的步骤主要包括：第一，从个体或元素中找出共同属性或相似特征；第二，根据共同属性或相似特征将不同个体归入不同的初步组群；第三，对组群特征进行再归纳，总结出新的分类系统并进行再组合分类；第四，综合概括出分类系统规则。

与自上而下的分类步骤不同，在自下而上的分类过程中，运用的逻辑方法主要是归纳法，即从分散的个体中归纳总结出共同特征，然后再进行逐步归类组合，而自上而下的分类主要采用逻辑划分方法。从集合论角度看，自下而上的分类形成类别集合的方法是罗列法，而自上而下的分类形成集合的方法是界定法。

在自下而上的分类中，最为重要的是从个体现象中归纳出共同特征，并赋予共同特征一定的抽象和概括。由于归纳和概括的水平基本上可以代表分类分析的有效性程度，因此，做好这两项工作并非易事。它既需要研究者对个体现象有较深的了解，也需要研究者具有较高的先验理论素养，即较高的理论抽象能力。譬如，费孝通在江村研究中，根据调查所了解的关于地主的情况，将地主分类为“在村地主”和“不在村地主”，这一分类既能很好地揭示经验事实，又能为分析地主与村庄的关系提供有用范畴。

自下而上的分类是一种非常有用的定性资料分析方法。当我们从田野工作中或从档案馆获得大量定性资料时，会面临如何运用这些资料为理论研究服务的问题。在通常情况下，要从复杂的资料中提取有价值的理论信息，较为简便的方法是对资料或所要研究的现象进行分类。那么，如何对复杂的资料进行分类呢？较为有效的方法就是对分散、庞杂的资料加以归纳，概括出其中的共同属性或相似性内容，然后再对具有共同特征的现象或内容加以抽象，形成分类系统。

归纳式分类不仅是有用的资料分析方法，也是重要的理论构建途径。当我们从复杂的经验材料中概括出一些重要的属性，并依据共同属性形成具体的分类系统时，如果分类系统中的概念能有效地概括事物或现象的特征与规律，这种分类实际上也就成了解释现象的重要理论构成，因为任何理论其实都是由概念有机组合而成的。

三、在分类中需要注意的问题

分类的主要目的是使现象或研究资料简化和有序化，从而有助于对研究对象形成更清晰的认识。分类能否达到这一目的，在较大程度上取决于分类是否得当。而分类是否得当，关键在于分类过程是否严格按照逻辑规律进行。要使分类合乎逻辑规律，需要在分类时注意三个基本问题：(1) 分类的详尽性问题；(2) 分类的互斥性问题；(3) 分类的针对性问题。

首先，分类的详尽性是指所研究对象的总体中的所有成员都应被包含在所确立的分类系统之中；从集合的角度讲，是指分类所确定的泛集已毫无遗漏地包含研究对象的所有成员。要避免分类的详尽性问题，一要使分类规则具有统括性，即能够把所有研究对象都涵盖进去；二要在确立分类系统之后进行广泛讨论和检查，因为经过多人复查，往往能查出遗漏；三要在一些复杂分类系统中增加“其他”类别，尽量避免分类的不穷尽。

其次，分类的互斥性是有效分析研究对象的逻辑基础。所谓分类的互斥性，是指研究对象的所有成员被分在两个或两个以上的类别单元之中。分类如果存在互斥性问题，那么很显然，既没能清晰地理清研究对象之间的关系，也没能清晰地划分研究对象。确保分类的互斥性，关键在于：一要在确立分类规则时抓住研究对象差异明显的属性，或运用容易看清和把握的属性作为分类标准；二要建立能够明确区分研究对象的分类名称，分类名称如果不准确，含糊其词，那么也会导致分类达不到互斥；三要尽可能运用余集来分类，可以使用“非此即彼”的二分法，这样有助于避免分类中的交叉重叠问题。

最后，分类的针对性主要指分类规则或标准的确立应该针对所要研究的对象在某个方面的属性或特征。对于任何事物或现象都可以从不同角度来确定不同的分类规则，并形成多种分类系统。作为一种分析方法的分类，必须为建构理论或增进对某方面属性的认识服务。譬如，人可以分为“男人-女人”“本国人-外国人”“白种人- 非白种人”等，那么我们究竟选择什么样的分类规则呢？选择的关键在于要针对我们所要探讨的问题。如果我们研究的是社会性别问题，那么根据性别来分类是有效的；如果我们探讨的是种族关系，那么应该依据种族标准来进行分类。

第三节　详析模式

详析模式（elaboration model）在社会科学研究中有着非常重要的分析功能。尤其在实证主义定量研究中，它通过列联表的运用，可以对现象之间的因果关系加以详细分析和详尽解释。在定性研究中，研究者可效仿定量研究中详析模式的逻辑过程，结合交互分类分析，对定性资料加以详细分析。

一、什么是详析模式

详析模式是在观察两个变量或两种现象之间的关系并获得经验认识之后，进一步引入其他变量，或考察其他因素的影响，以便获得更加详细的认识。在第二次世界大战期间，斯托弗（S. Stouffer）在研究影响军队士气的因素时，结合列联表的使用开始采用这一分析方法。后来哥伦比亚学派的拉扎斯菲尔德（F. Lazarsfeld）和肯德尔（P. Kendall）通过引入控制变量并使用净相关或偏相关（partial relationship）统计分析方法，使详析模式得以进一步发展。①

资料库 6-1

为什么使用详析法

肯德尔

一个真正的控制实验必须具备几个条件。其中最重要的有：(1) 组建在一定条件下具有相同特征的实验组和对照组；(2) 必须确保刺激由实验者引入而非由外在事件引起；(3) 必须等待，以考察刺激是否产生了预期的效果。

① 巴比．社会研究方法：第8版（下）．北京：华夏出版社，2000：48-52.

…………

真正的实验法的一些必要条件在社会学研究中如此不切实际，以至于在几乎所有的情况下我们都不得不采用其他不太理想的方法，只有在极少数情况下例外。例如，我们可以通过实验研究一种讲课方式是否比另一种使学生受益更大，或是研究一部电影是否会影响观众的态度。但是这些通常都不是我们真正感兴趣的问题。

因此，我们得依靠近似的方法（通常是调查法），而这些方法是有缺陷的。不过，详析模式使我们能对调查资料进行检验，注意其可能存在的缺陷，从而使我们能就重要的问题得出相当精确的结论。

资料来源：巴比．社会研究方法：第8版（下）．北京：华夏出版社，2000：47-48.

虽然详析模式主要与统计分析法相结合，在定量研究中应用较多，但是作为一种科学分析的逻辑模式，其同样可以在定性研究中加以运用，而且这一分析逻辑对我们认识某些现象之间关系的实质是非常有用的。

在定性社会调查中，我们通常会获得关于两种现象或两个事件之间的关系的经验材料。那么，这些现象或事件之间的关系是否与其所呈现的表象相一致呢？为深刻认识和理解它们之间关系的性质和特征，同样需要详细分析它们之间的关系与其他社会因素之间的关联（见图6-3）。

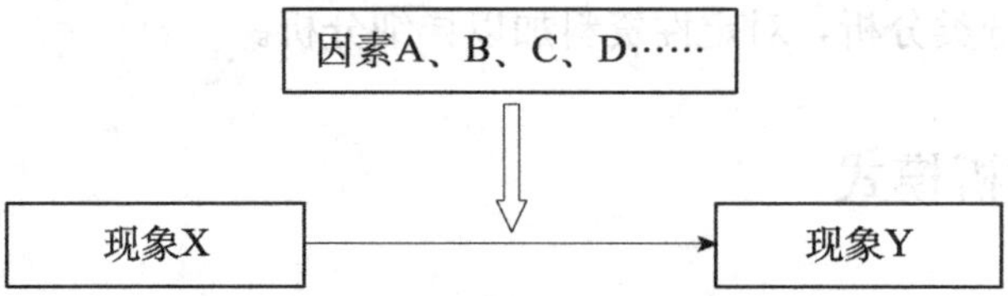

图6-3 详析模式示意图

在定性研究中运用详析模式，主要是按照详析法的逻辑来进行定性分析。虽然定性资料不能提供列联表中的精确数据，但定性的详析模式可以效仿列联表分析，采用包含属性判断的交互分类表分析方式（见表6-1）。

表6-1 定性交互分类表分析

经济发展水平	居民遵守法律的情况	
	守法行为	违法行为
发达地区	多	少
欠发达地区	少	多

由表6-1可见，定性交互分类表分析虽没有提供具体数据，但仍可从经验材料中判断其“多/少”“有/无”“好/差”等属性。这些属性判断信息对我们分析两种现象之间的关系来说，具有一定的效用。譬如，我们从经验材料中能判断经济发达地区的居民遵守法律的情况明显好于经济欠发达地区，而经济欠发达地区居民的

违法行为明显多于经济发达地区，由此我们便可分析得出地区经济发展水平与居民守法情况有一定关系。在这里，既没有数字，也没有百分比，根据经验材料做出的定性判断可用于详细分析。

如果要对地区经济发展水平与居民守法情况之间的关系做进一步详细分析，那么我们还可考察其他因素对这一关系影响的特性。如引入“法制宣传”因素，即考察有无法制宣传对居民守法情况的影响（见表 6-2）。

表 6-2　定性的详析模式

经济发展水平	法制宣传情况			
	有法制宣传		无法制宣传	
	守法行为	违法行为	守法行为	违法行为
发达地区	多	少	少	多
欠发达地区	多	少	少	多

在表 6-2 中，已经引入了对不同地区法制宣传情况的考察，以便详细分析地区经济发展水平与居民守法情况之间关系的性质和特征。通过表 6-2 中的分类比较，可以看到有无法制宣传对原有的地区经济发展水平与居民守法情况之间的关系产生了明显影响。有法制宣传的地区，不论经济发展水平如何，守法行为都偏多而违法行为都偏少；在无法制宣传的情况下，结果则正好相反。因此，通过这一详细分析，人们对原先所看到的两种现象之间的关系有了更多、更深入的认识和理解。

虽然定性的详析模式可能并不如在定量研究中那样实用，但作为一种科学分析的逻辑过程，详析模式对于指导定性研究者从庞杂的定性材料中发现并验证理论命题有着重要意义。定性材料所呈现的常常是较为模糊的、复杂的关系，要理清这些复杂的关系，首先必须确立一个较为简化的逻辑，详析模式便提供了分析多种因素的影响作用的简化模式。

二、复证与辨明分析

复证（replication）是指在引入控制变量后，看原有关系是否保持不变。如果在检验中，净相关关系与原有关系基本相同，那就相当于复制了原有关系。肯德尔曾运用一个例子说明复证关系。有一些研究提出，学生日后事业是否成功，在很大程度上取决于是否就读于名校，也就是说就读于名校的学生比就读于非名校的学生日后有更大的成就。为了辨明就读于名校与个人事业成功之间的因果关系是否成立，肯德尔引入了检验变量“家庭社会经济地位”，即认为家庭社会经济地位可能既影响个人事业是否成功，又影响是否就读于名校。后来检验结果（见表 6-3）显示，即使控制“家庭社会经济地位”这一变量，就读于名校与个人事业成功之间仍有显著关系，即净相关与原有关系基本一致，因此，复证了原有关系。

表 6-3 控制 T 后，X 与 Y 之间的净关系

日后个人事业是否成功（Y）	家庭社会经济地位高（T）		家庭社会经济地位低（T）	
	就读于名校（X）	就读于非名校（X）	就读于名校（X）	就读于非名校（X）
成功	1 000（67%）	1 000（33%）	300（60%）	1 000（20%）
不成功	500（33%）	2 000（67%）	200（40%）	4 000（80%）
总数	1 500（100%）	3 000（100%）	500（100%）	5 000（100%）

资料来源：巴比．社会研究方法：第 8 版（下）．北京：华夏出版社，2000：56.

辨明分析（explanation）是指通过引入控制变量或检验变量，看两个变量之间的因果关系是否真的存在，亦即辨明两变量的因果关系是虚假的还是真实的。

在辨明分析中，如果控制（所谓控制，是指维持引入变量不变，然后看原有的 X 与 Y 两个变量之间的关系有什么变化）引入的变量 T，那么从逻辑上看，检验结果可能有三种情况：（1）X 与 Y 两变量之间的原有关系消失；（2）X 与 Y 两变量之间的原有关系保持不变；（3）控制变量与 X 和 Y 两变量都有关系，但 X 与 Y 之间的关系依然存在，只是关系强度有所变化（见图 6-4）。

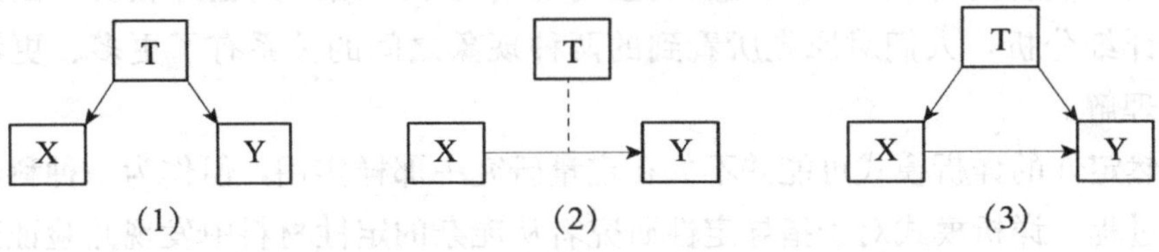

图 6-4 辨明分析的三种可能结果

在图 6-4 中，如果引入控制变量，那么在第 1 种结果中原有关系的消失表明 X 与 Y 的因果关系是虚假关系，原有关系由控制变量对 X 与 Y 产生影响所致。在第 2 种结果中，控制变量对 X 与 Y 之间的关系没有影响，则说明原有的因果关系可能是真实的，不是由控制变量的影响造成的。在第 3 种结果中，不仅控制变量影响原有关系，而且原有关系依然存在，这表明原有的因果关系可能是真实的，但其中有控制变量影响的作用。

虽然辨明分析主要是统计分析的方法原理，但其逻辑原理在定性研究中也可加以运用。虽然在没有具体数字的情况下，定性的辨明分析可能不如定量分析那样精细和确定，但通过对现象属性的判断，也能分析和把握现象或变量之间的关系及其变化情况。

在定性研究中运用辨明分析模式，实际上相当于从多角度来考察那些关于两种现象或事物之间关系的理论命题。例如，对于年龄、性别、职业对个人宗教信仰的影响，定性的辨明分析可以引入诸如家庭及社会环境、个人经历等因素来加以考察，以便了解宗教信仰与年龄等因素的关系是否真的存在。

三、阐明分析

阐明分析（interpretation）是指通过引入第三类变量或介入变量（intervening variables），以检验两个变量之间的原有关系是如何产生的，分析变量 X 为什么会影响变量 Y。阐明分析实际上是要进一步分析两种现象之间的关系是否有其他因素的介入，或一种现象是否通过某种中介变量而影响另一种现象。例如，我们发现在受教育水平低与犯罪率高之间有一定联系，那么为了详细分析教育因素对犯罪率的影响，就可以引入对其他中介变量的考察，如“稳定职业”“法律意识”等。因为受教育水平低可能使个人难以获得稳定职业，而无稳定职业导致游手好闲便容易使个人走向犯罪。此外，受教育水平低也可能意味着个人接受法律教育较少，因而法律意识较淡薄。法律意识淡薄使个人对自己行为的法律后果难以预料，因而容易导致犯罪。要分析这些因素是否有影响，就需要在分析中控制这些因素，然后看原有关系是否有变化。

阐明分析的结果有三种可能：（1）完全阐明；（2）不能阐明；（3）部分阐明（见表 6-4）[①]。第一种可能是指控制中介变量后，两个变量之间没有关系，阐明了两个变量的原有关系完全是受中介变量影响而产生的。第二种可能是指原有关系基本不变，表明变量 X 完全不通过中介变量影响变量 Y。第三种可能是指控制中介变量后，原有的相关关系依然存在，但相关程度有所减弱，由此表明变量 X 部分通过中介变量影响变量 Y。

表 6-4　阐明分析的可能结果

统计结果	研究结论
（1）$R_1=R_2=0$	完全阐明
（2）$R_1=R_2=R$	不能阐明
（3）$R_1\neq 0$，$R_2\neq 0$，但 $R_1<R$，$R_2<R$	部分阐明

阐明分析的基本步骤如下：

第一，分析变量 X 与变量 Y 之间的关系，即 X→Y。

第二，根据理论假设引入中介变量 C，分析变量 X 对变量 C 的影响，以及变量 C 对变量 Y 的影响，即 X→C，C→Y。

第三，看在变量 C 相同的情况下，变量 X 与变量 Y 的原有关系的变化情况。

在定性研究的阐明分析中，我们在没有统计结果的情况下，需要从经验事实中分析和判断两个因素或变量变动的大体趋势或性质，然后根据定性判断来分析各种关系及其差异。

定性研究中的阐明分析主要是一种逻辑模式，也就是说，按照这一统计分析方

① 李沛良．社会研究的统计应用．北京：社会科学文献出版社，2001：223.

法的逻辑，可以为分析不同社会现象之间的关系提供一种思路和策略。运用这一逻辑策略，可以使研究过程条理化和具有针对性。一方面，根据阐明分析的要求可以确立定性资料收集的方向；另一方面，按照阐明分析的逻辑可以形成理论建构的方向。例如，在阐明分析中，每次引入的中介变量和因素，都能够形成一种理论假设和解释。

四、标明分析

标明分析（specification）也可称为条件分析，其目的在于分析在不同条件下，两个变量之间的关系是否会不同。与阐明分析不同的是，在标明分析中，引入的第三类变量属于条件变量（conditional variables），代表条件（如地区条件、民族条件、环境条件等）的不同。

在标明分析中，通常采用分表法，即根据条件变量的不同值来分不同组，然后再在不同的组中分析变量 X 与变量 Y 的关系，由此便可看出在条件变量 C 不同的情况下，变量 X 与变量 Y 之间的关系如何变化。如果在不同的组别中，两个变量之间的关系基本相同，那么表明这一关系普遍存在，不受条件变量的影响。如果在不同的组别中，两个变量之间有不同的关系，那就表明两变量间的关系随条件不同而不同，或者说条件变量会影响两者的关系。

由上可见，标明分析的意义主要体现在两个方面：一是可以认识和了解条件变量有什么样的影响，二是可以看到两个变量之间的关系会有什么样的不同。通过标明分析，可能会发现条件变量具有这样几种影响效应：（1）互动效应（interaction effect）；（2）抑制效应（suppression effect）；（3）曲解效应（distortion effect）。

互动效应是指原有关系随条件变量 C 的变化而变化，条件变量对原有关系具有互动性的影响。例如，假设妇女的学历与离婚率之间有正相关关系，即学历越高，离婚率越高。在按照条件变量“城市”和“农村”分别加以分析之后，出现的结果是：在城市地区妇女的学历与离婚率的正相关关系较强，在农村地区妇女的学历与离婚率的正相关关系则较弱。由此说明，妇女的学历因素在不同条件下对离婚率的影响是不同的，在城市的影响要高于在农村。这一分析结果反映出条件变量对 X 与 Y 之间的关系有互动性影响。

如果两个变量 X 与 Y 之间原本没有什么关系，或相关程度较低，但是在标明条件变量 C 后，两个变量之间的关系出现了或两个变量的相关程度增强了，那么这样的分析结果所显示的正是条件变量对两个变量之间的关系有抑制效应。也就是说，条件变量压制或掩盖了 X 与 Y 之间的关系，只有标明条件变量才能清晰地看到两个变量之间的关系。李沛良提供了一个能说明抑制分析的例子。他在调查了 200 个社区后发现，社区的人口密度与精神病发病率之间的相关系数 $r=+0.06$。他在进一步思考后认为，人口压力是否产生影响可能取决于社区内的人际关系，而人际关系可以用文化异同这一变量来衡量。在将社区分为文化同质社区与文化异质社区作为条件进行分析之后，他发现在文化同质社区，人口压力与精神病发病率之间的相关系数 $r=-0.30$，而在文化异质社区，两者之间的相关系数 $r=+0.42$，由此说明，在标明条件变量后，两个变量之间的关系被突显了出来。[①]

曲解效应是指原本两个变量之间的关系在分组分析或标明条件变量之后，出现了反方向的变化，这一现象可以被理解为条件变量 C 对变量 X 与 Y 之间的关系具有曲解性的影响。罗森堡（M. Rosenberg）提供了一个研究例子。一项调查反映出劳工阶级比中产阶级更加支持民权运动，在引入条件变量"种族"之后，调查者将研究对象分为黑人和白人两组，再观察阶级身份与民权运动支持度之间的关系，结果发现原来的关系发生了逆转，即中产阶级比劳工阶级对民权运动支持度高。这一分析结果表明了"种族"变量曲解了阶级身份与民权运动支持度之间的关系。[②]

标明分析模式对复杂现象关系的分析和解释尤为具体和明确。它通常需要借助列联表和偏相关分析等统计方法，才能更加精确地揭示在不同情况下各种事物或现象之间的关系。在定性研究中，要标明在不同社会条件下，不同社会行为或现象有何种关联，可能需要有非常严密、细致的经验调查和观察。只有在充分的定性材料基础上，才能实现良好的定性标明分析。

第四节　定性研究中的分类和详析

定性资料通常是记述式的、非结构的、庞杂的。研究者要从那些复杂的材料中发现意义、揭示规律以及建构理论，就需要借助一些分析手段和工具。虽然分类和详析方法在定量研究和分析中常用，但从某种意义上说，它们同样是进行定性分析的基础性方法。

一、分类与假设

在已有的定性资料基础上进行分类分析，一方面可以简化复杂的资料，另一方面也是获得有序认识的基本步骤。在分类过程中，我们实际上按照一定的规则将研究对象进行了有序化的划分和组合。通过划分和组合，我们可以在一定程度上了解和把握现象之间的基本关系，进而可以提出一些研究假设，并为理论建构奠定基础。

需要注意的一个问题是，一些研究者可能有进行事后假设的倾向：他们倾向于根据简单的经验所反映的现象之间的关系，做出简单的因果推理。这种推理方法实际上是不太合乎逻辑的。避免事后假设之类的错误，需要按照一定的系统逻辑从经

---

① 李沛良．社会研究的统计应用．北京：社会科学文献出版社，2001：226－227.

② ROSENBERG，M. The Logic of social survey. New York：Basic Books，1968：95.

验材料中提出一些更具概括性、更具解释力的理论假设，然后再用经验材料去检验那些解释。

分类虽是一种较为简便的逻辑方法，但对定性分析而言却是一个非常有用的工具。从对经验事实的分类中，研究者通常能获得理论假设和解释的源泉。因为一种有效分类常常包含对现象关系的概括以及对这种关系原因的初步认识。

在定性研究中借助分类方法来提出理论假设，关键在于以下几点：一是对所有经验材料和事实加以高度概括；二是从经验材料中概括和划分出较为复杂的分类系统及分类关系；三是用来陈述理论假设的分类名称要与经验现实有高度一致性。

二、详析与验证

由于通过详析模式可以对复杂现象关系的形成原因进行详细分析，因而它是提供假设验证的一种有效途径。从证伪主义的方法论来看，一个有效的理论假设，应该是可以被证伪的。在真正的科学研究中，其实并没有能够被完全证实的假设，而只存在部分被验证或证明的假设。也就是说，研究者验证了某个研究假设，只代表研究者接受了研究假设中的解释，而不代表其他假设或解释也得到了验证。譬如，通过对经验材料的检验，研究者发现阶级认同意识对参与集体行动有一定影响，但这既不能说明只有阶级认同意识一种因素会导致参与集体行动，也不能证实阶级认同意识只影响参与集体行动。

为了扩展和深化对现象关系及其成因的认识，科学研究需要不断地提出不同的假设，然后经过经验的考察和分析去加以验证，这样便可不断增进对客观世界的科学认识。详析模式正好提供了一种细化分析和不断验证的研究工具，尤其在对两个事物或现象之间关系的考察和研究方面，详析模式能够提供对事物或现象关系的更为详尽和精确的认识。

研究者控制一种检验性变量而对现象关系做详细分析，实际上相当于在验证一种理论假设或解释。因此，通过不断考察和发现新的控制变量，并引入这些控制变量进行详细分析，便能对不同假设加以验证，从而不断增进对事物或现象的属性、关系及规律的认识。

三、类比与结论

在一些定性研究中，人们通常也会运用类比法来理解和解释社会行动和现象。类比法实际上借鉴了分类的逻辑，来分析和揭示社会现象。在通常情况下，人们会将那些需要理解和解释的对象，根据对其部分属性的判断，归入自己所熟悉的某些现象之列，然后用所熟悉的事物的结构及规律去比照。譬如，社会进化论实际上就将社会系统类比为生物有机系统，因为生物有机系统有进化过程，所以可把社会变迁发展过程视为一种类似于生物进化的过程。

采用类比法来分析研究对象，可能有助于我们对研究对象基本属性的认识，并可提供一种参照。但是，通过类比所得出的结论，由于建立在判断研究对象与类比事物具有同类属性的前提基础之上，因此，如果这一前提存在问题，即它们之间的可比性或相近性并不强，所得出的结论就会有很大缺陷。即便所使用的类比事物与研究对象高度相似，以此所做的推论也还是带有主观性的结论。

所以，类比通常可作为进行初步定性分析的手段，用来帮助研究者理解研究对象，或作为解释的参照系，而不适宜作为科学推论的方法和过程。

本章要点

1. 分类是按一套规则或标准将资料归入适当类别单元之中，并赋予规则和类别单元一定的抽象逻辑术语及名称的方法。通过分类，我们可以对经验材料加以重新组合，使其具有某种顺序性和一贯性。因为在类别中，我们可以看到庞杂现象的简化特征及规律。

2. 分类的核心问题不外乎两个：一是支配分类系统的逻辑规则，即分类标准问题；二是标明分类系统的逻辑术语，即分类名称问题。分类分析的逻辑原理与集合论有较为密切的关系，运用一些与集合相关的逻辑原理，可以看出分类系统的逻辑关系，了解分类是否具有一致性和连贯性。

3. 分类的类型通常有两大类：一是事物固有的类型，即在事物或现象的构成中，自然具有的类型性特征。二是建构性类型，是指人们根据理论建构或理论解释需要而对社会事物或现象进行的类型划分。就分类步骤而言，一般有两种分类方式：一是自上而下的分类，二是自下而上的分类。

4. 详析模式是在观察两个变量或两种现象之间的关系并获得经验认识之后，进一步引入其他变量，或考察其他因素的影响，以便获得更加详细的认识。在定性研究中运用详析模式，主要是按照详析法的逻辑来进行定性分析。详析方法主要包括复证、辨明分析、阐明分析和标明分析。

5. 虽然分类和详析方法在定量研究和分析中常用，但从某种意义上说，它们同样是进行定性分析的基础性方法。

关键概念

分类、分类系统、集合、泛集、交集、并集、余集、空集、罗列法、界定法、固有类型、建构性类型、详析模式、复证、辨明、阐明、标明、验证、类比

思考问题

1. 分类有何意义？合理有效的分类关键在何处？

2. 自上而下的分类与自下而上的分类有何异同？它们各适宜于何种研究？

3. 如何理解定性研究中的详析模式？

4. 在定性分析中，分类和详析法有哪些重要功能？

推荐阅读书目

1. 迪尔凯姆．社会学方法的规则．北京：华夏出版社，1999.

2. 李沛良．社会研究的统计应用．北京：社会科学文献出版社，2001.

3. 巴比．社会研究方法：第 8 版（下）．北京：华夏出版社，2000.

4. LOFLAND J，et al. Analyzing social settings. CA：Wadsworth，1971.

5. STRAUSS A. Qualitative analysis for social scientists. Cambridge：Cambridge University Press，1987.

第七章

内容分析法

如果我们把在经验调查中看到的现象和所收集的材料视为一种表象，在表象里面包含着研究所要寻找和发现的东西，那么，内容分析就是研究过程的重要构成。不同的现象、不同的材料，常常以不同形式、不同结构呈现出来，因而，在对这些现象和材料进行定性分析时，需要有不同方式来分析和揭示其所包含的内容。内容分析有广义和狭义之分。广义的内容分析是指对定性资料的内容进行分析的过程；狭义的内容分析主要指分析定性资料核心内容的策略。本章主要从以往的一些定性研究中，总结和探讨一些进行内容分析的策略和方法。

第一节　内容分析

内容分析像其他定性分析方法一样，并非一种标准化的分析方法，而属于开放式的分析过程或方式。正如巴顿所说：“质的资料之分析是个创造性的历程，这个历程也需要知识的积累、分析的严谨和大量艰苦的工作。”[①] 在这里，我们将主要从策略意义上来探讨定性研究中的内容分析。

一、什么是内容分析

作为一种分析策略，内容分析是指对特定的即与研究对象密切相关的定性资料所包含的意义、主体意识与观念以及社会与文化法则等进行系统分析的方法。如伯格认为：“内容分析是对资料的特定部分进行细致、具体和系统的考察和解释，以便确定其模式、主题、倾向和意义。”[②] 由此可见，作为一种分析策略的内容分析，

---

① 巴顿．质的评鉴与研究．台北：台湾桂冠图书股份有限公司，1999：314.

② BERG B. Qualitative research methods for the social sciences. New York：Pearson Education，2007：303.

主要具有这样几个特点：

（1）针对性。内容分析所针对的是定性资料的特定部分，需要从定性资料中选定某个部分，并剖析其中的内容及隐含意义。此外，内容分析通常还针对理论建构的要求来进行。内容分析之所以选定特定的资料，一方面可能是因为该部分资料对解释社会现象具有特殊的效果，另一方面可能是因为研究者出于理论分析之需要而进行选择，这些资料对验证和解释理论假设有特殊的意义。

（2）系统性。内容分析需要对选定的资料进行系统分析。系统分析不同于断章取义，它要求研究者用严谨、系统的方法对资料内容加以深入、全面的分析和诠释。首先，内容分析的系统性主要体现在通过有效的途径，重新组织和处理定性资料的内容，以达到揭示和呈现资料内容所暗指或隐含的深层意义及可以称得上是规则的东西的目的。其次，内容分析的系统性还体现在分析内容的系统性上，亦即在分析过程中，所揭示和呈现的意义和规则是相互关联、前后衔接的系统整体，而不是散乱的意义注解。

（3）解释性。内容分析的目的在于分析和解释定性资料中所包含和隐含的主题、规则、观念及意义。从这个意义上说，内容分析实质上是要透过现象看本质，即通过定性资料所呈现出的表象去把握关于研究对象的本质，形成对研究对象的系统解释。

作为一种定性资料分析方法，内容分析的对象既可以是定性访谈的记录材料，也可以是观察记录，还可以是通过田野工作获得的音像资料、文件材料和档案资料等。内容分析就是通过对这些记录资料的系统检查，揭示关于研究对象的系统认识。

目前，内容分析在诸多人文社会科学学科的定性研究中得以广泛应用。例如，心理学的个案研究通常运用内容分析来考察和分析个体的行动记录材料，如个人的日记、文章或与他人交流的记录。通过对这些资料内容的分析，可以了解研究对象的某些个性心理特征，以及这些特征形成的过程和影响因素。还有在民俗学中，较多的研究通过对有关民俗事象资料的内容分析，来向人们译解相关民俗的社会与文化意义。人类学的民族志研究，也常常运用内容分析来从民族志材料中获得理论解释的信息源。譬如，埃文思-普里查德（Evans-Prichard）在对非洲努尔人的研究中，就从对努尔人的食物和生活方式的内容分析中得出了关于“地域性裂变”的政治体制形成的社会基础（见图7－1）。

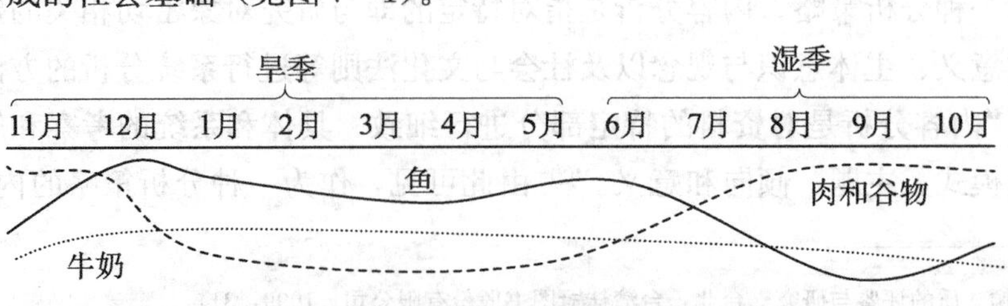

图7－1 努尔人食物消费量的季节变化

通过对这一资料所隐含内容的分析，埃文思-普里查德发现努尔人在正常情况下是缺乏食物的，因而他们必须为获得食物而迁移，由此他进一步得出这样的解释和结论："过去进行迁居的趋势、现在的季节性迁移以及想要通过袭击丁卡人来弥补牛群损失的愿望，强化了比村落更大的单位在政治上的重要性。因为，由于经济和军事上的原因，村落并不能很容易地维持一个自给自足的独立体的地位。这样一来，我们就可以把政治制度主要作为比村落社区更大的地域性裂变支之间的一组结构关系来加以讨论。"①

从上面的分析例子中可以看出，内容分析有三个关键步骤：第一，从田野经验材料中整理出有规律的内容，如分析季节性食物获得和食物消费量情况；第二，系统分析内容所包含的更深层意义，如分析食物不足及其社会学意义；第三，揭示和解释内容所隐含的规则和意义，如分析食物与迁移、迁移与政治制度之间的内在联系。

二、显性和潜性内容分析

在内容分析中，通常会涉及定性资料的显性内容与潜性内容的关系问题。关于这一问题，学术界有不同的看法。在一些学者看来，偏重于资料自身所呈现的内容而进行的分析，更加贴近资料所反映的事实及意义，而如果过于强调对资料潜在意义的联想和想象，就将使得内容分析失去客观性而变成研究者自由发挥的空间。但是，也有一些学者反对把内容分析当作对资料物质形式的一种解说，即反对只分析资料的显性内容。他们认为，这种分析过于简单而没有达到学术研究的真正目的，因为资料中的那些显性内容常常是显而易见的，几乎所有看过的人都能理解其中的内容。再者，显性内容通常反映的可能是一种表象甚至是假象，如果按照显性内容直接分析和解释，那么并不能认识现象的本质，甚至可能导致歪曲现象本质的后果。②

所谓显性内容，是指由资料的物质载体所直接显现出来的事实及意义。例如，在一段与受访者的谈话录音资料中，我们可能会直接听到受访者讲述有关自己行动及思想的讲话内容；或是在一段通过田野工作摄录下的当地某个仪式的录像中，我们可以直接看到仪式是怎样举行的。显性内容分析主要是再现或重新组织资料自身所呈现的内容。

所谓潜性内容，是相对显性内容而言的，指资料所隐含的潜在意义、规律和意识，也指显性内容的深层结构及意义。潜性内容不仅不被资料的载体形式直接显现

---

① 埃文思-普里查德．努尔人：对尼罗河畔一个人群的生活方式和政治制度的描述．北京：华夏出版社，2002：113.

② BERG B. Qualitative research methods for the social sciences. New York：Pearson Education，2007：308.

出来，而且不是仅凭常识或直觉经验就能发现和理解的内容，而是隐藏在现象背后的、更为本质性的、更深层次的结构和意义。譬如，当我们掌握一个地方性社会关于某种禁忌习俗的经验材料时，我们可以从资料中了解禁忌习俗的内容，以及人们赋予这种习俗的文化意义，这些都属于显性内容。而潜性内容则是这种禁忌习俗背后所隐含的更为宏大、更深层次的关于人或社会的基本认知结构，如列维-斯特劳斯就通过对诸多人类禁忌文化的潜性内容分析，解释了禁忌现象与人类认识的二元结构之间的内在联系。

在内容分析中，显性内容分析与潜性内容分析既有着方法和策略上的不同，也有着密切的关联。一项系统的分析，尤其是旨在建构理论解释的定性分析，一般会同时包括显性和潜性内容分析，两者是构成完整分析和解释的重要部分。首先，显性内容分析是分析的开始和必要构成，因为这一分析是提供基本事实和意义的途径和方法。我们对社会现象的认识和理解，离不开有关这些现象的基本事实和信息，显性内容分析则是再现和揭示这种事实的基本方式。其次，潜性内容分析是在显性内容分析基础上的一种理论升华。在把握和理解资料所呈现的基本内容及意义后，需要找到其与某种更宏大的意义之间的联系，需要解释这些意义为何产生，或揭示这些意义的更宏大或更深层的结构。最后，显性内容与潜性内容之间会有一种桥梁或结点，通过这种桥梁或结点的中介作用，内容分析会形成逻辑一致、意义连贯的认识和解释。

虽然我们并非在任何具体的定性研究实践中都会用到这两种分析策略，但是，尽可能将两者巧妙结合起来进行内容分析仍然是很有意义的。在有些情况下，受研究目的、研究对象、资料构成等因素影响，内容分析可能只需要分析基本的事实和意义，而难以从中分析潜性内容，或者对分析潜性内容的作用不大。这时可以不把显性与潜性内容分析强行结合起来，否则潜性内容分析难免显得牵强附会，或者使分析过于主观。不过，在那些基础性的学术研究中，合理运用内容分析法需要妥善地将显性与潜性内容分析结合起来。唯有这样，才可能从分析中构建起有效的理论。

把显性与潜性内容分析结合起来，关键在于三点：一是带着一些理论问题去进行资料分析，亦即在分析资料之前，必须明确资料分析究竟要回答哪些问题；二是准确地分析和把握资料的基本内容及意义结构，弄清所分析资料反映的问题；三是在问题与基本意义之间找到结点，即在显性与潜性内容中探索能够使两者关联起来的东西。

三、内容分析的单位及层次

在定性资料分析中运用内容分析策略，研究者还需要注意选择分析单位和层次。分析单位和层次的选择，实际上就是确定内容分析的范围、切入点、具体方式及策略。研究者在面对庞杂的定性资料时，需要考虑：究竟是从其中的语词开始分析，还是从段落开始分析；究竟是对资料中的事件加以重点分析，还是从人物分析着手；究竟是以分析客观事实为中心，还是以分析主观意识为重点。总之，内容分析不是一种简单的浏览过目的过程，而是有针对性的研究分析。为使内容分析切中要义，必须选择适当的分析切入点和分析方法。

在通常情况下，内容分析可以把资料中的七个要素作为考察和分析单位，它们分别是：(1) 语词或术语；(2) 主题；(3) 人物；(4) 段落；(5) 项目；(6) 概念；(7) 语义①。

语词是基本的内容分析单位，因为语词是意义表达的基本形式。选择语词作为分析单位，常常是把包含某种意思的语词挑选出来，然后检索这些语词在文件资料中出现的频率及相关情景。如我们通过检索资料中反映“斗争”意思的关键词或中心词，来分析阶级斗争意识在人们的社会生活中的建构过程。

主题通常是用来表达某种关系或反映某种性质特征的短语或语句，例如，“个人与法律系统的互动”“农民行动选择的市场化趋势”等。相对语词来说，主题的范围更广，因而可以从更广的范围来分析资料的内容。主题分析主要是检查所选主题在文件资料中出现的位置，分析主题的背景及构造。

社会现象总会与人有某种关系，因此，人物是研究和认识社会现象的不可忽视的视角。以人物为内容分析单位，就是通过对资料中关于重要人物的信息的分析，来解释社会事件或现象的意义及成因。人物分析首先考察和分析资料中所提及的主要人物和提及的次数，然后对资料提及次数较多的人物进行重点分析，通过对他们的背景、行动及作用的分析，来揭示社会事件或现象的内容及意义。

把段落作为内容分析的单位，可以对定性资料的内容加以简化和明确化。对由许多段落构成的复杂定性资料，有时候我们难以编码整理和分类。而如果按照段落来进行分析，就可以使资料的基本含义或大意得以明晰。

项目是指整个一种或一项资料，如契约文件、通信信件、文章著作等。在一个定性个案研究中，为了更多地了解研究对象的个性、思想、观念等信息，可能就需要选择项目作为内容分析单位。

虽然概念与语词有一定联系，但它比语词更具概括性。用作内容分析单位的概念，通常是根据分析选择的反映和概括某类事物的名词术语，如“法治意识”“守法行为”与“法律性”等，这些概念所代表的意义一般具有类型学上的关联。

语义分析是从语言学中延伸出的一种内容分析方式。语义分析主要通过对字词或句子的语义结构及逻辑的分析，以达到揭示人们的观念系统及其结构的目的。语义分析不同于语词分析的地方在于，语词分析主要关注某些语词在文件资料中出现的次数和位置，而语义分析更注重对语词表达意义的方式、结构和逻辑的剖析。

① BERG B. Qualitative research methods for the social sciences. Nwe York：Pearson Education，2007：312.

内容分析的层次一般分为三级：一是普通级（common classes），二是专业级（special classes），三是理论级（theoretical classes）①。

所谓普通级，指的是分析的内容属于普通大众在社会生活中用来区分和评价事物的类别和类型，亦即普通社会成员的认识和理解方式。因此，普通级的内容分析是非专业人士较为熟悉和容易理解的分析方式。

所谓专业级，主要指在内容分析中，所运用的类别和类型与特定职业或专业相关，意指那些专业人员用来分析和认识特定对象的方式、方法。例如，医生职业群体会运用特定的类别和类型来分析和认识医院、病人和疾病。

至于理论级，是指在对资料进行分析的基础上概括出的分析模式和关键联系。命名法是内容分析理论级的重要方式。命名法正是在对资料内容进行分析的基础上，重新确立和命名一些范畴术语，用这些范畴来概括事物之间的联系及意义。所以，理论级的关键在于能提供关于内容的意义及结构的理论概括。

在系统的内容分析中，三级分析层次之间不是相互割裂的，而是相互关联的。首先，普通级分析提供了对资料内容最基本的认识和理解，因而是基础和必要步骤；其次，专业级分析能提供某些特定的、专业的视角，对更好、更准确地把握意义系统及结构有重要帮助；最后，理论级分析是对资料内容的意义及结构的一种高度概括，是揭示事物本质的基本方式，也是分析的根本目的之所在。

四、范畴分析

范畴分析（domain analysis）是一种对民族志调查资料进行内容分析的综合性方法。范畴在这里是指一种文化系统的基本单位，类似于一种系统思想或观念。通过范畴分析，可以将研究逐步拓展到更广阔的术语和主题领域，由此达到对所研究的文化系统的整体性认识和理解。

作为分析的基本单位，范畴由三个部分构成：（1）一个概括性术语（a cover term）；（2）一种语义关系（a semantic relationship）；（3）几个内含术语（included terms）②。

概括性术语代表范畴的名称，通常是对一类现象或有关联的事物的概括。例如，“亲属”是对父母、子女、兄弟姐妹等人的概括；“土地”是对水田、旱地、林地、草场、滩涂等同类事物的概括。语义关系是指概括性术语与所涵盖的具体事物之间的关系类型及性质，即范畴与范畴所包含内容的逻辑关系，如“亲属”范畴与其所包含的“兄弟姐妹”等具体对象之间的逻辑关系。内含术语就是指范畴所包含的具体内容，如“亲属”范畴中的“父母”“子女”等，它们是范畴所包含的成分

① BERG B. Qualitative research methods for the social sciences. Nwe York：Pearson Education，2007：316.

② NEUMAN W L. Social research methods. Boston：Allyn and Bacon，1994：415.

和经验事实。

按照斯普拉德利（J. Spradley）的观点，文化是由各种各样的范畴构成的系统，因此，通过对一个个范畴的分析，也就能构成系统的认识和理解[①]。而一个完整的范畴通常是由上面提到的三个部分构成的（见表 7－1）。

表 7－1　范畴分析的结构

内含术语	语义关系	概括性术语
水田	是一种	土地
旱地	是一种	土地
林地	是一种	土地
草场	是一种	土地
滩涂	是一种	土地
……	……	……

范畴一般包括三种类型：(1) 民间范畴（folk domain）；(2) 混合范畴（mixed domain）；(3) 分析范畴（analytic domain）。

民间范畴主要包括当地人或文化持有者所用的名词、术语。例如，在一些农村地区，人们会把年轻人的婚礼与老年人的葬礼统称为“红白喜事”。“喜事”便是一种民间范畴。掌握和运用民间范畴，不仅可以了解当地人的意义表达方式，而且能从中理解其文化及行动逻辑。民间范畴需要从田野材料中去寻找和发现，当地人用来说明和解释某些现象或事件的俗语或俚语，通常可被用作民间范畴。

混合范畴是指研究者在民间范畴基础上加工而成的范畴，是人类学研究中的主位与客位分析的结合。在混合范畴中，研究者对当地人所用术语的意义加以提炼和概括，然后形成具有一定解释力的概念。例如，费孝通运用的“面子”这一范畴，可以说是对民间范畴的一种综合，以此来解释熟人社会中的人际关系的特点。

分析范畴是指研究者从社会与文化中导出的范畴，用来分析和解释不同范畴之间的联系，由此达到对文化意义的整体性认识。例如，马林诺夫斯基在对特罗布里恩群岛的民族志研究中，运用了一些像交换类型这样的源自社会学理论的分析范畴，其中用“纯粹仪式性物物交换”这一范畴来概括土著人“库拉”交换行为的特征，对于理解当地人的文化意义重大。

对民族志研究材料的范畴分析，一般有以下几个主要步骤：(1) 通览整个调查资料，并对重要术语做出标记；(2) 重新组织资料，对重要内容做注解；(3) 在注解基础上概括出新的概念或术语；(4) 将相似或有一定逻辑关系的概念或术语组成更广的范畴；(5) 把不同范畴联系起来，构成总结和概括性的主题。

---

① SPRADLEY J. The ethnographic interview. New York: Holt, Rinehart and Winston, 1979: 278－358.

第二节 叙述分析

叙述分析（narrative analysis）在社会科学特别是历史学、历史社会学的研究中，是一种重要的分析策略，甚至逐渐上升为一种重要的方法论。如一些学者认为，自 20 世纪 80 年代以来，历史学以及历史社会学的方法论发生着重大转变，学者们逐渐放弃那些宏大的和整体性的理论解释，而转向注重“时间性和叙述的分析”①。从方法论角度看，叙述及叙述分析代表了“叙述主义”的方法论，是作为结构主义和客观历史主义方法论的替代品而出现的②。叙述主义所倡导的是从第一人称的、个人的、口述的历史或经验中，去发现和认识历史或社会。所以，叙述分析试图从复杂的叙述材料中分析和解释社会现象的本质。

一、叙述分析及意义

叙述是个人讲述的经验、经历、事件、观念和态度。叙述存在于多种形式的材料之中，诸如故事、事件、传说、小说、口述历史、访谈录以及个人札记等，都可能包含丰富的叙述内容。叙述材料既可以是口头的，也可能是书面的。由此看来，叙述也是一种表达和呈现的方式。

但是，葛里芬（Griffin）赋予叙述不同的意义：“叙述是分析性的建构（或综合），它将过去和当代的很多行动和事件组合为一个前后连贯的有关系的整体。该整体由这些元素构建而成，同时也赋予其元素以意义，并对其做出说明。若非如此，那些行动和事件就会显得支离破碎，互无关联。”③ 从这一定义可以看出，叙述并非简单的经验陈述或事实的再现，叙述本身是一种社会建构过程。从个人的叙述中，我们能直接获得的信息就是叙述者讲述了什么，但是，我们不一定能理解和把握叙述及其内容的深层意义。如叙述者为何这样叙述？叙述者从叙述的经历中获得了何种意义？为了回答这类问题，我们需要进行叙述分析。

叙述分析是通过对叙述材料基本内容的分析，揭示叙述者是如何在所叙述的经历中建构意义的，以及这种个人的意义建构过程又是如何与社会世界联系起来的。所以，叙述分析虽然以分析内容为基础，但分析的重点并不在于重现叙述内容，而在于分析故事是怎样被讲述的，以及为什么会以这种方式被讲述。也就是说，揭示

① GOTHAM K，STAPLES W. Narrative analysis and the new historical sociology. The sociological quarterly，1996，37 (3).

② 卢晖临．迈向叙述的社会学．开放时代，2004 (1).

③ 同②.

意义结构才是叙述分析的真正目的。犹如蕾丝曼（C. Riessman）提出的，叙述分析实际上是看待叙述文本不同方式的连续统，而非一种标准方法①。

叙述分析的主要内容可概括为三个方面：（1）结构；（2）意义；（3）互动。结构分析是指分析叙述结构，叙述结构包含表面或曰微观结构和深层或曰宏观结构两种。表面结构即指叙述者是怎样讲述他们的故事的，这种结构代表叙述的语言学特征，如叙述语言的语义结构和语法结构特征。深层结构指的是叙述者为什么那样叙述，亦即叙述中的社会关系和结构。意义分析是叙述分析的核心，其由两个方面组成：一是分析叙述故事的意义，二是分析故事的意义。前者是了解故事或事件之于叙述者个人的意义，后者则是理解和揭示故事所包含的社会意义。互动分析类似于符号互动分析，即把叙述视为一种交流互动的过程。这一过程得以实现，归功于那些符号在其中所起的作用。因此，互动分析就是要揭示互动过程背后的符号及其意义。

如今，社会科学研究的材料已越来越多地以叙述形式呈现，访谈、观察、案例等材料，越来越多地用故事或事件叙述方式呈现经验。所以，社会科学研究者现在必须像弗兰佐斯（R. Franzosi）所说的那样，应该对叙述分析感兴趣。因为叙述分析有着多重意义：首先，叙述分析是把揭示个人叙述的语言学特征与社会学意义结合起来的有效途径；其次，叙述分析是寻找文本与背景、微观与宏观、特殊与普遍之间联系的重要方式。②

此外，叙述分析也是一种将定性分析的广度和深度很好地结合起来的有效策略。在面对丰富而复杂的定性资料时，如何兼顾尽可能多地把这些材料运用于研究之中和深挖这些资料的意义，常常是资料分析所面临的困境。运用叙述分析的策略可能对解决这一困境有较大帮助。我们在分析中，如果首先用扎根理论的编码方法对复杂的叙述文本资料进行编码，即可对大量的、复杂的资料加以简化。然后，在编码基础上进行叙述结构、意义和互动分析，便可以深化对叙述意义的理解和认识。

叙述分析的基本脉络有两条：一是故事（事件、经历），二是情节（见图 7-2）。

在故事分析中，主要抓住三个要素——人物、情景和关系，也就是要分析故事或事件中的人物有哪些，在什么样的情景中形成了哪些重要社会关系。

在情节分析中，主要关注两个要素：一是时间，二是互动。时间分析不仅要了解故事发生的时间，还要揭示故事的时间性和历史性，从时间维度去理解故事的意义。互动实际上包括故事中的人物互动和故事叙述者与听众的互动。互动是由人们相互作用的行动构成的，也是构成事件和社会的基本元素。由于人们总是要通过行动才能构建起社会，因而几乎所有意义也都是在互动中建构的。分析互动的目的在

---

① RIESSMAN C. Narrative analysis. CA：Sage Publications，1993：6.

② FRANZOSI R. Narrative analysis：or why（and how）sociologists should be interested in narrative. Annual review of sociology，1998，24（1）.

于揭示互动行动背后的社会意义。

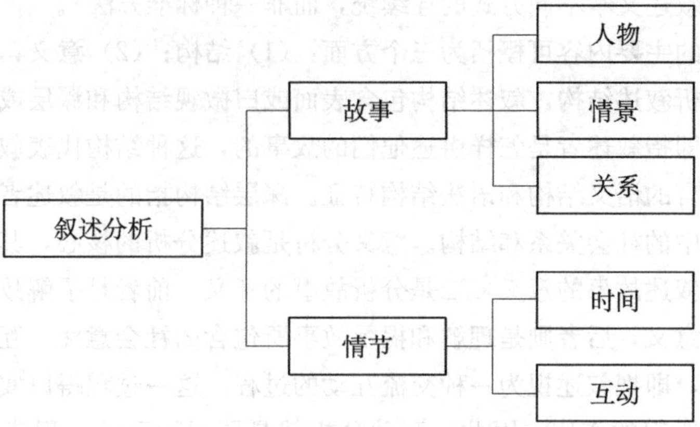

图 7-2　叙述分析的逻辑脉络

二、口述史分析

口述史是1948年创立的一种新的历史学分支。美国口述历史协会的报告指出："口述史是在1948年作为一种记录历史文献的现代技术而确立自己的地位的，当时哥伦比亚大学的历史学家内文斯（A. Nevins）开始录制美国生活中的人们的回忆。"① 随着口述史研究的广泛兴起，口述史已经不再仅仅作为一种记录史实的技术，而是发展成为一种历史观和史学研究方法。相比以往的史学理论只把结构性史实即典籍记载的历史事实视为历史，口述史把主体在实践中建构的、暂时性的口述经历同样视为历史，而且把这种历史看作面向大众的、面向人的历史。

目前，对口述史的认识和理解越来越趋于多元化，研究者可以不必从历史的角度，而可以从面向人的科学、社会表演、社会记忆和话语建构等多种角度来看口述史。如纳日碧力戈提出："口述不仅是语言表达，还是社会操演，它有具体的场景和听众，有具体时空的限制，有具体时空条件下的手势和表情。"口述史也是一种社会记忆，而且是通过社会行动保存下来的社会记忆。它不受文字史格式的束缚，而具有丰富的个性和行动意义。② 张小忠认为，口述史是访谈者与受访者就共同主题而合作创造的历史意义，在叙述历史的过程中，其实存在"话语分配"问题③。因为当访谈者在访谈中给出主题、受访者在访谈中应答主题时，都会受到话语权的影响。

既然口述史已经超越了历史范畴而成为一种史观和方法论，那么，口述史分析

① 杨雁斌．口述史学百年透视（上）．国外社会科学，1998（2）．

② 纳日碧力戈．作为操演的民间口述和作为行动的社会记忆．广西民族大学学报（哲学社会科学版），2003（3）．

③ 张小忠．试论作为话语与表现的口述史．福建论坛（人文社会科学版），2006（S1）．

也就不再是分析史料的简单方法，而是一种分析的方法论。在进行口述资料分析的过程中，研究者不是只把口述内容当作历史来解读，而是要从这些材料中揭示更为丰富的社会和文化意义，以及结构和象征意义。研究者在运用和分析口述资料时，不必纠缠于叙述者的回忆是否真实、客观、完整、有价值等问题，而可以把注意力和焦点转换至语言学与社会学相结合的空间，毕竟口述史包含了一种更为丰富、广阔的隐喻、象征以及社会意义空间。

如今，口述史方法已发展成为社会科学的一种重要研究方法，口述史分析也已被广泛应用于社会学、民俗学、人类学、政治学和心理学研究之中。在一些社会史、劳工史、家族史以及个人生活史研究中，通过对亲身经历者的口述史访谈，以及对访谈材料的分析和重构，可以形成社会认识的新视角。例如，威廉斯（R. Williams）的《英国乡村社会学》以对较为翔实的口述史资料的分析为基础，深刻揭示了英国农村社会变迁和发展的过程及动因。[①]

在口述史分析中，研究者关注的焦点不应放在内容的客观性、真实性问题上。既然研究者让人去回忆和口述他们所经历的事件，那么就没有必要再担心他们的口述记忆或回忆是否客观、真实。因为研究者在社会历史领域里不可能实现绝对的客观性和真实性，所得到的只会是相对的客观、相对的真实。拿曾经发生的事件来说，绝对的客观性和真实性是指所记述或口述的内容与事件完全吻合，显然这是不可能做到的。而能够做到的则是围绕事件进行个性化的回忆和表述。在口述中，研究者虽然无法获得完全复原事件的真实，但可以获得人们是怎样复原事件的真实。

既然如此，口述史分析的侧重点就应置于时间性、主体性、建构性以及象征与解释性上。研究者在分析口述资料时，不能希冀从中获取完整的或完全真实的事实证据，而是要分析口述内容的时间性特征，以及社会背景特征。更重要的是要揭示口述主体是怎样理解事件或社会历史的，并解释这一历史建构过程的深层或象征意义，剖析口述者那样讲述历史的深层次原因。

三、现象学分析

现象学分析（phenomenological analysis）是由道格拉斯和姆斯塔卡斯（C. Moustakas）提出的一种分析框架，这一框架适用于对访谈中的对话材料的分析。现象学分析，顾名思义是一种以现象学认识论和方法论为基础而创立的分析方法。[②] 如加芬克尔曾将现象学方法运用于分析社会现象，创立了民族方法论。这一方法论提出，理解平常现象或正常秩序的意义，必须超越平常，或者从反常的角度

① 杨雁斌．口述史学百年透视（上）．国外社会科学，1998（2）.

② DOUGLASS B，MOUSTAKAS C. Heuristic inquiry：the internal search to know. Journal of humanistic psychology，1985，24（3）.

去考察。也就是说，如果能弄清正常秩序是如何被打破的，便可理解正常秩序有何意义。这样一种认识论观点其实反映了“现象学的态度转变”。

所以，现象学分析的第一个步骤是“存而不论”（epoch）。存而不论其实是一种态度的转变，要求研究者首先从内部开始反省，对先前概念形成一种清晰的认识，这样才能严格地考察个人的行动倾向。

资料库 7-1

现象学态度

研究者借由态度的转变对现象进行检视，这一转变被称为现象学的态度。这一态度包括用不同的方式看待被调查的经验。如果用超越自然态度的方式或超越更平凡的方式来看待现象，现象就充满了意义，经验就获得了更深的意义。这种超越是借由对现象构成因素之认识而发生的，这一认识使研究者能够对这一现象的独特性和组成部分做出描述。在完成现象学态度转变的过程中，存而不论是一个重要和必需的现象学程序。

存而不论是一个研究者使自己消除或至少使自己意识到自己对所调查的现象持有的偏见、观点或假设的过程。存而不论有助于使研究者在对现象做调查时用一种崭新的、开放的观点，不带入先前的判断或太快把意义强加在资料上。这种判断的延迟，对现象学调查是至关重要的，它要求研究者把自己的个人观点放在一边，从而把经验就当作经验来看。

资料来源：巴顿．质的评鉴与研究．台北：台湾桂冠图书股份有限公司，1999：339.

现象学分析的第二个步骤是“现象学递减”。所谓现象学递减，是指将复杂资料中的重点内容挑选出来，或者从所要考察的材料中选择一些主题，然后将它们与其他内容隔离开来或将它们独立出来，以便对这些重点内容或主题加以更加认真的分析。在这一阶段，通常需要采用“放入括弧”（bracketing）这样一种分析方法。放入括弧是胡塞尔提出的一种方法，其目的在于发现和理解现象的纯粹意义。当研究者将一些现象放入括弧之后，可对它们加以更加深入的分析，从而揭示这些现象的基本要素和结构。

放入括弧主要包括这样几个方面的内容：第一，阅读调查经验材料，从中选出关键性的、核心的主题或术语；第二，对这些主题或术语的意义加以诠释；第三，将这些主题或术语重新组织起来，构成一种意义丛集；第四，从意义丛集中分析和辨明那些不变的主题特征，并对这些不变特征做出界定或抽象。

放入括弧使资料得以平面化。通过加括弧，资料的所有方面被分割开来加以考察，所有的要素和陈述都得以检视。与此同时，由括弧中的主题或术语所构成的意义丛集，又把不相关的、重复的内容分离出去，从而使研究者可以辨明和强化不变的主题特征。

现象学分析的第三个步骤是“结构综合”。结构综合是指从资料中发现和辨明真正的意义，并运用一种概念或术语将其综合起来，从而形成一种结构综合体①。结构综合的主要任务包括：（1）扩展不变特征所包含的经验；（2）描绘和勾勒出新的经验；（3）对新的经验进行深入探索，发现其要素及相互关系；（4）根据要素及相互关系创造出一个能解释意义的综合体。

四、图式分析

图式分析（schema analysis）是一种建构主义的内容分析策略。所谓图式，是指一种由解释的文化编码、动机词汇、逻辑和价值系统构成的思想基础工具，社会行动或互动正是通过在一定场景中对这些图式的创造和运用而产生的。图式的典型例子包括审判中的互动规则、有罪与无罪的观念、承诺的义务等。因此，图式分析主要是通过揭示社会行动中人们所创造和运用的图式来理解它们的意义。②

图式分析的认识论基础是，个人与社会结构之间的关系并不是二元对立的，结构主义常常把个人的行动看作社会结构因素的一种必然反应，即为结构所决定，因此，个体行动的原因和意义需要从社会结构中去寻找。而在建构主义那里，个人与社会结构之间的关系是相互影响的关系。换句话说，意识是一种交互作用的过程，意义一旦被制度化，就会变成物质系统的组成部分，即社会结构的构成，这一系统反过来又会影响和制约意义的建构。例如，人们关于剥削和压迫的观念，是在社会交互作用过程中不断建构和变化的，而当一种关于剥削与压迫关系的话语形成之后，就会影响人们的行动倾向。

在社会生活的诸多场景中，会有图式的存在。图式的基本功能是执行再生产过程。图式和资源是建构社会的两个重要因素，两者有着密切的关系。一方面，图式使资源具有滋生权力的能力；另一方面，图式需要从资源中获取存续的能量，否则会被人们抛弃和遗忘。

对具体定性资料进行图式分析，既是在创立一个分析框架，同时也是在构建一种理论。图式分析的主要内容包括：

第一，根据经验材料的内容，将所要研究的主题抽象出几种类型，即先提出几个能反映经验事实的图式。在这里，对图式类型的概括和抽象尤为重要。在通常情况下，图式类型的构造主要根据个人与结构的关系模式来进行，需要在重点考虑个人行动的特性基础上进行概括。例如，尤伊克和西尔贝从受访者所叙述的美国人日常生活故事中，抽象出美国社会的“敬畏法律”“利用法律”和“对抗法律”三种法治意识图式③。在这些图式类型中，我们可以看出，其抽象和分类的维度是个人与法律的关系。

---

① 巴顿．质的评鉴与研究．台北：台湾桂冠图书股份有限公司，1999：339－341.

② 尤伊克，西尔贝．法律的公共空间：日常生活中的故事．北京：商务印书馆，2005：61－62.

③ 同②300.

第二，根据研究主题的需要，列出图式分析向度。分析向度通常是社会行动的基本要素和意义构成，因而也是揭示现象特征的重要方面。向度主要是由范畴来表示的，需要用理论演绎的方法从经验中抽象出来。例如，尤伊克和西尔贝抽象出四个意识的图式分析向度：规范、限制、资源和时空。

第三，根据材料的具体内容，从不同向度分析和揭示不同图式类型的特征。对不同类型图式在各个向度所表现出来的特征的分析，也需要有一定的归纳和概括，尤其是要归纳和概括出该类型在各个向度的典型的、突出的特征。

第四，在对各类型图式不同向度的分析的基础上，根据图式的基本特征，从社会生活经验中找到它们的原型。一方面，找到不同类型图式的原型，可以帮助我们理解该类型的社会现象，因为来自日常生活的原型为人们所熟悉，通过原型我们可以更好地理解其结构和意义。另一方面，找到原型也是一种意义解释模式，当我们将经验材料中的行动与社会原型做比较时，实际上就在对行动意义和特征进行解释。①

图式分析的基本框架如表 7-2 所示：

表 7-2　图式分析的基本框架

		图式类型 A	图式类型 B	图式类型 C
分析向度	规范			
	限制			
	资源			
	时空			
原型				

五、事件-过程分析

事件-过程分析（event-process analysis）是一种对叙述材料中的事件内容进行分析的策略，是指以事件及其进展过程为主线来分析和揭示社会行动的本质意义的方法。在较多的定性材料中，常常包含关于某些事件或故事的叙述或讲述。事件或故事的叙述或讲述其实构成了定性资料的核心内容，而要对这些材料加以解读，关键在于如何从事件或故事中获得对社会的理解以及关于结构的意义。

事件-过程分析的主要内容包括：（1）事件结构分析；（2）动态过程分析；（3）事件-过程相互性分析。

事件结构分析就是从事件目的、事件主题、事件中的人物、事件内容等构成事件的基本要素方面去考察和检视事件的基本特征及结构意义。分析事件结构，主要是为了揭示事件的结构意义。为达到这一目的，事件结构分析需从两个方面着手：

① 尤伊克，西尔贝．法律的公共空间：日常生活中的故事．北京：商务印书馆，2005：300.

一是事件内部结构要素分析，二是事件与外部的结构关系分析。事件内部结构要素分析的关键在于揭示事件之于个体或事件当事人的意义，以及事件本身的基本特征。事件与外部的结构关系分析主要考察事件背后所隐含的社会结构关系，以及事件所反映的深层结构意义。

从时间角度看，任何事件都包含一种动态过程。因此，对事件动态过程的分析，也是理解事件意义的不可或缺的维度。分析事件的动态过程，主要围绕事件的开端、展开、转折、结束这样几个进程来加以分析，分析的内容就是对每一进程中的事件要素的表征及结构意义加以分析和概括。例如，我们需要分析事件的目的或主题等从开始到结束的具体表现及特征，然后根据这些特征做进一步概括。

事件-过程相互性分析主要是从实践、行动的角度来分析事件要素的变化及意义的建构过程。在这一部分，所要分析的是事件的结构在具体实践过程中的进展情况，需要揭示事件随着结构与过程的相互作用而发生的变化及其规律。譬如，通过事件-过程相互性分析，我们可以看出事件的初始目的与事件结局是不是一致的，初始目的在整个过程中是否发生了变化，以及发生了怎样的变化。如果初始目的在事件结束时全部实现，我们就可以将这种相互性概括为“目的顺利实现”；如果初始目的在事件结束时一点儿也没实现，我们就可以将这种相互性概括为“事与愿违”；如果初始目的在事件结束时部分实现，我们就可以将这种相互性概括为“目的部分实现”。总之，事件-过程相互性分析主要揭示并总结事件的结构要素在过程的作用下所发生的变化及其特征。

事件-过程分析的基本框架如表 7-3 所示：

表 7-3 事件-过程分析的基本框架

事件结构	事件过程				事件-过程相互性
	开端	展开	转折	结束	
目的					
主题					
人物					
内容					

事件-过程分析比较适用于对一些个案研究资料的分析，尤其是对单个个案事件的分析研究。如强世功对陕北农村法院“依法收贷”个案的研究[①]，运用了事件-过程分析，揭示了法律的、关系的策略是如何在一起民事调解实践中得到运用的。

① 强世功．“法律不入之地”的民事调解．比较法研究，1998 (3).

第三节 文本分析

文本是一种平面化、语言化和物质化了的经验，人们所经历的社会事实可能会以记录、讲述等不同形式转化为由语言组织起来的文本。从这个意义上说，社会科学研究离不开对文本的分析和运用。

在定性研究中，文本分析通常特指一种资料分析方法和策略，亦即对与研究对象相关的文本资料加以解读、分析和反思。作为一种定性资料分析方法，文本分析主要有文本结构分析、文本意义分析和反思性文本分析等策略。

一、文本结构分析

文本结构分析主要是对文本内容结构的分析，即考察和检视文本所包含的或所表达的意思。文本结构分析属于定性资料分析的基本方式，在诸多研究领域——特别是在文学和历史研究中——有广泛的运用。

进行文本结构分析，通常从三个方面入手：第一是人物，第二是细节，第三是主题。

人物分析主要是再现文本记述所涉及的人物以及他们的角色。通过人物分析，可以了解和把握社会行动的主体及其特征。

细节分析主要是考察文本中关于具体社会行动细节的记述，实际上是分析社会事实的基本构成，让人们了解社会经验究竟是怎样构成的。细节分析通常包括文本中关于社会互动及互动情景的描绘和记述。

主题分析是在文本阅读基础上，对文本内容加以概括。主题分析通常有两种形式：一是概括段落主题，也就是把内容相似或相近的段落划分成一个段落，并赋予该段落一个主题名称；二是概括文章主题，即给文本的每个章节赋予一个主题。

在文本结构分析中，主题分析是核心。研究者在阅读所要研究的文本后，一项最基本的工作就是将其内容概括成一定的主题，通过主题来再现和表达文本的基本意义。

文本结构分析主要采用两种方式：一是描绘，二是概括。对文本中的人物和细节的分析，一般采用描绘的方式，即在阅读文本之后，抓住文本所记述的重点人物和重要事件，再将这些内容描绘出来。对文本主题的分析，则需要采用概括的方式。主题通常能简化资料的内容，使资料的意义更加明晰。但主题不是文本自然呈现出来的，而要求研究者从资料内容中提炼出来。

在文本结构分析中，需要注意一个问题：研究者不能把文本与客观事实完全等同，更不能将文本直接用作证据。文本结构分析的目的在于帮助研究者理解那里究竟发生了什么，以及是怎样发生和演变的。从这个意义上说，文本结构分析的作用仅在于为我们理解社会事实提供多种参照系。

二、文本意义分析

文本意义分析是从语言学和解释学的角度来析解文本内容所包含的深层或象征意义。文本意义分析的目的不在于弄清行动者或受访者究竟说了些什么、做了些什么，以及所说所做的有什么意思。文本意义分析的主要目的是揭示文本语言的符号学意义，解读语言符号所代表的深层意义或象征意义。

在结构人类学、解释学、语言学、文艺学、心理学和宗教学的研究中，文本意义分析通常发挥重要作用。例如，莫斯（M. Mauss）在《礼物》中，曾对古印度婆罗门馈赠礼物仪式的用语做文本意义分析：

> 你们为何物，我即为何物，今日我已成为你们的本质，送出你们，亦即送出我自己。（馈赠者对即将送出的牛说）
>
> 在精神上转交，在精神上接受，让我们两人相互荣耀，您这有日月之形者。（受赠者接受时说）

莫斯分析道："像这样在施者与受者之间确立起来的关联对双方而言都太过强烈了。双方所受的束缚太多了……受者不免要依赖于施者。……因此，礼物既是应该送也是应该收的，但同时收礼也是危险的。"[①]

莫斯所做的文本意义分析，关键在于通过分析文本解释了语言的象征意义是怎样被创造出来的，由此也解释了礼物精灵是如何随礼物的馈赠而转移至受者的精神世界之中的。

文本意义分析通常会运用两种语言学模式和一种解释学模式。两种语言学模式就是对隐喻和转喻的析解，一种解释学模式就是对符号-象征结构的解释。当研究者面对由语言组成的文本时，就不得不考虑语言运用的功能和意义。因此，语言学的意义分析对于理解文本所包含的思想和信息非常重要。

在语言的运用中，隐喻和转喻属于两种重要的功能策略，通过隐喻和转喻的修辞手法，语言的内涵或意义变得更加深邃和丰富。索绪尔（Saussure）认为，人类的语言运用像其他符号行为一样存在两重性，即把选择与组合结合起来[②]。隐喻和转喻是语言两重性的体现。隐喻代表了语言的选择轴，而转喻代表了语言的组合轴。隐喻是在相似性基础上的选择，而转喻是依据邻近性而进行的组合。[③] 对文本语言的隐喻分析，是为了揭示人们相似性选择的意义。如文本中把作为礼物的牛比喻成自己，或比喻成毒药，我们如果从相似性角度去揭示其意义，便可理解送礼实

---

① 莫斯．礼物．上海：上海人民出版社，2002：152－154.

② 索绪尔．普通语言学教程．北京：商务印书馆，1980：1－22.

③ 罗钢．叙事文本分析的语言学模式．北京师范大学学报（社会科学版），1994（3）.

际上包含了精神在施者与受者之间的转移。转喻分析则主要揭示人们把邻近的事物组合起来的真实意义，即解释人们倾向于把哪些东西放在一起，以及为什么要把这些东西放在一起。

文本意义分析的解释学模式就是对符号的象征意义的解析。象征分析把文本中的核心词汇及记述的重要行为看作人们发出的一种符号，人们运用符号构造了意义和社会世界，因为每一种符号都包含了人们赋予的象征意义。因此，象征分析是通过对符号象征意义的译解来认识和理解社会结构及意义是如何构成的。

三、反思性文本分析

反思性文本分析是一种后现代的文本分析策略。反思性文本分析是指从对文本结构及语言的反思立场出发，揭示和批判文本所包含的话语体系及权力关系。无论是揭示文本的基本意义还是揭示文本的符号意义，都不是反思性文本分析的最终目的，反思性文本分析所追求的不是意义的诠释或析解，而是对文本语言的权力关系的批判。

对文本的反思分析，不仅包括对文本的语言内容的反思，而且包括对文本的形成过程的反思。在对语言内容的反思中，关键在于揭示语言意义所反映出的社会关系的本质，尤其是不平等的权力与支配关系。也就是说，文本所记述的语言及行动，不仅是意义的表达，也是社会结构的一种反映形式。研究者的任务就是从文本的符号中把与之相对应的结构关系剖析出来。

此外，反思还需要针对文本的形成过程，因为在文本的形成过程中，也渗透着种种社会关系：不仅包含研究对象之间的不平等关系，也包含对象与文本创作者之间的不对等关系。通过对文本形成过程的反思，研究者不仅可以思考研究对象，也能对自身加以反思。

反思性文本分析属于话语分析（discourse analysis）的范式。在这一范式中，对文本的分析不是纯粹语言学的逻辑和意义分析，而是把语言与实践、语言与结构联系起来。例如，布迪厄就把语言与符号权力联系起来，在他看来："语言关系总是符号权力的关系，通过这种关系，言说者与他们分别所属的各种群体之间的力量关系转而以一种变相的形式表现出来。因此，只在语言学分析的范围内兜圈子，是不可能阐明什么沟通行为的。"① 对文本的反思，重要的一点就是揭示文本之外的权威与授权，也就是揭示在一定的制度或结构之中的权力关系。

作为后现代主义的分析范式，反思性文本分析有助于研究者从文本语言本身的逻辑和意义看到文本之外的结构、权力甚至暴力，这无疑会拓展研究者的视野。但是，反思性文本分析在揭示所谓的本质结构时，充分运用了研究者自身的想象力和批判力，其主观性和价值倾向性不言而喻。因此，反思性文本分析可能更适合社会

① 布迪厄，华康德．实践与反思：反思社会学导引．北京：中央编译出版社，1998：189.

研究的批判范式。

本章要点

1. 内容分析是指对特定的即与研究对象密切相关的定性资料所包含的意义、主体意识与观念以及社会与文化法则等进行系统分析的方法。内容分析有三个关键步骤：第一，从田野经验材料中整理出有规律的内容；第二，系统分析内容所包含的更深层意义；第三，揭示和解释内容所隐含的规则和意义。

2. 内容分析包括显性内容分析和潜性内容分析。显性内容分析就是再现或重新组织资料自身所呈现的内容。潜性内容分析则是分析资料所隐含的潜在意义、规律和意识，也即分析显性内容的深层结构及意义。内容分析的分析单位主要包括：(1) 语词或术语；(2) 主题；(3) 人物；(4) 段落；(5) 项目；(6) 概念；(7) 语义。范畴分析是一种对民族志调查资料进行内容分析的综合性方法。范畴一般包括三种类型：(1) 民间范畴；(2) 混合范畴；(3) 分析范畴。

3. 叙述分析是通过对叙述材料基本内容的分析，揭示叙述者是如何在所叙述的经历中建构意义的，以及这种个人的意义建构过程又是如何与社会世界联系起来的。叙述分析有两条基本脉络：故事和情节。故事分析要抓住三个要素：人物、情景和关系。口述史方法已发展成为社会科学的一种重要研究方法，口述史分析的侧重点应置于时间性、主体性、建构性以及象征与解释性上。现象学分析是一种以现象学认识论和方法论为基础而创立的分析方法，主要有“存而不论”“现象学递减”和“结构综合”三个步骤。图式是指一种由解释的文化编码、动机词汇、逻辑和价值系统构成的思想基础工具，社会行动或互动正是通过在一定场景中对这些图式的创造和运用而产生的。图式分析是通过揭示社会行动中人们所创造和运用的图式来理解它们的意义。事件-过程分析的主要内容包括：(1) 事件结构分析；(2) 动态过程分析；(3) 事件-过程相互性分析。

4. 文本分析通常特指一种资料分析方法和策略，亦即对与研究对象相关的文本资料加以解读、分析和反思。文本分析主要有文本结构分析、文本意义分析和反思性文本分析等策略。文本结构分析主要是对文本内容结构的分析。文本意义分析是从语言学和解释学的角度来析解文本内容所包含的深层或象征意义。反思性文本分析则要反思和解构文本中的话语及权力。反思性文本分析是指从对文本结构及语言的反思立场出发，揭示和批判文本所包含的话语体系及权力关系。

关键概念

内容分析、显性内容、潜性内容、内容分析的层次、范畴分析、民间范畴、混合范畴、分析范畴、叙述分析、口述史、现象学分析、现象学态度、存而不论、放入括弧、图式分析、事件-过程分析、文本分析

思考问题

1. 什么是内容分析？如何理解内容分析在定性研究中的意义？
2. 什么是叙述？叙述及叙述分析有何意义？
3. 什么是口述史？如何在社会科学研究中运用口述史？
4. 试比较不同文本分析策略的异同。

推荐阅读书目

1. 尤伊克，西尔贝．法律的公共空间：日常生活中的故事．北京：商务印书馆，2005.

2. 埃文思-普里查德．努尔人：对尼罗河畔一个人群的生活方式和政治制度的描述．北京：华夏出版社，2002.

3. 汤普逊．过去的声音：口述史．沈阳：辽宁教育出版社，2000.

4. BERG B. Qualitative research methods for the social sciences. New York：Pearson Education，2007.

5. RIESSMAN C. Narrative analysis. CA：Sage Publications，1993.

第八章

比较分析法

比较分析法是一种被广泛运用的思考和研究方法，众多哲学家和思想家曾运用这一方法来思考和认识世界。如今，比较分析法在定性研究中依然发挥着重要的作用。通过比较分析，研究者可以借助参照物来认识事物的性质和特征；通过比较分析，研究者可获得一种考察和认识事物的视角。

第一节　比较分析法概述

比较是人们认识世界的一种重要方式，俗话说“不比不知道，一比吓一跳”，说明人们常常会通过比较发现现象或事物之间的差异，进而达到认识的目的。在社会科学研究中，比较不仅可以作为一种分析资料的方法，还可以作为一种重要的研究方法。

一、比较方法及其意义

比较方法是把两个或两个以上的事物或现象放在一起加以考察和分析，以检视和把握它们之间所具有的相同、相似或相异的属性和特征，比较不同事物之间的异同。

比较方法一般由三个基本要素构成：一是比较客体，即研究者选择出来加以比较的对象；二是比较维度，意指从哪个角度来对这些事物加以比较；三是对比和分析，即以比较维度为标准，对比较客体加以对比，分析它们之间的异同，并对它们在相关方面的属性做出某种判断，如孰优孰劣等。

首先，如何选择比较客体呢？在通常情况下，比较客体的选择主要参考三个因素：第一，可比性。所谓可比性，是指所选客体是可以拿来比较的，或比较是有意义的。虽然可比性不是绝对的，而是相对的，但研究者为了获得某种认识而进行的比较，其对象应该对认识具有很高的参照价值。第二，针对性。

研究者为什么要选择某些客体来做比较呢？当然是为了从比较中获得某种认识。因此，选择比较客体，必须针对研究者的认识目的。第三，熟悉程度。究竟选择什么客体来进行比较，还需要考虑到研究者对客体的了解程度，或者是对资料的拥有情况。如果研究者对比较客体不能加以充分认识，或缺乏充分的材料，比较也就难以继续。

其次，从哪些方面来进行比较呢？需要比较什么呢？这一问题实际涉及比较维度的选择。选择什么来作为比较维度，关键是看研究所要达到的认识目的。在一般情况下，研究者可以选择的比较维度有两种：一是模式，二是案例。模式是一种综合性的要素，由多个方面构成。模式与类型有一定关系，但要比类型更含糊。例如，在比较法学、比较经济学以及比较社会学中，比较研究通常会选择模式（如法律体制、经济体制及文化模式）来加以比较，这种比较可以在较为广泛的范围和笼统的层面进行，对于从宏观层面理解制度的结构及变迁规律有积极意义。而在管理学和心理学的比较研究中，研究者则常常会选择案例或个体加以比较，这样便于比较和分辨出不同管理经验或个性的具体特征。

最后，如何来进行比较呢？比较的基本方式有两种：一是对比，即对照比较，对不同比较客体加以对照衡量，然后检查它们之间有何异同。通过对比，不仅可看出事物之间的异同，而且可以对比较客体直接做出某种判断，如优劣、长短、高低等。二是分析比较，即对不同事物的结构要素加以分析和比较，总结和概括出不同事物间具体要素的相似性和关联性。分析比较更加细致深入，不仅可以辨别异同，而且能揭示差异的原因。此外，从时空角度看，比较的方式可分为纵向比较和横向比较。纵向比较主要是对不同时间上的事物加以比较，横向比较则是比较不同空间中的对象。

作为一种思考和认识问题的方式，比较分析法如今被广泛应用于社会科学的诸多研究领域。概括起来，比较分析法的意义主要体现在：第一，比较分析法有助于对那些较为宏大的问题的研究和解释，如“西方世界是如何兴起的？”[①]、“为什么有些国家实行专制政体而其他国家则不是？”等。比较分析由于能从纵向和横向两个维度来比较社会经济及政治变迁的过程，因而能为人们理解那些宏大且抽象的问题提供一种视野。第二，比较分析法能促进跨学科研究。在进行逆时性和共时性比较分析中，通常需要分析和比较多种不同的因素或变量，其中可能包括多种内生因素和外生因素。而要弄清这些因素的影响，仅靠单一学科的分析是不够的，必须有跨学科的分析和研究。第三，比较分析法为定性研究提供了一套非常有用的分析方法和技术，对提高定性分析的效度有重要意义。

当然，比较分析法也有其局限性，主要体现在两个方面：一是难以避免主观性，二是难以避免价值判断。由于比较客体、比较维度及比较方式都需要研究者去选择，因此，比较过程不可避免地带有一定的主观性。与此同时，在进行比较分析

① 诺思，托马斯．西方世界的兴起．2版．北京：华夏出版社，1999：5.

的过程中，人们通常会带着“取长补短”“优选劣汰”的目的，因而不得不在比较中进行价值判断。

二、分析性比较

分析性比较方法是在英国思想家穆勒提出的逻辑比较方法基础上发展出的比较分析法，是指通过对不同事物或经验的比较，从中归纳出关于事物或现象的模式或规律。分析性比较的逻辑方法主要有：（1）求同法；（2）求异法；（3）求同求异法。

求同法是通过对不同个案的比较分析，寻找它们之间的相同因素和特征。通常的做法是，首先比较分析不同个案之间出现的共同现象和特征，并将这种共同现象和特征视为一种结果或规律，然后再去探寻出现这种结果的原因。对原因的分析，也是通过比较分析这些个案之间是否还有其他一些共同之处来实现的。求同法的分析逻辑如表 8-1 所示：

表 8-1　求同法举例

个案 1	个案 2	个案 3	共同之处：诉讼
经济纠纷	经济纠纷	经济纠纷	
收入较高	收入较高	收入较高	
大学以上学历	大学以上学历	大学以上学历	
男性	男性	女性	
汉族	少数民族	汉族	
……	……	……	

在表 8-1 的例子中，我们首先通过比较分析发现三个个案有一个共同之处，那就是在过去一年都有到法院诉讼的经历；然后再通过比较分析发现他们在其他方面也有一些共同特征，即都因经济纠纷诉讼、收入较高、学历较高等。通过这一求同比较，我们可以认为，纠纷的性质、经济状况和个人教育水平对个人是否选择诉讼方式解决纠纷有重要影响。在进行求同比较的时候，我们可以不用去看个案之间其他的不同因素或特征。因为这些差异因素或特征的存在，并没有使不同个案在所比较的方面出现差异，这说明这些方面的因素可能对所比较的维度没有显著影响。

求异法与求同法是相对的。用求异法来做比较分析，首先要比较不同对象之间有什么不同的特征，尤其是要找出它们之间的突出差异。然后，继续比较分析各个个案的不同要素或在其他方面的不同特征。通过对对象之间差异性的比较分析，即可实现对不同对象的模式或规律差异及其构成的认识，也就是说，研究者可以认识和了解事物为何不同，以及它们之间的差异究竟是由哪些不同因素和特征构成的。

表 8－2 中的例子就使用了求异法来进行比较分析。在这个分析例子中，第一步是比较出所考察社区之间的重要差异，发现“秩序状况”的不同。紧接着，继续分析和比较不同社区在区位、组织管理以及人口构成方面的不同特征。通过这种社区差异性的比较，我们可以理解不同社区有哪些差异，这些差异又是如何形成的，以及差异的形成与哪些因素密切相关。

表 8－2　求异法举例

社区 1	社区 2	社区 3
秩序良好	秩序一般	秩序差
城市中心	一般城区	城乡接合部
有居委会	有业主委员会	没有两委会
有社区自组织	无社区自组织	无社区自组织
流动人口少	流动人口较多	流动人口很多
……	……	……

求同求异法实际上是一种把求同和求异两种比较分析法结合起来的方法，这种结合通常能更加有效地揭示现象的特征和规律。求同求异是既比较对象之间的共同或相似特征，又比较它们之间的差异或不同特征。这样，在共同性与差异性之间实际上又形成了一种鲜明对比，从而更加有助于了解现象特征及其所包含的规律或模式。

在表 8－3 的例子中，通过求同求异比较，可以看到三个社区个案的共同特征是都有相应的基层管理组织和社区自组织，所不同的是在秩序、区位和人口构成等方面有差别。秩序差的社区主要位于城乡接合部且流动人口多，秩序良好的社区则主要位于城市中心且流动人口少。从这一比较分析中，我们不仅可以理解社区秩序与区位及人口构成之间的关系，同时也能发现区位与人口构成之间的联系。

表 8－3　求同求异法举例

个案 1	个案 2	个案 3
秩序良好	秩序差	秩序差
城市中心	城乡接合部	城乡接合部
有业主委员会	有业主委员会	有业主委员会
有社区自组织	有社区自组织	有社区自组织
流动人口少	流动人口多	流动人口多
……	……	……

分析性比较方法属于一种归纳式的分析方法，虽然其应用受到经验和材料范围的制约，即人们难以穷尽事物的所有特征，因而可能会忽略其他产生重要影响的因素和特征，但是，作为一种定性分析的方法，分析性比较有其重要价值，因为它们为研究者发现和总结规律或模式提供了一种较为有效的方法。

三、比较分析单位

在比较分析中，为使比较能达到清晰地辨明现象的特征和规律的目的，通常需要设置一个清晰的比较平台，这个平台其实便是比较分析单位。

比较分析单位通常根据研究的需要来确定。可作为比较分析单位的主要有：个案、群组、区域、国家和文化。以个案为比较分析单位，通常是把那些相对独立的个体作为比较分析的对象，如个体之间的比较、单个事件之间的比较、独立现象之间的比较。将群组作为比较分析单位，通常是把一些集体、团体或具有类型特征的组合体作为比较分析的对象，例如团队之间的比较、组织之间的比较等。区域的比较分析单位一般是指能够划分边界的社会单元，如行政区域、社区等。在社会科学的比较研究中，国家和文化通常会被作为比较分析的对象。国家是一个政治单位，有明确的疆界和主权界限，以国家为分析对象，可以比较不同国家的经济、政治、军事、社会与文化等方面的特征。文化与国家虽有一些联系，但又是不同的比较分析单位。不同国家之间可能有相应的文化差别，同一种文化也可能分布在不同国家，且国家内部也有文化的差别。当以文化为比较分析单位时，必须明确区分文化类型的边界。通常情况下，在进行文化比较分析时，研究者主要根据语言、传统、习惯和认同等方面来区分文化类型。

此外，选择什么作为比较分析单位，通常还需要根据资料和信息掌握情况来定。资料和信息是比较分析的基础，有什么样的资料和信息，就能做什么样的比较。如果没有相关资料和信息，所选择的比较分析单位就缺乏可比性。例如，研究者如果没有获得个体方面的具体资料和信息，就无法对不同个体做深入细致的比较。研究者如果没有相关国家的资料和信息，也就不能以国家为比较分析单位来做比较。

选择比较分析单位特别需要注意的是：所要比较的单位或特征能够与其他单位或特征明显区分开来。如果比较分析单位不清晰，那么往往会导致所比较分析的单位之间存在包含关系，如用总体单位与构成单位做比较，这样会使得比较分析的价值和意义大打折扣。这一问题也被称为“高尔顿（Galton）问题”。[①]“高尔顿问题”是在选择比较分析单位时出现的逻辑矛盾问题，研究者在不同背景中所看到的一种关系，其实与背景有关，而研究者却把这一关系视为一种固定的社会关系。出现这一问题的关键就在于比较分析单位的不明确区分，或者是比较分析单位的多重性。例如，如果把美国、加拿大和法国的州或省作为比较分析单位，就可能会得出这样的比较结论：以英语为主的州或省的通行货币为美元，以法语为主的州或省则以法郎为通行货币。从这个例子可以看出，之所以会得出意义不大的分析结论，正是因为所选择的比较分析单位是含糊不清的。国家包含了州或省，如果选择州或省做比较分析单位，就不能涉及国家层面的比较，否则容易导致比较逻辑的混乱。而在本

---

① NEUMAN W L. Social research methods. Boston：Allyn and Bacon，1994：391.

例中，对语言和货币使用的比较，实际上包含在国家间的比较分析之中，而非反映州或省之间的差别。

在跨文化的比较分析中，容易产生“高尔顿问题”。为避免此类问题，必须始终坚持用同一个单位做比较分析，必须把所比较分析的对象与其他对象明确区分开来。

第二节　历史比较分析

在定性研究中，所探讨的对象通常是当下或现时的社会现象。但是，为了探讨社会现象的历史发展轨迹和变迁规律，社会科学研究需要运用历史方法和跨文化的比较方法。从某种意义上说，历史和比较视野是社会科学家所必须具备的。在马克思、韦伯、迪尔凯姆等重要思想家那里，历史方法和比较方法既是分析的利器，也是形成经典社会理论的方法论基础。正如拉德克利夫-布朗（A. R. Radcliffe-Brown）所说：“只有采用将历史研究与社会学研究相结合的那种整合的、有机的研究方法，我们才能真正认识人类社会的发展。”①

一、历史比较分析的逻辑

历史比较分析是从逆时性与共时性相结合的角度，分析社会历史发展过程及变迁原因的研究方法。逆时性比较分析是把社会现象当作由时间维度构成的连续统，通过对过去、现在的时点和时段的比较，来揭示社会历史现象的特征及变动规律。共时性比较分析是对同一时点的不同对象的特征进行对比分析，由此把握社会历史现象横断面的结构特征及模式。把逆时性与共时性比较分析结合起来，可以从纵横两个维度认识和把握社会历史现象的结构特征和变化规律。

在定性社会科学研究中运用历史比较分析，必须具备充分的历史和现实资料。用于历史比较的资料主要有两个来源：一是来自官方的数据及文献资料，包括政府和机构的文件档案材料、统计资料和保存下来的其他历史资料；二是来自民间的历史资料，包括民间流传下来的地方史志材料，以及民间口述史资料。

获得官方文献数据资料的便捷路径，通常是去相关档案馆、博物馆和图书馆查阅和摘录与研究问题相关的历史文献资料。

民间历史资料的收集，通常需要到当地去，向当地居民问询和查阅个人保留下来的村志、家谱、地契等有形的、物质的历史材料；也可以通过访谈的方式，向当地居民收集一些历史记忆材料，如口述史资料。

① 拉德克利夫-布朗．社会人类学方法．北京：华夏出版社，2002：121.

历史比较分析的方法论原理是：社会现象的出现，并非偶然的、自发的，而是连续的，受某种力量影响或支配。如果能复原历史发展的轨迹，就能够从这个链条上发现社会历史现象的前后关系乃至因果关系。把纵向比较与横向比较结合起来，能帮助研究者建立起这种完整、连续的历史发展链条。例如，摩尔根（Morgan）在对古代社会及人类社会历史进化的研究中，运用现存印第安人的社会文化制度及特征做历史比较，由此勾勒出人类社会进化的历史链条。

历史比较分析的基本逻辑结构由两个比较维度构成：一是时间分段，二是对象分类。时间分段是指把分析对象和问题置于历史发展的时间序列之中，并划分和明确其在序列中的具体位置。概括起来看，对分析对象的时间分段大体包括三种类型：（1）现在；（2）过去的某个时点；（3）过去的时段。

对象分类是把分析比较的对象划分成不同的类属或层次。它主要有两种方式：（1）历史分层；（2）现象归类。历史分层是把社会历史现象分为不同的层次以便进行纵向比较，例如，摩尔根将古代社会进化的不同时期皆划分为“低级”“中级”和“高级”三个阶段。现象归类首先将所要分析的现象归入某些类别或类型之中，然后再对不同类型加以比较。如韦伯对宗教伦理的分析，将分析对象归入基督教与东方宗教两大类之中。

时间分段与对象分类的交叉，构成了不同的比较分析模式，这些模式主要有：（1）一类现象在现在与过去之间的比较；（2）一类现象在现在与过去时段之间的比较；（3）一类现象在过去的跨时段比较；（4）两类或多种现象在现在、过去时点和过去时段上的比较；（5）两类或多种现象在现在与过去之间的比较；（6）两类或多种现象在现在与过去时段之间的比较；（7）两类或多种现象在过去的跨时段比较。

历史比较分析主要有三个方面的内容：第一，探究社会历史现象的起源，如恩格斯（F. Engels）在《家庭、私有制和国家的起源》中，通过历史比较分析，来探寻不同社会及政治制度的起源问题。第二，分析和揭示社会历史现象的本质和特征，如汤普森（E. Thompson）在《英国工人阶级的形成》的研究中，对 1840 年以前普通工人的生活、用语及行动进行了历史比较分析，以揭示阶级意识的本质及特征①。第三，寻找和发现因果关系，例如，韦伯正是运用历史比较分析，来寻找西方社会的宗教改革及新教伦理与资本主义之间的因果关系的②。

二、历史比较分析的类型

在定性研究中，历史比较分析主要有三种范式或类型：一是实证范式，二是解释范式，三是批判范式。

实证范式主要是通过历史比较分析，检验和验证某种理论假设。这一范式通常

---

① 汤普森．英国工人阶级的形成：上．南京：译林出版社，2001：1-6.

② 韦伯．新教伦理与资本主义精神．北京：生活·读书·新知三联书店，1987：4.

还会与数量分析相结合，运用一些历史数据来做分析比较，以揭示社会历史发展中的某种规律。例如，诺思和托马斯在《西方世界的兴起》中，主要通过对 18 世纪前欧洲经济发展过程的历史比较分析，验证了成功的经济增长是由有效的产权制度结构决定的[①]。

在解释范式的历史比较分析中，文化背景、历史事实并不被用作证据，而被用作理解和解释社会历史现象之间关联及意义的参照系。也就是说，研究者需要从历史比较中去理解和解释社会历史现象的特征和发展规律。韦伯对新教伦理与资本主义之间关系的研究为研究者提供了这一范式的榜样。

批判范式的历史比较分析是一种很有特色的分析。研究者进行历史比较，既不是为了从中寻找证据，也不是为了探寻意义的解释，而是为了揭示社会历史现象的本质以便解构现有的结构，由此让人能透过假象看到本质。例如，福柯对性史、知识考古学的研究，便运用了历史比较分析，创造出了诸如“形成”“实证性”“知识”“话语”“实践”等一系列新术语，其目的是尽量避免结构主义的方式和概念[②]。

任何一种分析方法都不可能是十全十美的，更不是万能的钥匙。每一种方法都既有其优点，也有其局限。历史比较分析的优点在于有利于提出问题和检验假设。通过纵向和横向的比较，研究者更容易从社会历史发展中发现一些问题，譬如：为什么西方社会比东方社会更早形成资本主义制度？为何不同国家有不同的政治制度？此外，历史比较分析也有利于研究者做假设检验。运用历史发展经验比较，研究者通常可以对一些假设加以检验，例如，有一些研究通过历史比较分析认为科举制度是中国所特有的一种制度，于是提出科举制度是导致中国近代自然科学落后于西方社会的重要原因这一假设。

历史比较分析具有重要的价值和广泛的适用性，具体表现在以下几个方面：(1) 社会运行与社会变迁纵向比较研究；(2) 社会结构与社会运行的横向比较研究；(3) 社会意识和社会事实成因的比较研究。

历史比较分析的局限在于，用于比较分析的历史资料或历史事实具有不可证实性。由于资料具有不可证实性，因此历史比较和推理常常建立在想象和类比的基础上，其结论难免带有主观性和选择性。

三、理想类型的比较分析

在历史比较分析中，较为常用的比较分析方法主要有：对比分析法和理想类型分析法。对比分析法是指在分类的基础上对某类现象或事件在不同阶段的表现和特征进行对比，并由此推论得出现象的产生原因和变化规律（见表 8-4）。

① 诺思，托马斯．西方世界的兴起．2 版．北京：华夏出版社，1999：193.

② 福柯．知识考古学．北京：生活·读书·新知三联书店，1998：256.

表 8-4　对比分析的逻辑

历史上	现在
A类现象很普遍	A类现象很少见
分析结论：A类现象是不断进化的	
A类现象具有B、C、D特征	A类现象依然存在
分析结论：A类现象现在也具有B、C、D特征	

对比分析法有两个基本要素：一是比较，主要是将两个以上的对象放置于时间序列之上进行对比和分析；二是推论，即根据连续性或结构一致性原则，将比较出的特征或模式推广到更广的范围。

理想类型分析（ideal type analysis）是由韦伯创立并开始运用的研究方法。理想类型是一种分析概念或逻辑工具，是经过高度抽象的、反映事物本质特征的分类概念，如“资本主义精神”“新教伦理”“天职观”“科层制”“理性”等。

对理想类型的分析，主要包括比较不同理想类型的本质特征，分析不同理想类型之间的结构关系，并根据结构一致性原则，来理解和解释事物或现象形成的原因。

韦伯曾运用理想类型分析法探讨和解释资本主义形成的原因。在这种理想类型分析基础上，韦伯提出了与马克思不同的论点，认为资本主义的形成不是由经济因素决定的，而是与加尔文教派所倡导的伦理精神以及由此而产生的合理化运动密切相关。理想类型的分析与比较是结合在一起的，韦伯把新教伦理解释为资本主义产生的原因，是在将新教与东方宗教进行比较后提出的（见表8-5）。

表 8-5　理想类型分析模式

宗教类型	是否具有资本主义精神	
	具有	不具有
新教伦理	禁欲主义、赎罪意识、天职观	—
东方宗教伦理	—	来世理想、现世回避

此外，韦伯还在理想类型的框架里，对东西方文明进行了历史比较分析，以此来说明东西方社会的不同发展与人们的观念及组织方式之间的紧密关系。如他指出：“在中国，有高度发达的史学，却不曾有过修昔底德的方法；在印度，固然有马基雅弗利的前驱，但所有的印度政治思想都缺乏一种可与亚里士多德的方法相比拟的系统的方法，并且不具有各种理性的概念。”①

从韦伯的理想类型分析范例中，我们可以看出这种分析的关键在于建立起有效的理想类型概念和范畴。理想类型分析的步骤为：首先，创建理想类型分析工具，这主要通过对不同历史现象进行比较，并从中概括出能反映这些现象的共同的、本

① 韦伯．新教伦理与资本主义精神．北京：生活·读书·新知三联书店，1987：5．

质的特征来实现。其次，分析不同理想类型的结构特征。最后，根据结构一致性原则，在相关的理想类型之间建立起历史因果链。

四、历史比较分析的步骤

历史比较分析并不局限在历史学和历史社会学领域之内，目前已广泛渗透于社会科学研究之中。这一分析不仅意味着提供了一种分析方法，更重要的是，在社会科学研究中引入历史比较，也意味着研究者的社会历史感在增强。也就是说，研究者不再把社会现象当作一种独立客体，而是将其视为历史的、动态的现象。

在社会科学研究中引入历史比较分析，大体有以下几个步骤：

第一步，提出理论假设。历史比较分析常常被用来检验某个理论假设，因此，在开展比较分析之前，研究者首先需要提出某种理论假设。虽然理论假设是实证研究的基本构成，但在历史比较研究中，也可效仿实证范式提出理论假设，以便确立比较分析的目的和主题。

研究者在提出理论假设时，需要考虑到理论假设所包含的研究问题是否适合历史比较。也就是说，理论假设应尽量满足两个条件：一是验证理论假设的经验事实应具有时间序列性，即要涉及不同的历史时期。二是验证理论假设的经验事实应具有类属特征，需要具备不同类型、不同层次的事实。

第二步，明确比较分析的对象和范围。有了理论假设后，接着就需要明确比较分析的对象和范围。比较分析的对象和范围，主要根据理论假设所包含的问题而定，对象和范围不同，解释和说明问题的有效性也会有差别。

此外，明确比较分析的对象和范围，也是为开展具体的研究工作做好准备。只有划定一定的对象和范围，比较分析才具有可操作性。

第三步，收集历史资料。历史资料既是进行历史比较分析的基础，也是确保研究信度和效度的重要条件。在明确比较分析的对象和范围之后，就需要收集与比较对象相关的历史资料。在一般情况下，历史比较分析所涉及的对象可能是国家、历史阶段等范围较广的单位，因而相关历史资料也就非常复杂多样。当研究者收集用于比较分析的历史资料时，通常只能选择性地收集，即根据资料对假设问题的解释力来加以筛选。

对收集起来的历史资料，研究者要根据比较分析的需要以及资料的可信度重新加以组织和整理。经过筛选和重新组织的资料，应该与所要分析比较的主题具有较高的关联性。

第四步，分析比较对象的特征及关系。历史比较分析的具体内容主要是，对研究对象的某些方面加以剖析和比较，以揭示它们之间的相似性及差异性，分析它们之间可能存在的关系及其变化模式。对定性研究来说，比较分析的重点一般放置于研究对象的性质、特征、关系及模式之上。因为，把握现象的本质特征及相互关系，是定性研究探寻规律和理解世界的重要方式。

第五步，概括和总结出对理论假设的验证结论。历史比较分析的最后一步是从比较分析中，概括出具有普遍性的模式或规律，并将这些模式或规律与先前提出的理论假设进行对比，最后得出具体的结论，即是否验证了理论假设的内容。

概括和总结是从具体到一般的关键。概括必须达到高度统括性，即把对象的各种具体特征用概念或理论模型表述出来。要达到这一要求，首先必须准确地把握各种具体特征之间的逻辑关系，其次要创建有效的逻辑工具以概括这些特征及它们内部的关系，这种逻辑工具类似于韦伯的理想类型。总结是一个综合过程，主要是对比较分析所揭示的具体特征及关系加以归纳，并在此基础上形成一种具有理论解释性的结论，以揭示一般性的规律。

第三节　组型比较分析

组型比较分析是将复杂的定性资料简化为不同组型，然后通过对组型的内部特征的分析以及在不同组型之间进行比较分析，来揭示研究或评估对象的本质、特征和规律。组型比较分析是定性资料分析的重要方式之一，能对处理定性资料以及从资料中获得有序认识起到媒介作用。

一、组型的划定

在定性研究中，资料分析是一项艰苦且复杂的工作。要从庞杂的定性资料中发现有价值的信息，以及从那些初始资料中提炼出用于建构理论的素材，资料分析显得尤为重要。关于定性资料的分析，古巴认为关键在于解决两个重要问题：第一个是解决资料的聚敛问题（convergence）；第二个是解决资料的扩散问题（divergence）①。

聚敛实际上是使资料的内容更加聚集和集中，把各种不同的事物和现象尽可能联系和组合起来，构成一定的类属。解决聚敛问题的主要方法是分类，关于分类方法，第六章已经系统介绍过。

至于解决资料的扩散问题，实际上是要解决如何从定性资料中萌生（flesh out）和扩展出一些更为抽象、更为概括、更有针对性和更具一般性的组型和范畴系统的问题。

组型（group pattern）与类型或类属不同，组型是由具有一定规律性和共同性的特征构成的模式。组型的划定主要是在分类的基础上，进一步选择和组合，将那些多次出现的特征、类属和规律组成更具概括性的模式。

---

① EISNER E，GUBA E. Toward a methodology of naturalistic inquiry in educational evaluation. Educational evaluation and policy analysis，1979，1 (2).

那么，组型的划定通常会遵循哪些标准呢？如何从资料中选出构成组型的特征和规律呢？通常情况下，组型的划定主要有四个原则：（1）可整合性；（2）高度概括性；（3）独特启示性；（4）可信性。

可整合性是指组型的构成结构符合逻辑合理性。它的内部特征是高度一致的，它的外部特征又具有高区分度，且这一组型的特征与那一组型的特征能明确区分，这样组型的内部与外部结构便是可整合的。

高度概括性主要指由从定性资料中选取的内容构成的组型能够涵盖资料的丰富内容。人们通过组型，可以理解资料所包含的主要意义及规律。或者说，组型基本上与资料实质意义高度吻合，资料内容被恰如其分地重新组合成各种组型。

独特启示性是指所构成的组型具有独特性和启示性。构成组型的内容相对而言应该是独特的，具有一些特殊价值，尤其是对代表与反映资料的意义和所探究的问题具有特殊价值。与此同时，组型的划定应该对分析和理解具有启发性。为使组型具有启发性，组型的构成必须抓住资料中的核心意义或实质性意义。此外，组型必须为探究研究主题提供方向性引导，要让研究者能从中把握考察和分析的方向。

可信性主要指所选的构成组型的资料内容具有较高的信度，即人们可以相信这些资料能反映问题，尤其对揭示所要探讨的主题和所关注的焦点是有价值的。

作为定性资料的扩展过程，组型的划定在把分散的资料尽可能联系起来的基础上，对资料进行再加工，挖掘和拓展资料中的一些模式。这一过程不仅对资料加以有序处理和分析，同时也为进一步探究和建构理论奠定基础。因为组型中所包含的那些模式，其实是对经验中的重要特征和规律的概括，所以，组型的划定从某种意义上说是架构起理论解释的基本框架。

二、组型特征分析比较

在划定组型之后，研究者还需对组型特征做更为深入的分析和比较，以便从组型里挖掘出有价值的意义和规律。

组型特征分析比较的根本目的是深挖定性资料的意义和规律，因此，分析比较工作不是简单的重组和再现过程，而是要创造性地联想和构建，从不同的组型中抽象出关于研究对象的深层意义和规律。

资料库 8-1

意义判断寓言

有一名妇女找到哈尔考姆，递给他某样东西。哈尔考姆毫不迟疑地把这样东西又递还给了那名妇女。许多追随哈尔考姆来学习他的智慧的年轻学生，开始相互争论这种交换的特殊意义。他们做了很多种诠释。当哈尔考姆听到他的年轻学生们的争论时，把他们叫到跟前聚在一起，要他们每个人报告他们所观察到的事情之意义。当他们报告完后，他说："这一交换的真正目的，是让我能够显示给你们看，你们还不是具有充分观察能力的观察家，还不能分辨出你们那时所见到的只是一场毫无意义的互动。"

资料来源：巴顿．质的评鉴与研究．台北：台湾桂冠图书股份有限公司，1999：338.

分析比较组型特征一般从两个方面入手：一是对组型内部特征及规律的分析、比较和归纳；二是对组型之间特征的比较分析。

分析比较组型内部特征的核心任务是通过分析比较，找到组型内部的相似性特征和差异性特征，或者说找到组型内的同质性与异质性。通过比较，我们可以认识和了解哪些因素和特征是相似或相同的，哪些因素和特征是有差别的，从而掌握一些基本规律。譬如，我们在一个村落调查纠纷及纠纷解决情况后，可以把个案及访谈材料处理为"不了了之""双方私了""找行政权威处理"和"到法院诉讼"四个组型。对组型内部特征的分析比较主要是要揭示该组所包含的个案有哪些共同之处、有哪些不同之处，如纠纷当事人、纠纷类型、纠纷过程的相似性和差异性等，以便从比较中发现纠纷解决的规律或机制。

对组型之间特征的分析比较，主要任务包括两个方面：一是通过组型间的分析比较，归纳出组型的结构要素；二是通过对各组型结构要素特征的比较，概括出一般性规律。在上例中，我们通过对四种纠纷解决方式的组型间特征的分析，首先可归纳出各组型的结构要素为观念、资源、背景和能动性，也就是说，人们遇到纠纷后究竟选择何种方式解决，主要受这四方面要素的影响。其次，比较四种纠纷解决方式在这四个要素方面的异同。最后，总结和概括出农村纠纷及其解决机制的一般性规律。

在组型特征分析比较中，通常会运用两种方法：一是归纳法，二是焦点分析法。归纳的作用很重要，对组型内部和外部的结构要素、结构一致性以及同质性和异质性的分析，关键还在于能否从个别经验材料中归纳出本质性的特征和规律。焦点分析法主要是抓住组型的重点特征和意义，然后加以集中考察和总结。焦点分析法通常是一种较为实用且有效的分析法，对研究者针对其研究主题来进行组型分析是非常有用的。

三、扩展范畴系统

扩展范畴系统是解决定性资料扩展问题的另一种重要方式。所谓范畴系统（domain system），是指由相互联系、代表经验事实的范畴所构成的完整的意义系统。范畴系统与组型的差别在于，组型的划分具有揭示类型特征的功能，而范畴系统具有揭示关系和意义综合体的功能。如果研究者在对定性资料的比较分析中，能够创建一个范畴系统，那就相当于创立了一个完整的意义系统，这个系统把各种现象或事实综合起来，让人们看到它们之间的内在联系及意义。

既然范畴系统的两个基本特征是关系和系统，那么，要从定性资料中扩展范畴系统，关键在于：

第一，从资料所代表的经验事实中发展出重要概念和范畴。概念和范畴都是对具有共同特征的现象的一种概括，概念和范畴与具体经验之间本身就有包含与被包含的关系，因而概念和范畴的形成实际上意味着对现象关系的一种概括。

此外，概念和范畴的提出，是对个别意义和类别意义的一种概括，因为在每个范畴中，实际上都包含众多个别、具体的经验。

第二，根据范畴所反映的经验特征，在不同范畴之间建构某种关系，这是扩展范畴系统的关键。单个范畴所代表的是具体的或类别的意义，而不是系统的整体。如果只把握这些具体的或类别的意义，就相当于只见树木不见森林。只有从一个完整的系统角度把握范畴的意义，才算真正理解现象的本质意义和规律。

将不同的范畴联系起来，一方面需要对范畴所代表的经验特征有准确把握和高度概括，另一方面需要发挥理论的想象力和创造性。扩展范畴系统不是简单重组资料的过程，而是一种创造性过程，研究者需要充分发挥自己的创造力和想象力。

第三，将相关联的范畴综合起来，组成完整的意义系统。当在不同范畴之间构建起不同的联系后，需要将这些联系综合起来加以诠释，由此构成一些完整的意义系统。通过这些意义系统，人们能更加清晰地理解各种经验或现象的真实意义，以及这些经验或现象所包含的重要规律。

本章要点

1. 比较方法是把两个或两个以上的事物或现象放在一起加以考察和分析，以检视和把握它们之间所具有的相同、相似或相异的属性和特征，比较不同事物之间的异同。它由三个基本要素构成：一是比较客体，二是比较维度，三是对比和分析。

2. 分析性比较方法是指通过对不同事物或经验的比较，从中归纳出关于事物或现象的模式或规律。其逻辑方法主要有：(1) 求同法；(2) 求异法；(3) 求同求异法。

3. 历史比较分析是从逆时性与共时性相结合的角度，分析社会历史发展过程及变迁原因的研究方法。逆时性比较分析是把社会现象当作由时间维度构成的连续统，通过对过去、现在的时点和时段的比较，来揭示社会历史现象的特征及变动规律。历史比较分析主要有三种范式或类型：一是实证范式，二是解释范式，三是批判范式。较为常用的历史比较分析方法主要有对比分析法和理想类型分析法。理想类型分析法是韦伯倡导的分析方法，主要通过分析不同理想类型之间的结构关系，并根据结构一致性原则，来理解和解释事物或现象形成的原因。

4. 组型比较分析和扩展范畴系统是解决定性资料扩展问题的两种主要方式。组型比较分析是将复杂的定性资料简化为不同组型，然后通过对组型的内部特征的分析以及在不同组型之间进行比较分析，来揭示研究或评估对象的本质、特征和规律。范畴系统是指由相互联系、代表经验事实的范畴所构成的完整的意义系统，具有揭示关系和意义综合体的功能。

关键概念

比较分析、比较客体、比较维度、分析性比较、求同法、求异法、求同求异法、“高尔顿问题”、历史比较分析、理想类型分析、组型比较分析、范畴系统

思考问题

1. 比较分析法在定性研究中有何重要意义？
2. 历史比较分析有哪些特征？其优势和局限主要体现在哪些方面？
3. 什么是理想类型？理想类型分析适用于对哪些问题的研究？
4. 如何理解定性资料的“聚敛”与“扩展”问题？怎样解决这两个问题？

推荐阅读书目

1. 韦伯．新教伦理与资本主义精神．北京：生活·读书·新知三联书店，1987.

2. 诺思，托马斯．西方世界的兴起．2版．北京：华夏出版社，1999.

3. 拉德克利夫-布朗．社会人类学方法．北京：华夏出版社，2002.

4. EISNER E，GUBA E. Toward a methodology of naturalistic inquiry in educational evaluation. Educational evaluation and policy analysis，1979，1（2）.

5. NEUMAN W L. Social research methods. Boston：Allyn and Bacon，1994.

第九章
定性研究中的解释

对任何一项社会科学研究来说，解释既是一种方法，又是一种功能、一种目的。我们用解释方法来重新建构研究所关注的事实，经过重新建构的事实又具有解释一个人、一种物、一种制度、一个社会、一种文化的功能。这些解释的目的都是告诉别人发现了什么，发现的东西是怎样的，而要达到这样的目的，有多样的解释方式。

第一节　民族志解释

民族志研究是定性研究中的一个重要范式。马林诺夫斯基在对特罗布里恩群岛土著人的人类学研究中，开创了这一研究范式。此后，民族志研究在社会科学的经验研究特别是定性研究中，被广泛接受并得以拓展。在民族志研究中，研究者正是用民族志的形式来进行解释的。由此看来，民族志是一种研究成果的形式、一种研究表述方式、一种解释模式。

一、民族志的解释

民族志研究是由三个部分构成的：一是研究者亲自参与的田野工作，其中包括通过参与观察和深度访谈来收集研究资料；二是研究的主题或理论导向，即研究者在田野工作之前所要探讨的问题或与某些理论相关的话题；三是民族志，即研究成果，是由研究者在田野工作基础上和理论指导下撰写的作品。

作为研究成果，民族志是研究者用来说明研究对象和进行理论解释的一种方式。在民族志中，研究者力图将田野工作的资料与理论主题结合起来，构成一种对研究对象的解释模式。这样一种解释模式，与定量的实证主义解释模式形成鲜明的对照。因为在定量的实证主义解释模式中，解释是在对先前研究假设的验证情况基础上进行的说明性解释，这些解释大多运用可能性的模式来帮助人们构建起对假设检验结果的理解。譬如，如果统计分析结果验证了“个人的收入水平与在纠纷中是否选择诉讼方式之间存在显著的正相关关系”，那么，定量的实证主义解释模式会将这一结果解释为：“人们随着收入水平提高，运用法律资源的能力会提高，因而选择法律途径解决问题的可能性会增大。”

但是，民族志的解释模式并非一种可能性的说明，而是一种现实性的呈现。所谓现实性的呈现，是指在民族志解释中，研究者把田野现实呈现出来。

民族志解释的基本方式是全景素描。全景素描法类似于绘画中的素描技法，即在几何原理和透视原理的基础上，运用视觉上的明暗度原理来描绘对象。民族志的全景素描，便是在社会与文化结构原理基础上，运用认知的理解性原理来呈现研究对象。民族志对人物、地方性社会、文化或社会单位的全景素描，一般是把对象的整体形态呈现出来，或者尽可能把田野材料全部组合起来，以全面再现研究对象和表达研究者对研究对象的理解。

民族志解释的基本结构主要包括三个组成部分：第一，研究对象所处的宏观背景。如果研究对象是一个地方性社会（local society）或文化，那么民族志的宏观背景描述主要包括地理位置、生态系统、历史文化传统等。由于宏观背景是突出研究对象特征的重要条件，因此，宏观背景描述并非简单的再现，而同样需要研究者加以选择。选择不同的宏观背景，表现研究对象和主题特征的效果也就不一样。再者，对一个研究对象来说，其宏观背景是庞大的系统，在有限的民族志文本里更好地呈现研究对象和表达研究者的理解，需要选择与所要凸显的主题相关的宏观背景来加以描述。

第二，以研究主题为主线对研究对象的整体描述，是民族志解释的主体构成。在这一部分，研究者需要以田野工作的焦点为主线，然后沿着这条主线展开对研究对象的整体描述。所谓整体描述，是指通过描述和叙述，呈现出研究对象的基本轮廓和整体性特征。所围绕的主线实际上是描述或叙述所选择的角度，即民族志所呈现的基本轮廓是从一个角度描绘出来的，这个角度是研究者在进行田野工作时所重点考察的问题或现象。例如，马林诺夫斯基的民族志《西太平洋的航海者》，选择了以特罗布里恩群岛上的一种民俗现象——库拉为考察焦点和主题。库拉现象是当地人交换项圈和臂镯的一种文化风俗，马林诺夫斯基以这一现象为主线，为我们描绘出这一群岛的土著文化的整体形态和特征，同时表达了自己对这一文化的整体认识。[①] 由此可见，民族志的描述不等于游记式的记述和影像再现，民族志描述的解释原理更类似于素描，而不同于游记和摄影。民族志的整体描述是从主题或特质出发来展现整体，而游记和摄影是为了留下整体印象。

第三，理论注解。与定量的实证主义解释模式形成鲜明对比的是，民族志解释提出理论的过程常常不那么直截了当、简单明了。因为民族志要给读者留下较多的想象和理解空间，而不会直接地解释某个研究假设是怎么被经验事实证实或是证伪

① 马凌诺斯基（马林诺夫斯基）. 西太平洋的航海者. 北京：华夏出版社，2002：1－19.

的。民族志中的理论解释常常寓于描述之中，从描述中生长出来。或者说，民族志中的理论注解往往是以“旁白”或“注解”的形式表现出来的，而不是用简单的变量关系来阐述一种理论。此外，在民族志中，理论注解通常是多样的、综合性的，而不是具体的。在描述每个田野经验后，研究者可能会做必要的理论概括和解释。不过，民族志中的多个理论注解并不是毫无关系的，更不会是自相矛盾的。通过多处理论注解，研究者的基本理论观念逐步构成。例如，费孝通在《江村经济》这部关于一个苏南村落的民族志中，既描绘了从农业生产到家庭副业生产等农民生活的各个方面，同时也通过理论注解的方式形成了乡土社会与乡土文化的理论观念[①]。

资料库 9-1

乡土社会中的择偶与婚姻

用理智选择儿媳妇是一件很难的事情。没有一个女孩子是完美无缺的，但每户人家都想找到最好的，因此很容易出错。如果找不到其他出错的原因，那就要归罪于挑选的人了。因此，算命先生不仅充当做出决定的一种工具，同时，也被用作把错误的责任推卸给上天意志的一个办法。如果婚姻不美满，那是命运。这个态度实际上有助于维持夫妻关系。但必须明白，真正起作用的挑选因素，首先是男孩父母的个人喜好，在表亲婚配时尤其如此，但这都被假装说成天意的决定。

挑选时主要考虑到两点：一是身体健康，能生育后代；二是养蚕缫丝的技术。这表明了对一个儿媳妇所要求的两个主要职能，即是，能绵续家世及对家中的经济有所贡献。

资料来源：费孝通．江村经济．北京：商务印书馆，2001：53.

所以说，民族志同样包含理论解释，只不过读者需要仔细阅读才能从中去体悟和理解理论，因为民族志陈述理论的方式不是直接陈述，而是将理论夹在整体描述之中。

民族志解释通常被应用于文化解释，或者是对地方性社会和小群体及组织的理论解释。因为在这些研究中，只有那种系统的、具有整体性的解释，才能有助于真正认识和理解所要研究的对象。尽管民族志解释模式将理论阐述寓于描述之中，可能显得松散和冗长，但一部成功的民族志通常是构建一种大理论的基础。马林诺夫斯基的功能主义文化理论、费孝通的乡土中国理论便是以他们的民族志为依托的。

二、实验民族志

尽管民族志具有相似的结构模式，但民族志的风格、文本格式和解释方式通常是多样的，而不是单一的。不同的民族志研究者，其认识论和方法论观念不同，所

① 费孝通．江村经济．北京：商务印书馆，2001：20-23.

选择的主题不同，以及解释策略不同，这些都会使他们在撰写民族志时采用不同的格式和方式。

实验民族志是传统民族志解释模式，是指研究者把民族志研究当作一种实验过程，并按照实验法的原理而做的民族志。因为实验民族志的解释属于客观再现研究对象或田野材料的模式，所以实验民族志又叫“再现民族志”。

“再现”既是实验民族志的基本解释方式，又是一种解释原则。就解释方式而言，再现是复原和再现研究对象的全貌，或者是复原民族志田野工作的过程，再现所有的田野经验事实。复原和再现的目的是客观地反映研究对象的状态及特征。就解释原则而言，再现代表了结构主义的反映论认识论原则，即认为科学研究是对研究对象规律的客观反映，而不能是主观的构造。因此，为了确保研究的客观性，必须尽可能避免主观性的介入，研究程序应遵循事实-反映的模式。

由于实验民族志是仿照实证主义方法论原理而完成的定性研究成果，因此它与实证的定量研究在结构上具有一定的相似性。首先，实验民族志包含所要探讨的理论问题，试图用田野经验来说明和解释理论问题。虽然理论问题并不一般是以研究假设的形式陈述的，但实验民族志一般是有理论导向的，即为了解释或说明某些理论问题。其次，实验民族志包含对经验事实的客观描述。为了客观地反映经验事实，研究者通常在民族志中运用整体性描述的方法来再现事实。一方面，这样一种描述方法可以更加全面地反映事实，对与研究对象相关的各方面的情况都加以描述；另一方面，对经验的描述或记述，是客观地再现事实的一种较优的方式，因为在描述或记述中，可以做到只将事实转换为文本，而减少研究者的主观介入。最后，实验民族志还包含理论分析过程。虽然描述是实验民族志的主体部分，但为了达到科学探索的目标，实验民族志必须在理论与经验事实再现之间找到连接的途径，这一途径通常是民族志的理论分析。在实验民族志中，理论分析的方式通常是在再现事实之后，针对所要探讨的理论问题，选择一种分析框架来进行归纳和概括。这些分析框架主要有结构分析、功能分析、意义分析和象征分析等。

实验民族志在对社会与文化的解释中，强调整体性和客观性。在整体性方面，实验民族志采取整体论策略，即追求完整地记述或再现一个社会、一种文化的现实和特征，以真实地反映研究对象。在客观性方面，实验民族志尽量按照实证科学的研究程序和模式来再现和揭示整个研究过程的真实性。为了提高民族志的信度，研究者尽可能地在民族志解释中澄清自己的真诚性和真实性，对研究过程中的每个细节和环节都尽量加以再现和说明，如怎样与研究对象进行合作，考察和询问了哪些问题，如何记录和分析观察发现，如何运用三角对证法对所获得的信息加以验证，等等。正如费特曼（D. Fetterman）所言：“民族志学者必须能够确定和选择合适的问题，必须学会使用理论、概念、方法、技术和在田野中使用适当的装备，之后他们再开始在一个陌生的文化中旅行。”①

① 费特曼．民族志：步步深入．重庆：重庆大学出版社，2007：115.

为了突出客观性和真实性，实验民族志的再现手法通常采用两种策略：一种是研究者的在场（presence），另一种则是研究者的不在场。为了显示民族志的真实性、真诚性和可信性，实验民族志常常会用第一人称的记述方法去记述所见所闻，通过研究者的在场和研究者的信誉去提高民族志的真诚性和可信度。研究者的不在场是指站在纯粹观察者的立场去记述民族志，用这一手法写出的实验民族志，像“文化快照”一样，增添了客观真实之感。

马林诺夫斯基既是实验民族志的奠基者，也是这一范式的极力倡导者。马林诺夫斯基试图按照自然科学的实验模式来推进其民族志研究。正如他所说：“难以想象，撰写一份物理学或化学的实验报告可以不对全部实验安排做出详细描述……对于民族志，坦诚地对这类数据加以说明或许更为必要。”[①] 由此看来，马林诺夫斯基想要的民族志，实际上类似于物理学的实验报告。

虽然实验民族志力图追求科学性、客观性，但它并不可能真正成为“超然的科学，而是深深地嵌入政治的现实之中，成为西方殖民统治体系的一部分”[②]。科学的民族志在客观地记述田野经验和客观地进行理论概括时，实际上也不可避免地构建着将他者对象化和自我中心化的价值体系。

作为一种科学范式，虽然实验民族志有自己的不足，但这些局限不至于完全否定其科学价值。无论是从教学的角度还是从研究方法的角度，实验民族志的一些基本原则和解释模式都值得重视和运用。

三、反思民族志

反思民族志也叫反身性民族志或批判性民族志。顾名思义，反思民族志的本质特征在于反思与批判。反思与批判是对既成的事实加以反观、重新思考，并在此基础上揭示和批判既定现实中所存在的问题。

从某种意义上说，反思民族志是在对实验民族志加以反思的背景下出现的。当科学主义的话语挑战人文社会科学研究，而人文社会科学的学者们又极力去迎合科学主义的话语霸权时，那些关于社会与文化的民族志研究便偏执于实证主义的客观性、中立性、代表性以及信度等标准，而对文化研究对象及研究者的主体性、能动性，以及文化科学的人文特征和价值性予以彻底排斥和拒绝。反思民族志通过对科学主义话语体系的批判性审视，寻求对社会和文化的重新解释，以开启人文社会科学民族志研究的新转向，开辟民族志研究的创造性和多样性。如一些人类学研究对民族志的再现传统提出质疑，集中探讨“民族志政治学”、“民族志诗学”（poetics of ethnography）等转向问题。[③]

---

① 马凌诺斯基（马林诺夫斯基）．西太平洋的航海者．北京：华夏出版社，2002：2.

② 高丙中．民族志的科学范式的奠定及其反思．思想战线，2005（1）.

③ 克利福德，马库斯．写文化：民族志的诗学与政治学．北京：商务印书馆，2006：26.

反思民族志中的反思主要有两种方式：一是研究者自身的反省及对民族志文本的反观和反思，即反身性。二是在宏大的语境下进行的反思研究，包括对权力体系、世界霸权、体制型构等问题的反观性思考和批判。

反身性民族志主要以民族志文本的书写为反思对象，从批判的视角去反观不同模式的民族志是如何形成文本的，亦即从一种崭新的视角去思考和探讨哪些因素影响民族志文本的打造，哪些因素影响文本的权威性。这样的反思和批判思潮，使民族志研究出现“文学转向”（literary turn）[①]，由此产生“民族志诗学”，并对传统民族志文本及其书写的修辞策略加以解构，开始从语境、修辞、权力、体制、世界等诸多方面重新审视民族志的书写策略。正如阿特金森（P. Atkinson）所认为的那样：

> 完全成熟的民族志研究，既需要一种对于自身的书写、对于语言的可能性与局限性的反身性意识，也需要一种对于再现模式的原则性探讨。我们不仅仅需要培养建构民族志文本的自我意识，更需要准备好以一种较为“文学批判的”视野来阅读文本。社会学家与其学生必须养成阅读自己与他人论述的习惯，以培养自己的风格与修辞特性。[②]

第二种形式的反思民族志代表一种研究范式。这一范式的特征体现在以某种现实为参照，然后对那些结构的、既定的现实进行反观和重新审视。通常情况下，反思主要从边缘的、弱势的、非体制的现象去反观和反思中心的、强权的、体制的现实。

高丙中曾总结，反思民族志作为一种民族志范式，有六种路向或六种类型：“一是从汉族的边缘群体反观汉族的整体（中华性），二是从后发展的少数民族看现代社会，三是从民间审视知识分子和官方，四和五分别是从妇女的行动反思男权思想图式并兼及从日常实践反思学术，六是从海外看中国。”[③] 概括起来就是，用边缘来反思中心，用实践来反思观念，用海外来反思中国。

反思民族志所提供的解释有着特殊的意义，虽然这些解释或许不是实证意义上的科学解释，但这并不意味着它们不具有科学价值和意义。反思性解释所倡导的怀疑态度和反思精神，不仅为人们对成见及权威进行反思和批判提供了有效工具，也为人们理解社会与文化现象提供了一种独特的认识视角。不过，我们也应意识到，反思民族志对重新审视民族志研究的方式方法具有启示和参照意义，如果将这一范式作为民族志的主流，那么这种趋势又值得我们去再反思和再审视。

---

① BACK L. Reading and writing research//SEALE C. Researching society and culture. London: Sage, 1998: 285-296.

② 格雷．文化研究：民族志方法与生活文化．重庆：重庆大学出版社，2009：213.

③ 高丙中．人类学反思性民族志研究：一个范式的六种尝试．思想战线，2005 (5).

四、表演民族志

表演民族志（performance ethnography）包含两层意思：一是指将民族志的内容演绎或表演出来，亦即将民族志过程及故事搬上舞台，重新加以演绎；二是指一种民族志格式或书写方式。在这种民族志中，人们所读到的主要是表演性行动，因为社会和文化本来就包含表演的过程，所以，民族志也包括表演的文本。

将民族志搬上表演的舞台主要是在 20 世纪 80 年代末和 90 年代初出现的一种现象。当时，一些社会学家与戏剧艺术家合作，将田野工作的笔记改编为剧本，然后搬上舞台加以表演。表演的过程尤为简单：演员拿着剧本、朗读剧本、不用道具、不用化妆，只有场景和角色的变换。这种表演的兴起，可能与 20 世纪的“实验戏剧”有一定关系。①

将民族志表演出来，通常会有这样的基本要求：第一，对民族志文本的要求。表演民族志要求民族志的文本具有可表演性。所谓可表演性，是指文本内容本身要有清晰的情景特征和故事情节，或者至少有明显的对话和互动行为。所以，表演民族志文本的风格带有表演性，而不是再现式的记述和描述。第二，将民族志文本改编为剧本。从民族志到剧本的编剧过程，通常是表演艺术家与社会学或人类学家合作的过程。编剧不仅要将田野记录材料转化为对话的形式，而且要设计场景、动作、服装和道具。更重要的是，剧本内容要能引起观众的反思。第三，挑选演员。把民族志搬上舞台，演员的表演非常重要。民族志中的故事，需要通过演员的精彩演绎，才能达到用戏剧表现日常生活意义的效果。第四，排练。尽管表演民族志倾向于即兴表演，以达到实验戏剧的效果，但在一般情况下，为了使表演效果更佳，在正式表演之前，表演剧组也需要进行必要的排练。在排练中，社会学、人类学的观众实际上充当了民族志研究者，而民族志作者和编剧则承担起制作人的职责，对表演中的对话和姿态加以把关。②

邓津在对蒙大拿小镇的民族志研究中，试图把田野工作转换为一种“表演性的文本”。因为在其看来，生活其实是一种剧本文化，它是以表演为基础的。文化就像一种戏剧表演，演员与观众之间的界限并不十分清楚，表演本身已成为一种现实。③ 所以，对民族志研究者来说，要将文化解释清楚，用表演性文本或许更容易达到目的。

民族志文本朝表演性方向转变的主要意义或目的是：第一，创造和行使某种“道德文本”。表演性文本能将某些个人的、地方性的问题引向公共的、社会的和政

---

① 麦考．表演民族志：简史和一些建议//邓津，林肯．定性研究：策略与艺术．重庆：重庆大学出版社，2007：449－463.

② ATKINSON P. Performance and rehearsal：the ethnography at the opera//SEALE C，et al. Qualitative research practice. London：Sage，2004：94－108.

③ 邓金（邓津）．解释性交往行动主义．重庆：重庆大学出版社，2004：16.

治的问题[①]，从而达到创造和弘扬公共道德的效果。

第二，行动取向。表演民族志是可以为表演提供脚本的，通过公开、即兴的表演，民族志会起到宣传、动员行动的作用，从而为采取行动解决某些社会问题提供支持。

第三，呈现日常生活。受戈夫曼的社会戏剧理论影响，社会学家越来越注重从互动或表演的角度去认识日常生活及其文化意义。表演民族志同样是为了更加接近日常经验，运用表演性的文本来呈现田野工作。

第四，提高民族志的信度。表演性文本的突出特征有两个：一是第一人称的写作手法。通过这种方式，可以表达研究者的在场，提高文本的权威性、真实性和可信度。二是对话。对话是表演文本的主体内容，运用对话，一方面是为了显示研究者的真诚性，另一方面是为了显示研究过程的真实性和生动性。

第五，批判性解释。民族志的表演转向，反映了民族志研究从文本中心向行动实践中心的转变。这种转变的深层意蕴是批判性解释，通过表演文本，不仅能呈现民族志文本是如何建构起来的，而且能把读者带入文本的互动行动之中，激发人们的批判和反思。

如果说反思民族志代表的是民族志的文学转向，那么，表演民族志则代表民族志的表演转向。表演转向既包含了艺术转向，也包含了行动转向和政治转向，因为研究者通过表演民族志，以求达到唤起人们采取行动去解决现实问题或政治问题的目的。

第二节　深描与解释

描述是定性研究的基本特征之一，是定性研究进行解释的重要方式。在描述之中，总会包含某种解释。描述中的解释既包括研究对象自身的解释，也包括研究者对研究对象的“解释之解释”。在描述和再现研究对象的现实时，实际上也解释了现实是怎样的以及为何是这样的，在再现的同时，研究者的分析和解释进一步揭示了现实背后的更深层意义或动机。

一、轻描与深描

描述性解释有两种形式：一是轻描或浅描（thin description），二是深描（thick description）。在定性研究的解释中，通常需要将两种描述结合起来，这样会获得更加有效的解释。

① 邓金（邓津）. 解释性交往行动主义. 重庆：重庆大学出版社，2004：18.

轻描是指一般性描述，即把一般经验事实和表层现象描绘和呈现出来。轻描的主要特点是：(1) 注重客观再现。轻描强调所描述的经验与研究对象本身的经验事实尽可能保持高度一致，即能客观地反映现实。(2) 注重表象和浅层事实的描述。轻描主要是把通过感官所获得的经验现象尽可能地再现出来，即把所见所闻描绘出来。(3) 强调主位的观念。轻描中的解释以主位解释为主，即以当地人或当事人的解释为主。轻描一般尽可能呈现当地人或当事人的说法和想法，在描述中，主要记述与当地人或当事人相关的访谈和对话内容。对一些经验研究者来说，当地人或当事人对自己生活中的事情最为了解，因此他们的解释才是真实的、可信的、具有权威性的。所以，研究者的解释应尽可能用主位解释，或尽可能借鉴主位解释。

轻描解释的内容主要包括这样几个方面：(1) 背景描述。主要描述一个社会、一种文化、一个群体、一件事件的背景和情境。(2) 行动描述。主要描述在一定情境或背景中发生的各种社会行动和互动。(3) 关系描述。主要描述一定背景中人与物、人与人、人与团体之间存在的不同联系。(4) 谈话描述。主要描述在访谈过程中受访者对问题的回答和对现象及事件原因的解释。

深描解释是格尔茨倡导的一种解释方法，他把深描视为“迈向文化的解释理论”①。格尔茨认为：

> 文化就是这样一些由人自己编织的意义之网，因此，对文化的分析不是一种寻求规律的实验科学，而是一种探求意义的解释科学。我所追求的是析解(explication)，即分析解释表面上神秘莫测的社会表达。②

由此可见，格尔茨所倡导的深描解释，其目的在于析解各种神秘莫测的文化现象背后的意义。格尔茨的深描说是受赖尔(G. Ryle)的“眼势”理论影响而提出的。赖尔在其《思考与反思》中提出，现象主义式观察犹如一台照相机，只能分辨出哪一个是眨眼、哪一个是挤眼，而不可能揭示每一种眼势背后的意义或“社会通行的信号密码”。③ 按照深描解释理论，那种只再现经验现实的轻描或一般性描述，实际上只告诉人们事实或现实属于哪一种情形，而并没有真正解释这些事实或现实的意义，或者说，并没有揭示人们那样做的真实意图究竟是什么。

深描与轻描的区别，不是深浅程度上的区别，而是性质、方向和方法上的区别。具体而言，它们之间的区别在于：第一，深描属于解释性描述，而轻描属于描述性描述。解释性描述的目的不在于呈现经验现象，而在于破解现象背后的“信号密码”，亦即破解现象的原因或行动的动机；描述性描述则主要呈现或再现客观事实。第二，深描解释是客位取向的，而轻描解释是主位取向的。在一般性的轻描中，研究者更加追求描述贴近当地人或当事人的事实和观念，尽量把当地人或当事人所说或所做的解释描述出来，并认为这种主位的解释更可信、更真实。深描则恰

---

① 格尔茨．文化的解释．南京：译林出版社，1999：3.

② 同①5.

③ 同①7.

恰相反。深描所关注的不是当地人或当事人怎么说、怎么做，而是他们所说、所做的意图或动因是什么。第三，深描所采用的方法主要是析解方法，而轻描所采用的方法主要是记录方法。析解方法是指分析和解释一些表象或行为的意指结构，即揭示在一些现象背后，究竟隐含着何种社会意义或原因。轻描所用的记录方法主要就是把各种表象和事实记录下来，然后加以呈现。

深描与轻描是两种不同的描述解释方式，两者在研究中承担着不同的解释功能，且这些功能并不是相互排斥的。在较多的定性研究中，两者相互补充、共同构成有机的整体。

二、深描的类型

作为一种意义解释方法，深描在定性社会科学研究中得到了广泛运用：不仅有结构主义对语言、神话、图腾、禁忌、仪式等文化现象的意义的译解，也有功能主义对文化及象征的功能解释，还有现象学和解释人类学对社会通行的信号密码或交流符号的析解。由此可见，深描法不仅有多种用途，也存在不同的用法。

邓津曾把深描法概括为这样一些类型：微观的、宏观的、历史性的、传记性的、情境性的、关系性的、互动性的、嵌入式的、不完整的、概括的、纯描述的、描述性与解释性的[①]。在这一分类中，其实没有真正区分深描与轻描的关系，如微观的、纯描述的、描述性与解释性的等类型严格地说形容的不是深描，而是一般性描述或轻描。

对深描法可以从三个维度来进行分类，这三个维度分别为：(1) 深描的使用方式，主要包括嵌入式的和概括式的；(2) 深描解释对象的层次，主要有宏观层次和微观层次；(3) 深描解释的内容，主要包括历史性的、情境性的、关系性的和互动性的。由此构成了如下深描法的类型体系（见表 9－1）。

表 9－1　深描法的类型体系

<table>
<tr><th></th><th></th><th>历史性的</th><th>情境性的</th><th>关系性的</th><th>互动性的</th></tr>
<tr><td rowspan="2">嵌入式</td><td>宏观</td><td>插入宏观方面如国家、社会、文化等历史意义的解释</td><td>插入国家、社会、文化等宏观背景的解释</td><td>插入宏观方面如国家、社会、文化等相互关系的解释</td><td>插入宏观方面如国家、社会、文化等相互交往意义的解释</td></tr>
<tr><td>微观</td><td>在个案的历史和经历研究中，嵌入意义的分析和解释</td><td>在个案研究中，嵌入对某些情境意义的分析和解释</td><td>在个案研究中，嵌入关于个体社会关系的分析和解释</td><td>在个案研究中，嵌入对互动行为意义及动因的分析和解释</td></tr>
</table>

① 邓金（邓津）. 解释性交往行动主义. 重庆：重庆大学出版社，2004：114.

续表

		历史性的	情境性的	关系性的	互动性的
概括式	宏观	在宏观研究中，概括和析解其中的历史意义	在宏观研究中，概括和析解其中的情境意义	在宏观研究中，概括和析解其中的关系及意义	在宏观研究中，概括和析解其中的行动意义
	微观	在微观研究中，概括和析解个体的历史意义	在微观研究中，概括和析解某些情境的意义	在微观研究中，概括和析解个体关系及意义	在微观研究中，概括和析解某些行动的意义

在表9-1中，嵌入式与概括式深描的区别主要在于运用深描解释的方式不同。嵌入式深描是指将意义解释插入一般叙述和描述之中，如费孝通对江村择偶情况中算命现象的解释（见资料库9-1），在对择偶与婚姻的一般性描述中，插入了对某些行为或现象的意义的析解。概括式深描是指在对某些社会文化现象进行专门研究之后，集中、概括地解释现象的意义。如格尔茨在对印度尼西亚巴厘岛“尼加拉”的历史研究中，通过一些神话、仪式，概括性地解释了剧场国家的政治隐喻及政治象征意义。①

宏观与微观深描的区别在于解释对象层次的差别。宏观深描通常是对一种更大范围的对象的解释，如格尔茨对“尼加拉”的解释，涉及国家、政治这样的宏观历史；又如韦伯对新教伦理和资本主义精神的解释。微观深描通常是对微观层面的个案或个体所做的解释，如马林诺夫斯基对特罗布里恩群岛的“库拉”现象的解释。

至于历史性的、情境性的、关系性的和互动性的深描，主要反映了深描的内容和侧重点不同。历史性的深描侧重于对历史和过去的经历所包含的意义的解释；情境性的深描偏重于对情境意义的剖析和解释；关系性的深描注重分析和解释现象中所包含的关系及其意义；互动性的深描则主要分析和解释行动和互动背后的意图和动机或“信号密码”。

三、深描——更深层的解释

深描是一种解释性的描述，而且深描所做的解释，不是一般的意义说明与解释。如“昨天他没去投票，因为他觉得投票对他来说没有意义”，这样的解释虽然反映和说明了某种现实，但并没有真正解释行动者行为选择以及他对其行动所做解释的深层意义。而深描，正如赖尔和格尔茨所倡导的那样，就是要揭示和解释人们行动的深层原因及意义。所以，深描解释属于“解释之解释”。

① 格尔兹（格尔茨）．尼加拉：十九世纪巴厘剧场国家．上海：上海人民出版社，1999：1-27.

“解释之解释”是指对一般浅层的解释做更深层的解释。在定性研究中，研究者会在田野工作中看到和听到关于某些社会文化现象之间的关联及其原因的解释，譬如农民对他们在生育中的生男偏好现象会做出多种多样的解释说明。尽管这些解释可能是符合逻辑的，可能是对真实意思的表达，但是，对研究者来说，如果研究的解释仅仅停留在当地人的解释上，研究就可能没有达到揭示深层意义的目标，而只是对浅层意义和表象加以说明而已。

所以，深描解释的主要任务之一是对访谈中的一般解释做深层意义的分析和解释，揭示被访者为何做出这种解释，在这种解释背后隐含怎样的观念结构或意指结构。在此基础上再理解和解释那些现象或行为之于受访者的意义。

至于深描解释所要揭示的现象或行动的深层意义，主要是指人们在内心深处赋予行动和现象的意义。深层意义不同于行动的一般原因或动机，而是更深层次的、与观念系统及认知结构相关的驱动力和动因。深层意义与人们在一定社会文化背景下形成的意指结构也有密切关系，任何文化中的人都会赋予一些符号、行动一定的意义，因而任何行动都与文化中的意指结构有关。意义解释就是要译解符号的意指，即符号指向何种意义。

格尔茨在对印度尼西亚巴厘岛的斗鸡现象的研究中，提供了一种深描解释的典型范例。他把巴厘岛的斗鸡现象比喻成“深层的游戏”，并对其深层意义做了以下分析和解释：

> 事实上，在浅层的游戏中，只有较少数量的钱被卷入其中，现金的增值和减值就效用和负效用而言近乎相同，在一般而非广义的意义上，快乐与痛苦、幸运与不幸也相去不远。而在深层的游戏中，被投入的钱数额很大，而更为重要的还不是物质性的获取，而是名望、荣誉、尊严、敬重——总之，在巴厘岛有一个意味深长的词，也就是“地位”。它在象征意义上是至关重要的……
>
> 在深层的斗鸡中，如我们将看到的，一个雄鸡所有者与他的合作者，以及圈外的支持者们通过金钱来赌他们的地位。①

由此可见，格尔茨所揭示的斗鸡的深层意义，不是斗鸡和赌博参与者对其行为的原因说明，而是隐藏在斗鸡和赌博行为中的社会等级结构这种深层意义。也就是说，斗鸡所代表的不是一般游戏，而是“深层的游戏”。所有以不同身份参与这一游戏的人，实际上是在演绎着巴厘岛社会的等级结构，斗鸡是用金钱来赌他们的地位。

深描解释所揭示的深层意义，帮助人们在微观现象与宏观结构之间建立起一种联想和想象，这种连接对理解地方性知识和观念结构起到中介作用。很好地运用深描法来分析和解释社会文化现象，对提高认识和理解的深度有重要意义。

---

① 格尔茨．文化的解释．南京：译林出版社，1999：509－510.

第三节 功能解释

社会与文化归根到底是由人与人之间建立的各式各样的功能联系、组织起来的，因此功能分析和解释在人文社会科学研究中一直发挥着重要功能，诸如社会学、人类学、社会心理学等学科，较为普遍地运用功能解释模式来探讨和解释相应的社会文化现象。目前，在定性研究中，功能解释仍是一种重要的分析和解释方法。

一、功能解释的逻辑

功能解释是一种较为特殊的解释方式。之所以说它是特殊的，是因为功能解释的内容如按照逻辑实证的方式来分析难以被证实，但功能解释又确能提供一些解释，这些解释对我们的认识和理解是有帮助的，因而它也是一种较为有效的解释。

此外，功能解释的特殊性还指功能解释所适用的对象较为特殊。功能解释的对象通常是那些复杂的系统或有机整体，它们是由复杂的结构构成的。正如亨普尔（C. Hempel）对功能分析对象的特点所做的概括：

> 功能分析所要解释的现象类型是比较典型的重复活动，或者是以个体或组群方式存在的行为模式，例如，它可以是一种生理学机制，一种神经病特性，一种文化型式，或一种社会体制。而这种分析的主要目标，是展示行为模式对维持和发展它发生于其中的个体或组群所起的作用。所以功能分析寻求认识行为型式或社会文化体制，根据它们把一定系统保持在适当的工作秩序中，并因而将其维持为运转着的事物时所起的作用来认识。①

功能解释的有效性主要在于事后解释。在调查基础上所进行的解释，基本上都属于事后解释，因为已经了解现象或行动的经过，再对其进行解释主要是基于对事情认识的解释。事后解释对于解释事情发生的条件、行动模式以及影响机制等问题，无疑是一种较为简便易行且有效的方法，因为我们已经掌握了那些确实存在的事实。

功能解释是功能主义的理论阐释模式。功能主义理论的核心观念由三方面内容有机构成：（1）整体论或系统论。功能主义的基本观点是把复杂的对象视为由不同结构组成的有机整体或有机系统，在这个整体或系统中，各个组成部分相互联系、相互作用，共同维持整体或系统的存在和变迁。（2）功能论或目的论。功能主义还

---

① 哈维．地理学中的解释．北京：商务印书馆，1996：519.

认为，构成整体的每一个组成部分都有功能或作用，或者说都是为实现某种功能、目的而存在的。（3）演化论或变迁论。在功能主义看来，系统结构并非一成不变的，而处于动态的变迁之中。整体或系统的演化或变迁，是由其内部各组成部分的变迁推动的。

在功能主义理论基础上，功能解释形成了自己特有的逻辑分析模式。这一模式的逻辑结构如下：

（1）如果A在某个时期内是一个完整的系统，且具有显著的特征C。

（2）P是A的构成部分，P对总体特征C的形成具有F功能。

（3）Q、R……与P相类似，也是A的构成部分。

（4）那么，Q、R……对总体特征C的形成同样具有F功能。

从这一逻辑结构来看，功能解释需要弄清这样几种逻辑关系：一是总体与部分的关系，即必须区分什么是总体，以及哪些是总体的构成部分；二是总体特征与构成特征的关系，也就是要弄清有机整体的基本特征和各个构成部分的特征；三是功能需求与功能作用的关系，即明确整体特征的维系对各个构成部分提出的功能需求是什么，以及各个构成部分实际发挥的功能是什么。功能解释的焦点就在于分析所考察的部分的功能是否与整体的功能需求相吻合。

二、功能解释的作用

虽然功能解释在逻辑上可能存在一些局限，但在定性研究中，功能解释仍适用于诸多社会与文化问题研究。按照拉德克利夫-布朗的观点，功能解释在对社会性质和社会生活的系统研究中，可用于探讨三个方面的问题：（1）社会形态问题；（2）社会生理学问题；（3）社会发展问题[①]。

对社会形态问题的探讨，主要是对社会结构及其类型的分析和解释：在通过调查获得经验事实的基础上，揭示社会中有哪些类型的结构，这些结构又具有何种典型的特征，以及不同类型的结构之间有何区别和联系。对形态问题的分析和解释属于结构分析，结构分析是功能分析的基础。

对社会生理学问题的探讨，实际上是对社会功能的分析。这一分析的核心是社会机制或功能机制分析，亦即要解释各种结构是如何发挥作用或相互影响的，以及它们实现功能的条件有哪些。

对社会发展问题的探讨，其实就是解释社会与文化的变迁问题。在功能分析的基础上，可以进一步探讨社会结构是如何发生变化的；在各种结构中，哪一种结构的功能发生变化导致了系统结构的变迁；在变迁之中，系统结构又是依靠何种功能维持系统的延续的。

一种有效、有价值的解释，必须有恰当的理论依据。拉德克利夫-布朗为其功

---

① 拉德克利夫-布朗．社会人类学方法．北京：华夏出版社，2002：59.

能解释方法提供了三个方面的理论基础：

> （一）一个特殊社区的社会生活的各方面，均系密切地相互关联着，或为一个统一的整体，或为体系中的各部分。……每一种社会活动都有一种功能；而且只有发现它的功能，才可以发现它的意义。任何活动的功能，任何风俗和信仰的功能，都是把社区看作一个统一的体系，来定它在这整个社会生活中的地位。
>
> （二）一个社区的社会生活基础便是一个特殊的社会结构，亦即将各个人联合为一个集体的一组社会关系。所以社会的绵续，社会生活的绵续，是依赖着结构的绵续的。
>
> （三）社会功能与社会结构两个概念，可联合为一个社会体系的概念，这个概念包含两方面：一方面是外界的适应（adaptation），社会体系是某数量的人在一个特殊自然环境中供给他们自己物质需要的一种机构。另一方面是完整（integration），社会体系靠着个人利益的和谐、联合与调适而将人类联合在一起。①

功能是功能解释的核心概念。在功能主义社会学中，默顿进一步细化了功能分析。默顿区分了社会系统中的“显功能”（manifest function）和“隐功能”（latent function），并讨论了“反功能”。显功能是指“有助于体系之适应或顺应的客观后果，这种后果为此体系之参与者所预期并认可”。隐功能是指那些没有被系统参与者预期和认可的结果。“反功能的概念在结构的层次上蕴含着强制、紧张、压力的概念，可提供一条研究动态与变迁的途径。”②

默顿的功能解释强调中层理论策略，主张用功能解释来建构中层社会理论，而非建构宏大的社会理论体系。中层的功能解释策略主要从功能单位（如个人、团体、社会系统、文化系统等）、功能需求或功能机制（如角色、制度性要求、价值、社会分工等），以及结构脉络（如结构要素的相互依赖、有限可能性等）等方面解释结构是如何影响功能的，以及功能又是如何影响结构的。③

虽然功能解释有事后解释和循环论证之局限，但是它在社会文化研究中，仍是一种较为简便且有效的解释方式。因为这些研究的目的主要不在于发现什么规律，而在于认识和理解其中的意义。再者，这些研究的对象大多是庞大且复杂的系统，功能分析和解释至少能通过微观的观察了解其中的结构和功能机制，这为我们理解这样复杂的系统提供了一条便捷的路径。正因如此，虽然功能解释受到了诸多批评，但在社会科学研究中，它仍被普遍使用。

---

① 北京大学社会学人类学研究所．社区与功能．北京：北京大学出版社，2002：303－304.

② 默顿．论理论社会学．北京：华夏出版社，1990：139－142.

③ 同②175.

三、系统分析

系统是功能分析和解释的基础，对结构和功能机制的解释，必须是相对于系统而言的。因此，理解功能解释，需要对系统概念有所理解。

社会科学研究中的系统概念具有一些特点，主要是：

第一，社会科学中的系统是抽象的产物。与物质世界不同，社会科学中所说的系统一般是人们根据现实抽象出来的，而不是真实、有形的系统。例如，社会学家帕森斯提出的社会系统 AGIL 模式，即任何系统皆由调适、目标实现、整合和模型维护四个子系统构成（见图 9－1）。其中，系统与子系统其实都是一种理论抽象的产物。

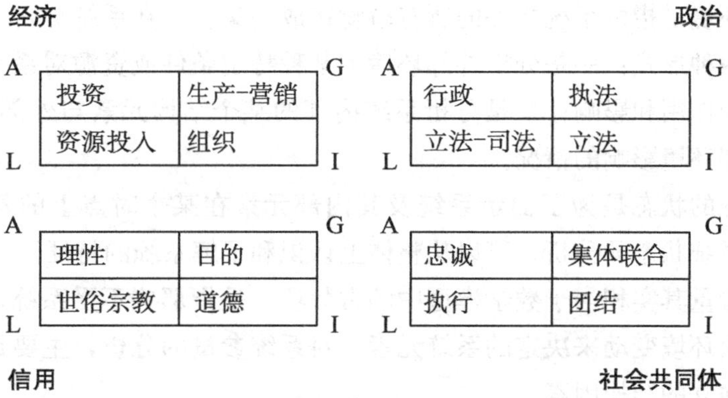

图 9－1　社会系统的子系统结构

资料来源：PARSONS T，PLATT G. The American university. Harvard：Harvard University Press，1973：428.

第二，用于分析的社会系统是相对独立的封闭系统。任何系统都与其所在的环境有着相互作用的关系，因而系统对环境来说是开放的。然而就结构而言，任何系统又都具有相对独立性，即能与环境区分开来。而且，为了对一个系统进行分析，必须将系统置于封闭状态，即保持其独立性。只有面对封闭的系统，分析才是可行的。

第三，社会系统是由多种复杂的元素构成的。社会系统虽然是抽象出来的，但包含了各种各样的结构要素或元素。这些元素通常是具体的，如物质设置、成员、机构及组织等。系统内的复杂元素之间，都存在着某种联系，系统正是通过各种各样的联系将复杂的元素组织起来、统一起来，构成具有一致性的系统的。

系统分析所探讨的问题主要包括：（1）系统的结构问题；（2）系统的行为问题；（3）系统的界线问题；（4）系统的环境问题；（5）系统的状态问题；（6）系统的参量问题[①]。

---

① 哈维．地理学中的解释．北京：商务印书馆，1996：541－549.

系统结构分析是为了揭示系统内部基本元素之间的各种关系或联系，以及由这些关系或联系构成的各种形态特征。分析系统结构不仅是了解和认识系统的整体形态和特征的基础，同时也为分析各元素的功能奠定基础。

系统的行为是指结构元素的行为，即结构元素所发挥的作用或功能。所以，系统的行为分析实际上是功能分析。对系统内部元素的功能分析主要从以下两个方面进行：一是分析一个或几个结构元素对其他元素的作用或功能，即元素间的相互功能；二是分析一个或几个结构元素对系统整体的作用或功能，主要是各个结构元素在满足系统维持方面所发挥的功能。

分析系统的界线主要是明确系统与环境之间的边界。只有弄清系统边界，才能辨别出哪些是系统内部元素，哪些是系统外部环境。也只有明确系统边界，才能分析系统与环境之间的关系和相互作用。

系统的环境是指由系统之外的所有事物构成的集合。在系统分析中，对环境的分析主要有两种形式：一是分析外部环境中某种特定条件或资源对系统的输入，以及由此产生的作用和影响；二是分析系统内部的某个结构元素与外部环境的关系，或者是受外部环境影响的情况。

分析系统的状态是为了揭示系统及其内部元素在某个时点上的基本状态和特征，通过对系统状态的分析，可以从整体上认识和了解系统的特征。

系统的参量其实相当于数学模型中的常数项，是指那些不受系统运行、变化影响，而主要由环境变动来决定的系统元素。对系统参量的分析，主要是揭示系统内部那些相对独立的结构因素。

社会与文化确是复杂的大系统，因此，从系统分析角度来解释社会与文化，拓展了研究的视野，有助于避免对社会与文化的简单化认识和理解。不过，要使系统分析成为更加有效的解释，还需要进一步提高其可操作性。

第四节　批判性解释

批判性解释是定性研究中的一种解释范式。批判性特征是定性研究所特有的特征，在定量研究中是难以见到的。定性研究中的批判性解释通常是对不公正权力或霸权（hegemony），以及不合理现实的批判。而解释主要是揭示霸权、权力以及不公正现实的本质和形成机制。

在批判理论范式中，批判性解释的方式则是多样的。不同的理论会从不同角度展开批判，这些批判视角主要有：揭露假象与揭示本质、阶级分析、异化问题透视、话语及意识形态批判等。

一、揭露假象与揭示本质

揭露假象与揭示本质是批判性解释的重要方式之一。所谓假象，是指用来掩盖真实目的和事物本质的外形和表象。对批判研究者来说，社会中的诸多现象或行为并不是真相的显现，而可能是一些势力或集团表演出的假象。很显然，假象的背后实际上有着阴暗的、不可告人的动机和目的。那么，揭露假象就是要让人们知道那些所谓的事实或现实的虚假的一面，同时让人们认识和了解表象背后的不正当的一面。对假象的揭露和对现象本质的揭示，实际上是对某种现实的批判性解释。

通过揭露假象来进行批判的方式，在文化研究中出现得较多，尤其是一些后现代主义文化理论，常通过对文化中的各种假象的揭露和批评，来构建其对社会现实的解释。例如，鲍德里亚（J. Baudrillard）通过对拟象（simulacra）的分析，揭示和批评了后现代消费的本质，认为后现代社会进入了模仿时期，所有符号都已经变得既没有意义，也不代表商品，而是变成了“符码”（code）。符号既不意指社会现实，也不是互动的媒介，而是消解了所有社会现实，使得社会性的东西除了消费价值以外，毫无其他价值和意义。因此，社会消失了，而符号变成了“超级现实”（hyperreality）。[①]

假象其实是指现象与本质的背离，或者是现象所包含的现实悖论问题。因此，揭露假象的内容主要包括：（1）对社会文化中人们习以为常的现象进行认真观察和反思，如对人们普遍接受的流行、时尚、权威、价值观等现象的观察和反思。通过研究和思考，了解这些现象在社会现实中的基本情况。（2）思考那些现象形成的过程、机制及社会影响，探讨在那些现象形成的过程中，有哪些社会力量参与其中，它们各自带有何种动机和目的，以及它们最终对现象的建构及其社会效应产生怎样的影响。（3）揭示那些现象中被掩盖的本质，包括一些真正的动机、目的和社会影响。揭示本质主要是为了说明假象，即告诉人们其习以为常或想当然的现实其实是一种被制造出来的假象，多数人想要的或社会的本质性需求在假象中已经被引向歧途。（4）批判和解释假象制造的机制、意图及可能的影响，即解释偏离本质的假象为何得以产生，那些制造假象的社会力量出于何种动机或目的，以及当假象存在于社会现实之中时，它们将对社会产生哪些影响。

对假象的批判解释，为人们看待和理解现实提供了一种视角——从某种意义上也可以说是一种警示。对假象保持警觉意识，会让人们更加独立、理性地认识和建构现实。

---

① BAUDRILLARD J. Selecting writings. Stanford：Stanford University Press，1988：135 - 151.

二、阶级分析

阶级分析是马克思主义分析和解释社会及历史发展规律的基本方法之一。马克思主义把阶级看作私有制的产物，是在私有制社会里形成的不同集团，其中一个集团能够占有另一个集团的劳动。阶级关系和阶级斗争不仅是阶级社会中最基本的关系，也是影响和决定社会历史变迁的社会关系。阶级关系的本质是剥削与被剥削、压迫与被压迫的关系。[①] 由此可见，马克思主义对阶级的分析，真正目的在于揭示阶级社会的本质关系，以此来批判资本主义社会中的阶级剥削和阶级压迫，动员广大被剥削、被压迫阶级通过阶级斗争的方式来改变不合理的社会制度。

当代西方的一些新马克思主义学派，一方面推崇阶级分析法，另一方面又在改变阶级分析的内在本质，并赋予阶级分析不同的意义和内容。例如社会学中的新马克思主义学派，把阶级概念更多地理解为意识层面和社会地位方面的差别。赖特（E. Wright）将阶级内涵界定为"阶级分析中意识的逻辑根源"及"阶级相关的影响"两个方面，并把阶级分析转化为阶级意识与行动分析，把社会根本矛盾分析转变为社会分层分析[②]。在西方社会学分层与流动研究中，引入阶级分析的方法，表明马克思主义阶级分析法对解释和批判资本主义社会不平等现象的有效性，但同时实际上也在消解着阶级分析所具有的独特功能——批判功能。新马克思主义的社会分层理论中的阶级，已成为一种分析和解释的变量，而不再是对社会不平等关系的本质和根源的揭示，更不再是对有着阶级剥削和压迫的社会制度的批判。

要回归阶级分析法，必须坚持马克思主义阶级理论的基本原则。在进行阶级分析时，需要把握以下几个要点：第一，用阶级观点去揭示和批判私有制和资本主义社会的不平等现象的本质和根源。阶级的存在与生产资料的私人占有有着不可分割的关系，因此，阶级观点和阶级分析对于揭示资本主义与私有领域的社会关系问题，仍是能抓住本质和核心问题的。第二，用阶级分析法去揭示和批判社会中的压迫和剥削现象。压迫、剥削既是阶级关系的本质，也是社会不平等、不公正现象的根源。对压迫、剥削的阶级分析，就是要批判这种关系的不公正性。第三，用阶级观点去分析、批判意识形态和生活方式领域里的腐朽观念及现象。按照马克思主义的观点，意识形态是上层建筑的重要构成，也即统治阶级为维护其统治而创立的一套价值观念和理论体系，而那些不健康的生活方式是由落后的意识形态所支配的行为的体现。从阶级的角度对意识形态和生活方式进行分析，目的在于揭示和批判其阶级本质。

运用阶级分析来解释社会历史现象，一方面需要与时俱进，不断发展马克思主

---

① 恩格斯．家庭、私有制和国家的起源．马克思恩格斯全集：第21卷．北京：人民出版社，1965：125-148.

② 赖特．阶级．北京：高等教育出版社，2006：254-282.

义阶级与阶级分析的内容，避免将马克思主义教条化；另一方面需要保持批判性特征——但这不等于把阶级斗争泛化、扩大化。

三、异化问题透视

异化（alienation）是马克思在分析资本主义劳动现象时提出的概念和批判视角。马克思批判资本主义的扩大再生产造成了工人劳动的异化现象。在机器化大生产中，机器是由工人生产出来的，结果却造成了工人成为机器的奴隶，而机器成为资本家剥削工人的工具。

将马克思对资本主义异化问题的批判理论与当今社会现实相结合，可以发展出针对现代社会的如下方面的批判与反思：第一，物化问题。这一问题实际上是现代社会异化问题的表现之一。在现代社会，人创造的物越来越多、越来越发达。物在给社会带来富足的同时，也越来越多地支配着社会，社会受物的影响和支配的程度也越来越高。如社会风险程度与物所含的技术的正相关程度越来越高，又如人们创造了发达的交通工具，同时又产生了人对物的依赖。第二，消费主义。现代社会的消费主义文化，有着将社会消费行为异化的特点。消费主义所引导的符号化消费，不仅偏离了消费的本质功能，而且将符号变成支配人的选择的工具。第三，形式主义。形式主义是现代体制尤其是官僚机构面临的一种异化问题，形式主义带来的问题主要是管理行为的异化，即管理和秩序的形式化、程序化。在现代社会，人们过于追求正式程序或形式，因此设置了种种规则和约束。然而社会生活过程毕竟是由人来承担的并最终应该满足人的主体需要，而形式或程序却往往会扼杀人的主体性、能动性和创造性，导致人仅仅为形式而工作。

对现代社会与文化中异化问题的批判解释，需要抓住几个重点：一是分析和揭示现象或社会行动是怎样背离人和社会的主体性需求，并造成对主体性的压制的。二是分析并解释背离主体现象或社会悖论现象，揭示操纵各种背离和悖论的力量产生的根源。三是揭示并批评背离或异化问题的可能影响。

四、话语及意识形态批判

意识形态概念及问题与马克思主义的论述有密切关系。马克思和恩格斯指出：“如果在全部意识形态中，人们和他们的关系就像在照相机中一样是倒立成像的，那么这种现象也是从人们生活的历史过程中产生的，正如物体在视网膜上的倒影是直接从人们生活的生理过程中产生的一样。”[①] 由此可见，马克思主义把意识形态看作对人的正常意识的颠倒，即对社会存在的颠倒的、虚幻的反映，对社会现实的非

---

① 马克思，恩格斯．德意志意识形态//马克思，恩格斯．马克思恩格斯选集：第1卷．3版．北京：人民出版社，2012：152.

现实的表达。

曼海姆（K. Mannheim）认为意识形态这一术语有“特殊含义”和“总体含义”两种。特殊含义是指“从有意识的谎言到半意识和无意识的伪装，从处心积虑愚弄他人到自我欺骗。这一意识形态概念只是逐渐才变得有别于谎言的常识性观念”。总体含义“指的是某个时期或某个具体的历史-社会集团（例如阶级）的意识形态”。[①] 在曼海姆看来，意识形态的虚幻性在于它总是向人们提供乌托邦式的想象，其中所设想和陈述的思想和意识都是不可能实现的。

意识形态概念的丰富内涵及不断扩展的外延使其具有较强的批判性解释功能，在当代社会文化研究领域里，意识形态批判仍具有重要意义。进行意识形态批判解释，可以从几个方面入手：第一，揭示权力与话语的关系，以及各种话语形成的过程和机制。意识形态是由各种各样的话语构成的，而话语的产生，与权力和霸权是分不开的，因此，揭示和批判意识形态的本质，需要对权力和霸权的阴谋的揭露。第二，分析和揭示各种话语体系和意识形态的本质和特征。对话语及意识形态的批判解释，必须让人们了解它们是如何伪装真相、颠倒事实、制造虚幻、提供幻想的。第三，分析和揭示话语及意识形态的社会影响机制。作为颠倒的、虚幻的、假想的意识，话语及意识形态是如何在社会中得以形成并影响人们的行为和社会现实的？对这一问题的回答是进行意识形态批判的重要目的之一。

本章要点

1. 民族志解释包括三个组成部分：对宏观背景的描述、对研究对象的整体描述、理论注解。实验民族志是传统民族志解释模式，是指研究者把民族志研究当作一种实验过程，并按照实验法的原理而做的民族志。因为实验民族志的解释属于客观再现研究对象或田野材料的模式，所以实验民族志又叫“再现民族志”。反思民族志是对既成的事实加以反观、重新思考，并在此基础上揭示和批判既定现实中所存在的问题。反思有两种方式：一是研究者自身的反省及对民族志文本的反观和反思，即反身性。二是在宏大的语境下进行的反思研究。表演民族志包含两层意思：一是指将民族志的内容演绎或表演出来，亦即将民族志过程及故事搬上舞台，重新加以演绎；二是指一种民族志格式或书写方式。

2. 描述性解释有两种形式：一是轻描，二是深描。在定性研究的解释中，通常需要将两种描述结合起来，这样会获得更加有效的解释。深描是一种解释性的描述，而且深描所做的解释，不是一般的意义说明与解释，而是要揭示和解释人们行动的深层原因及意义。所以，深描解释属于“解释之解释”。

3. 功能解释是功能主义的理论阐释模式。其内容主要有三个方面：（1）整体论或系统论；（2）功能论或目的论；（3）演化论或变迁论。系统分析所探讨的问题

① 曼海姆．意识形态与乌托邦．北京：商务印书馆，2000：56-57.

主要包括：(1) 系统的结构问题；(2) 系统的行为问题；(3) 系统的界线问题；(4) 系统的环境问题；(5) 系统的状态问题；(6) 系统的参量问题。

4. 批判性解释是定性研究中的一种解释范式。定性研究中的批判性解释通常是对不公正权力或霸权，以及不合理现实的批判。而解释主要是揭示霸权、权力以及不公正现实的本质和形成机制。批判性解释的方式则是多样的，批判视角主要有：揭露假象与揭示本质、阶级分析、异化问题透视、话语及意识形态批判等。

关键概念

民族志解释、再现民族志、实验民族志、反思民族志、表演民族志、轻描或浅描、深描、功能解释、显功能、隐功能、反功能、系统分析、假象、阶级分析、异化、意识形态、话语

思考问题

1. 如何理解实验民族志与反思民族志的关系？
2. 何谓深描？深描法在社会科学解释中有哪些重要意义？
3. 功能解释有哪些特点？功能分析的未来将是怎样的？
4. 什么是阶级分析法？如何理解阶级分析在当代的运用？

推荐阅读书目

1. 马凌诺斯基（马林诺夫斯基）．西太平洋的航海者．北京：华夏出版社，2002.

2. 拉德克利夫-布朗．社会人类学方法．北京：华夏出版社，2002.

3. 格尔茨．文化的解释．南京：译林出版社，1999.

4. 费孝通．江村经济．北京：商务印书馆，2001.

5. BAUDRILLARD J. Selecting writings. Stanford：Stanford University Press，1988.

第十章
应用定性研究方法

定性研究方法具有简便性、参与性、灵活性，其信度和效度同样具有可控性。因此，定性研究方法不仅在基础性、学术性的研究中有重要价值，而且在应用性研究中同样有较高的价值。从小型的个人行动策略和团体计划的评估到大型社会发展项目和复杂工程的评估，定性研究方法都得以广泛应用。本章将着重介绍行动研究、评估研究、风险评估、焦点小组座谈和利益相关者分析五种常见应用定性研究方法。

第一节　行动研究

社会世界是由人的实践行动构建起来的，社会关系、社会问题、生活环境及条件既在行动中形成，又需要通过行动来调节和改善。在实践行动中，我们不仅可以获得关于社会世界的知识，而且可以寻求解决途径。

一、什么是行动研究

所谓行动研究，也叫参与行动研究，是一种旨在改变个体或群体的某种问题或不利条件，研究者和当事人共同参与到具体行动方案之中以寻求解决问题途径的研究方式。这一研究方式在应用心理学、教育学、医疗及社会工作研究中，有着广泛的应用。譬如，在学校教育中，为了探寻矫正个别心理异常学生的行为的方法，研究者和教育工作者可根据实际情况设计相应的行动方案，引导学生共同参与这些行动。一方面，在行动中研究者可以进一步发现和认识学生的心理特征及其变化规律，另一方面，学生通过行动参与更容易达到行为矫正或教育的目的。

行动研究的方法论和认识论基础主要包括：第一，强调实践既是认识的基本途径，也是检验认识的基本标准。行动研究倡导研究者与研究对象共同参与具体的行动实践，一方面是为了在行动实践中发现和理解问题产生的原因，同时根据研究发现采取相应的行动以改善或解决问题；另一方面是为了通过实践来检验自己的认识或发现是否正确，因为从行动实践的效果即可看出自己的认识和理解是否得当。

第二，强调主体性在认识和实践中的能动作用。行动研究强调让研究对象或当事人参与到研究计划之中，并尽可能与他们分享研究信息，使之与研究者建立起高度信任和协作关系。其目的在于，通过这种参与和行动的方式，充分发挥实践主体的主观能动性，因为问题及不利状况的解决和改变，主要还是依靠当事人本身的力量。

第三，强调自我反省对认识和实践的促进作用。行动研究采取共同参与具体行动计划的策略，并引导个人和集体进行对行动实践的自我反省，通过反省可以推进对问题的进一步认识，并对下一步实践起到调整和改进作用。

从目的和方法论的角度看，行动研究主要具有如下特点：

(1) 实践取向。行动研究具有特别显著的实践或行动取向，即把研究目的、过程及方法都置于实践或行动之上。不仅研究是为了开展某项实践，研究也是在实践之中并运用实践方法完成的。

(2) 参与性。行动研究要求研究对象参与到研究计划及行动之中，这样，参与者既是研究对象，实际上又扮演实验者和研究者角色。鼓励、引导和扩大参与，是行动研究的典型特征。对参与的重视，体现了行动研究的民主观念，即强调民主方式和民主机制在解决社会问题方面的重要作用。

(3) 协作性。行动研究一般是通过研究者与行动参与者的相互协作而完成的，协作过程既是实践过程，又是研究和获得知识的过程。协作不仅在研究者与研究对象之间搭建了平等平台，同时也为知识和理论构建创造了平台。

(4) 反省性。一方面，行动研究要求研究者不断反观和反省理论、认识与现实状况之间的距离，并根据行动实践来修改、完善理论和增进对问题的认识。另一方面，行动研究要求参与者在行动中不断反省自己对问题、现状及行动策略的认识和态度，以便在以后的行动中调整自己的认识方式和行动方式。

(5) 价值性。从应用目的角度看，行动研究通常是为了帮助某些个人或团体解决一些困境和问题。由于这些个人或团体一般属于弱势群体，因此，行动研究会带有价值倾向和人文关怀，与纯学术性的科学研究有一定的区别。

行动研究一般应用于三类研究：第一，在学术性的科学研究中，行动研究通常用作收集资料和获取信息的基本方式。在一些定性调查研究，如田野工作中，研究者通过让当地人参与某些行动或活动的方式，来获得相关方面的信息。第二，在应用性的互动实践研究中，研究者通过行动研究，实现对目标群体的认识，并在此基础上对计划推进的项目进行评估，同时依靠参与行动来推动项目或行动计划的实施。第三，在批判性的研究中，研究者运用行动研究方式获得对理论认识和参与者或行动者自身的反思。

二、行动研究的内容

在应用性的定性研究中，尽管行动研究的方式是多样的，但其研究内容有着较多相通之处。概括起来，行动研究的内容主要包括这样几个方面：（1）诊断问题；（2）行动方案设计；（3）行动参与或干预；（4）行动效果评估；（5）对策计划。

第一，诊断问题实际上是行动研究的出发点，因为解决某些困境和问题是行动研究的根本目的。要解决问题，首先必须明确问题是什么。在行动研究中，对问题的诊断主要包括：对问题表征的把握、对问题性质的判断、对问题原因的探究、对问题影响的预判。例如，一项旨在为遭受地震灾害的群体提供心理援助的行动研究，首先需要在参与行动中诊断群体成员的心理问题。在对个人及群体的心理问题进行诊断时，需要从人们的行动中了解其心理特征，并以此对其心理问题做定性判断，然后分析问题的成因及可能的影响。

第二，由于行动或活动是行动研究的条件和平台，因此，在研究中必须设计和确立一种行动方案，以供研究者和研究对象共同参与。要设计行动方案，需要研究其中的关系以及活动的可参与性和自然性，即让目标群体能自然地参与到所设计的行动或活动之中，且通过行动或活动，研究者能实现其研究和实践的主要目标。

第三，在行动研究中，还需要对引导性和干预性行动进行探讨和研究，并将这些行动付诸实践。所谓引导性和干预性行动，是指研究者针对研究对象的问题，在参与活动的过程中有意识、有目的地实施的行动，以便对研究对象的习惯观念和惯常行为进行干预，并引导研究对象改变认识和惯常行为，以达到解决问题之目的。对引导性和干预性行动的研究实际上是行动研究的实践构成，它要求研究者在参与中积极探索且努力实践，由此才能达到行动研究的实践目的。

第四，行动效果评估是行动研究的重要内容之一。行动效果评估主要包括两个方面的内容：一是对参与活动效果的评估，二是对干预行动效果的评估。评估参与活动的效果，主要是评价所设计和推进的参与活动对达到研究目的所起的作用，如监测和评估参与的范围和程度、参与活动对发现和解决问题的有效性。评估干预行动的效果，主要是监测研究者所实施的干预行动被研究对象接受的程度，干预行动对缓解或解决问题的有效性程度，干预行动的可持续性，等等。对行动效果的评估，一方面是为了反省研究过程的认识、发现和成果，另一方面是为进一步推进行动实践提供参照系。成功的行动研究，应该具有良好的行动或实践效果。实践不仅是检验行动研究成败的重要依据，也是推进和完善行动研究的重要手段。

第五，对策计划是在参与、实践和评估的基础上，提出解决问题的系统对策、建议。一项行动研究通常有两类目标：一是帮助某些个人或群体寻求解决困境或问题的对策和方法；二是寻求可推广的解决某类社会困境或问题的政策方案。所以，在行动研究中，不仅要帮助对象群体解决问题，还要尽可能地从研究实践中探索出可以推广并可转化为政策方案的实践经验。为此，对策计划要达到如下要求：

(1) 针对性，即要针对类型化的行动问题；(2) 系统性，主要是系统阐述和表达解决问题的政策和措施；(3) 科学性，即必须在行动研究所得出的、经过经验论证的结论基础上提出对策计划；(4) 可操作性，即所提出的政策建议要有可行性和可操作性，而不能是宏大的行动纲领和目标规划。

三、行动研究的策略和方法

关于行动研究的策略，拉德金（D. Ladkin）认为可以用“第一人称研究”“第二人称研究”或“第三人称研究”加以概括①。

第三人称研究策略是一种把没有面对面联系但有共同之处的人组织起来，通过相互合作以寻求影响和改变的研究策略。参与式行动研究是第三人称研究策略的典型形式。在参与式行动研究中，那些弱势群体通过相互影响，能提出一些有价值的对策和决定。

第二人称研究策略则强调个人之间及团体内部的面对面的互动研究。面对面的交流和互动，可以促进研究者与研究对象以及研究对象相互之间的相互合作性。在合作性研究的基础上，一个人的思想、经验和决定会对其他人产生相应的影响。采用第二人称研究策略，行动研究者需要发挥友好关系及语言交流的重要作用。

第一人称研究策略是第二和第三人称研究策略的基础。第一人称研究策略关注行动研究者自身的行动选择及经验，即要求行动研究者必须认识到自己是研究的重要组成部分，自己的观点和行为会对其他参与者产生较大影响。因此，行动研究者在研究过程中需要意识到自身行动的重要性，合理正确地用自己的行动实践来推进研究。

在行动研究中，常用的方法主要有动员法、引导法、交流协作法、行动与反应循环法、自我反省法等。

动员法意指一些宣传或说服策略，鼓励和动员具有共同特点或问题的人参与到计划的活动中来。动员既是一种宣传过程，同时也是一种行动影响过程。通过动员，参与者的思想和行动实际上已经受到了影响或改变。

引导法是指研究者通过行动指导或自身的行动示范，引导研究对象朝着研究者想要的行动方向展开行动。引导法体现了研究者在研究中的主导角色，以及具体实践策略。

交流协作法是指研究者在研究中促进个人之间及团体内部交流合作的方法。行动研究要求研究者与研究对象、研究对象之间有密切合作，否则行动实践难以推行下去。为了促进行动中的合作，研究者需要采取一些交流、沟通策略，引导参与者尽可能地进行配合与协作。

---

① LADKIN D. Action research//SEALE C, et al. Qualitative research practice. London: Sage, 2004: 538.

行动与反应循环法是指在行动研究中，研究者必须参与行动与反应两个过程，并引导和推动行动与反应的循环反复。也就是说，研究者在引导群体成员开展某项行动之后，要立即让成员对这项行动做出反应，并根据行动反应，做出新的行动计划，然后继续推动下一步的行动。行动与反应循环法是行动研究的特色，它让研究既在行动中发现问题，又在行动中寻找解决问题的方法。

自我反省法是指在开展参与行动之后，研究者和参与者对自己的以往经验、思想和方法以及行动进行反思和讨论。自我反省的意义在于能促进行动的改变，以解决研究对象的困境或问题。

例如，在对临终老人群体的行动研究中，尽管有些老人可能因不能行动而不愿参与集体活动，但行动研究者可以采用动员、引导、人际沟通等策略和方法，尽可能让群体中的每个成员以不同方式参与所设计和安排的集体活动，并使他们在集体活动中积极配合和相互协作，共同讨论和反省自己已有的一些观念和行为，如消极、悲观的观念和行为，然后共同采取新的行动改变这些观念和行为。

从某种意义上说，行动研究是对传统研究范式的一种反抗，这种反抗包括对研究者以及对研究与实践关系的看法的反抗①。其实，行动研究的特殊之处在于对研究与理论以及研究目标的独到理解和认识。在行动研究中，理论假设、总结和解释并不重要，重要的是行动、实践以及实践带来的实际结果。从这个意义上说，行动研究的未来并不是要创立与传统范式不同的批判研究，而是要在实践应用领域发挥更大的价值。②

第二节　评估研究

时代性是科学的一个重要特征，科学研究及活动要尽量去满足一个时代的需求。在当今时代，社会变迁的速度在加快，层出不穷的社会改革及制度变迁，究竟给我们的社会带来了什么？我们想要推进的改革或创新，未来能否给我们带来理想的结果？正是出于回顾过去和展望未来的需要，评估应运而生。尽管评估是个现代概念，但人类在努力建设理想社会的过程中，实际上早就运用了这种方法。在现代社会，评估已成为一种被广泛应用的方法，在公共政策、工程项目、商业营销、立法执法以及社会发展规划等诸多领域，评估研究已成为一个不可或缺的过程。

---

① 凯米斯．参与行动研究//邓津，林肯．定性研究：策略与艺术．重庆：重庆大学出版社，2007：632.

② 同①632.

一、什么是评估研究

评估研究有广义和狭义之分。广义的评估研究是指“所有探讨事件、事务、过程或人的价值的努力”，狭义的评估研究则是指社会项目评估研究。社会项目评估研究是指：“评估研究者运用社会研究法，研究、评价并帮助改善社会项目的所有重要方面，包括社会问题诊断、概念化与设计、实施与管理、结果及其功效。”①

评估研究是应用性研究的重要方法之一。评估实际由两个重要方面构成：一是评价，二是估计。评价是对已实施的行动或现有的行动计划内容进行回顾和评价，以把握和了解这些行动产生了哪些价值、影响，以及有哪些可以改善的地方。估计是对拟实施的行动计划或社会项目可能产生的收益、价值、影响及其可行性、可持续性加以预测或估计。根据这些估计，可以判断行动计划或社会项目是否要实施和推进。

资料库 10－1

评估研究的两个重要方面

评估就是确定事物荣誉和价值的过程，对事物的评估就是这个过程下的结果……所以评估并不只是简单地搜集和整理与决策有明确关系的资料，尽管现在仍然有评估专家这样定义评估……在任何情况下，对决策而言，搜集和分析资料都是必需的，但这只是评估工作的两个重要成分之一，如果缺失了另一部分，即对资料的综合，也就称不上什么评估了。《对象报告》并不只是检验产品、报告检验的分数，而是要（1）依据荣誉或成本-收益，并（2）计算比例和排名。要获得这样的结论，在大多数情况下，需要投入除了数据以外的东西。获得结论的第二项要求就是，确定可评估的标准、确定荣誉或净收益……更简单地说，评估有两个重要方面，一方面是搜集资料，另一方面是整理和甄别资料的相对价值和标准。

资料来源：罗西，弗里曼，李普希．项目评估：方法与技术（第 6 版）．北京：华夏出版社，2002：16.

在评估研究中，虽然有些评估内容是结构性的、定量的，但几乎在所有的项目评估中，都会有定性的评估。因为即便在有了定量测量结果之后，要得出最终的评估结论，也必须进行定性的、综合的判断和总结。虽然如对一个新项目是否成功和继续推进、对一项政策或措施如何改进和完善等所做的评估，可以包含定量指标测量的评估内容，但对评估对象的整体分析和评价仍需用定性的方法。

作为一种应用性研究，评估的科学意义主要体现在社会科学研究方法的应用上。系统的评估研究一般都要采用社会科学研究方法，按照科学研究程序，广泛收

① 罗西，弗里曼，李普希．项目评估：方法与技术（第 6 版）．北京：华夏出版社，2002：4.

集资料并严格按照一定标准来进行分析和评价，最后做出尽可能准确的判断和预测。社会科学中的评估研究在第二次世界大战后快速兴起。各学科在发展基础理论和方法的同时，也顺应社会的需要积极地致力于发展应用研究，用不断发展的研究方法进行系统的评估研究，以求对社会问题的解决以及社会发展做出科学、合理的决策。

评估研究的广泛兴起和应用，与发展理念和行动观念的转变有一定关系。现代发展理念越来越强调发展就是为了提供尽可能多的人类福祉，而进行社会项目评估，主要是为了评价社会发展项目能否给更多的社会成员带来福利。而且，现代行动观念认为人类行为是系统的、有规律可循的。因此，评估研究可以通过系统研究发现和预测各种项目或工程中的问题、绩效及未来趋势。目前，在社会政策、公共管理、商业管理和工程管理领域，评估方法受到高度重视，评估结果被广泛应用于社会改革以及各种管理工作的改进。

二、定性评估的问题

评估研究总要达到某种应用性的目标，具体而言，就是要针对某些问题进行评估。社会评估的问题按项目主题可分为五大类：(1) 社会项目的服务需求问题；(2) 社会项目的理念和设计问题；(3) 社会项目的运行和执行问题；(4) 社会项目的结果问题；(5) 社会项目的成本-收益问题。针对这五大类问题，社会评估也可分为五类：需求评估、项目设计评估、项目过程评估、影响评估和效率评估。①

社会项目（social program）在这里具有广泛的内涵，是指人们为解决社会运行中的问题而制订的系统的行动计划和方案，或采取的系统的行动措施。所以，首先，社会评估是针对社会问题的。其次，社会评估是对系统行动或系统行动计划的评价，所谓系统行动，主要指一系列相关联的行动措施，而非个别行为。

社会项目的需求评估实际上相当于项目的必要性和可行性评估，是为了解决某些社会问题而进行政策或项目设计的前期论证。这一评估的主要内容包括对所涉及的社会问题的性质、特征、成因、解决的重要性和必要性等方面加以考察、分析和判断；与此同时，还需要对解决问题的基本条件和需求，以及拟推行的项目或系统的行动计划、政策措施的可能的功效加以分析和评判；最后对推进和实施项目的需求程度做出判断和预测，并最终提供关于项目实施的必要性和可行性方面的具体结论。例如，为防控通货膨胀，政府拟推行平抑物价的措施或项目。为对此公共项目进行需求评估，评估研究者需要对通货膨胀问题的性质、程度、成因、影响及对策需求加以考察、分析和评判，最后对拟推行的政策或项目计划的必要性和可行性加以系统论证。

项目设计评估通常是对已初步确立但尚未实施的项目做前期准备性的评估和论证，主要针对具体项目的理念和内容。在项目设计评估中，评估者需要对项目设计

① 罗西，弗里曼，李普希．项目评估：方法与技术（第6版）．北京：华夏出版社，2002：46.

中的基本理念和理论加以评价，对项目设计所拟订的目标、目的、活动内容以及监测和评估指标加以分析、论证和评判。最后，项目设计评估需要给出关于整个设计内容之于项目所要解决的社会问题的可操作性和有效性的评判性结论，即提供项目设计之于现实需要是否可行、有效的信息。

项目过程评估主要是对项目的实施和执行问题加以监测和评价。项目过程评估针对的是项目运作过程中的一系列问题，其中主要包括项目实施的每个阶段是否按照设计原则推进，是否达到设计目标，是否达到预期的效果，以及在具体措施推进过程中出现了哪些新问题，这些问题可能对项目的下一步实施产生哪些影响。最后，在综合对这些问题的分析和评价的基础上，项目过程评估需要给出对项目实施和执行情况的整体评价，即对项目实施与执行的成败做最终评判。

影响评估是针对社会项目所带来的或可能带来的问题而进行的评估研究，是社会评估中应用较广的一种评估形式。人类的行为总会产生各种影响和效应，社会项目也不例外。我们针对某个问题而设计的项目，虽然对解决问题是有效的，但同时也可能造成其他影响，或带来其他问题。所以，影响评估需要尽可能地研究、发现和预见社会项目将产生的各种影响，然后对这些影响做出综合性的评价，并对项目的价值和可持续性做出评判。如果一项措施虽有助于解决某种问题，但同时可能带来其他影响或问题，而且这种影响或问题的负面效应可能超过其积极意义，那么此项措施的价值和可持续性存在问题。例如，虽然提高城市用水价格可能对促进城市居民节约用水、缓解城市用水压力起到一定调节作用，但这一措施会给城市居民尤其是贫困阶层带来较大的生活负担。因此，影响评估需要对各种影响加以均衡评价，并在此基础上对项目设计和实施提出具体的改进意见。

效率评估主要是对社会项目的成本-收益问题的分析和评估。成本-收益评估在以往的发展项目中，通常偏向于经济评估，极其类似于投入-产出分析，即在一个项目中，将要投入多少资金成本，然后这些投入将会产出多少。所以，效率评估是传统项目评估的主要方式，也就是说，一个项目是否重要、可行，关键看效率评估的结果。如果收益大于成本，则表明项目是有价值的、可行的。如果产出小于投入，该项目就不具有可推进性。由于传统效率评估偏重于经济效益评估，因此评估也主要是定量化的评估。在当代发展理念中，成本-收益概念的内涵及外延已经大大扩展，尤其已扩展到社会领域：成本不再仅仅指经济的、资金的成本，还包括社会成本或代价问题；同样，收益也不再仅仅指经济上的利益，而是包含了社会福利或社会收益，有些项目在经济上可能是负收益的，但却能带来很多社会福祉。所以，效率评估需要综合分析和评价，综合考虑经济上的成本-收益与社会的代价-福利的关系。

三、定性评估方法

评估研究不同于一般性的评价和判断，评估研究需要运用系统的社会科学研究方法，按照社会科学研究程序，在相应的组织和政治环境中进行系统研究和评判。因此，系统的科学方法及系统研究对评估研究来说是至关重要的，否则社会评估研究的结果会与人们一般的估计没有什么区别。

评估研究的系统方法可分为两个层次：一是各种评估共有的系统研究程序和方法，主要包括系统的调查方法、资料收集方法或测量方法，以及分析、估计与评价方法。二是各种不同评估根据不同的评估问题而采取的不同的评估程序和方法，如需求评估、影响评估、效率评估所针对的问题不同，可根据评估需要采取相应的评估方法，这样才能得到理想的或较为准确的评估结果。

共同的评估程序和方法实际上是评估研究所要遵循的基本逻辑和理论原则，以及所要运用的基本方法，如主题与问题分析原则、研究程序的完整性原则、调查与测量方法、分析与评价方法等，这些原则和方法是各种评估研究都要涉及的。

在需求评估中，具体的评估方法主要包括：（1）问题分析法；（2）目标群体界定法；（3）需求预测法；（4）需求描述法。问题分析主要是通过调查、考察等途径，明确所要评估的问题的性质、特征、现状、成因以及对项目的需求。在明确问题的内涵及对社会项目的需求后，还要进一步分析和界定需求群体。目标群体界定是指确定各个类型的需求所对应的群体，包括确定群体的边界、规模、结构特征等。需求预测主要是对目标群体的需求规模、需求结构和需求趋势等加以研判和估计。需求描述主要是把解决问题对社会项目的重要需求描述出来，描述的内容包括需求结构和需求特征及趋势。

项目设计评估的方法主要包括：（1）可行性评价；（2）项目理论评价；（3）项目逻辑框架评价。可行性评价（feasibility assessment）方法是沃累（J. Wholey）等人提出的一种项目设计评估方法。可行性评价主要是评价项目的设计和实际执行情况，以明确项目的设计是否有效、可行，以及项目的进程是否有可以改进的地方。可行性评价必须遵循四条标准：（1）必须明确界定项目目标、附带影响及优先需求；（2）项目目标必须是合理的；（3）必须获得项目执行过程的有效资料或数据；（4）必须就评估结果的应用达成基本共识。① 项目理论评价（program theory evaluation）是指从项目设计中提炼和概括出项目所包含的基本概念、理论和理念，然后对项目理论的解释加以有效性评价，亦即对项目理论所解释的项目目标、手段与结果之间的关系是否明确、合理、可信加以评判。项目逻辑框架评价（program logic framework evaluation）是指对所设计的项目框架进行逻辑性分析和评价。此种评价主要针对项目逻辑框架中所设计的目标、目的、活动内容、主要产出和监测指标，以评判各个结构部分的设计是否合理、各部分之间的关联是否合乎逻辑。

在项目过程评估中，通常运用的评估方法主要有：（1）项目过程监测；（2）项目管理评价。项目过程监测主要是系统记录和监测项目过程中的主要活动，检查项目内容的执行情况和重要指标的完成情况。在项目过程监测中，较为重要的方法是

① WHOLEY J，et al. Handbook of program evaluation. San Francisco：Jossey-Bass，1994：16.

检查和评价项目内容是否让目标群体受益以及受益的范围和程度如何。项目管理评价主要是对社会项目实施和执行过程中的管理组织、管理程度以及管理绩效进行调查、分析和评价，以掌握项目管理和执行的质量保证。

影响评估方法主要包括：(1) 实验法或试验法；(2) 影响判断法。实验法通常是定量评估中采用的方法，主要通过建立实验模型，并在实验测量基础上分析和估算出一个项目的各种影响参数。定性评估一般采用试验法来进行类似的评估，试验法也叫试点法，是指先在一定范围内按项目设计来实施项目，然后通过比较、观察等方式，分析和评估项目的各种可能影响。影响判断法是让项目的利益相关者评判和推断项目的实施可能带来的各种社会影响。影响判断法主要包括专家对项目影响的研判、管理者对项目影响的推断、参与者对项目影响的估判。专家研判是邀请相关领域的专家学者对项目设计和执行情况进行研究，然后对项目可能的影响做出判断。管理者推断是让项目管理者根据项目执行情况来推断项目可能产生的各种影响。参与者估判是让项目所涉及的社会群体尤其是目标群体成员参与评估项目的社会影响。

社会项目的效率评估的主要方法是成本-收益分析法和代价-绩效分析法。成本-收益分析主要是一种经济效率分析，即对项目所投入的总成本与项目的总收益做一比较，测算出项目的最终收益情况，并根据项目收益率来做出评价。代价-绩效分析实际上是成本-收益分析模式的一种拓展，属于定性的效率评估方法。它通过对项目所付出的代价和所带来的绩效加以比较分析，综合评价项目的社会效益情况。

目前，社会项目评估方法在社会科学应用研究领域得以广泛应用，评估研究的目的不在于提出某种社会理论，而在于给决策者、管理者和参与者提供优先政策选择和行动方案的参考信息、科学依据和对话平台。正如格林尼（J. Greene）所说："社会行动导向的参与评估者正提高评估的潜在重要性，这一潜在重要性能帮助我们拓宽和加深对重要的社会事件的深思熟虑和对话。在参与性评估的所有这些正在进行的发展变化中，定性评估将继续扮演一个中心的角色，尽管这一角色不是唯一的和独占性的。包容而非独占是当代辩证的、对话的评估的重要特征。"①

第三节 风险评估

在公共管理、社会治理以及企业管理中，越来越多的项目特别是重大项目在立项、建设和维护过程中，需要经过风险评估，以便规避、预防和治理风险，保障项目的顺利推进。因此，风险评估在许多领域得以广泛应用。

---

① 格林尼．通过评估理解社会项目//邓津，林肯．定性研究：解释、评估与描述的艺术及定性研究的未来．重庆：重庆大学出版社，2007.

一、风险社会与风险评估

风险评估受到越来越广泛的关注和重视，其重要原因之一是当今社会有着“风险社会”的诸多特征。在贝克（U. Beck）的风险社会理论中，“风险可以被界定为系统地处理现代化自身引致的危险和不安全感的方式”①。风险社会是指高度现代化、全球化的社会，潜藏着高度发展的核能和化学生产力的风险，越来越多不明的和难以预料的后果成为伴随社会运行的重要力量。

当然，社会科学应用性研究中的风险评估，并非抽象地讨论风险问题。风险评估所要评估的风险，通常是指具体的风险因素和风险影响。风险因素主要包括扰动性的、破坏性的、灾害性的事件或危害性因素；风险影响则是指突发性事件可能造成的危害程度，以及对社会正常秩序和生活带来影响的程度。因此，风险评估有两个核心要素：一是评估不安全事件发生的可能性或概率，二是评估突发事件造成危害或带来负面影响的程度。

评估不安全事件实际上是对风险因素的分析和评价，在建设、推进或实施一些重大项目之前，或是在开展某项有计划的行动之前，风险评估首先需要了解、分析和预测与目标行动相关的主要风险因素，也就是可能突发的风险事件，如突发群体性事件、突发安全事故、突发自然灾害、突发冲突事件等。评估风险事件发生的可能性主要依据两个方面的标准：（1）风险事件发生的基本条件。任何事件都不会无缘无故地发生，风险事件虽具有隐蔽性、难以预知性和突发性，但一般也会在具备一定条件的情况下才可能发生。只要抓住不同风险事件发生的关键条件和导引因素，就能更加准确地评估风险事件发生的可能性或概率。（2）项目或计划行动的近期状况。了解和把握所开展的项目或计划行动已经产生和即将产生的主要社会反响，以及这些社会效应与风险事件发生条件的对比情况。如果项目行动近期已造成了与风险事件条件相似或相近的影响，那就意味着项目行动引发风险事件的可能性在增大。

评估突发事件的危害程度主要是对风险因素的后果做定性评价。对风险因素的危害性程度的预判和评估可从两个方面着手：一是风险因素的影响与危害的范围和广度。例如，对可能发生的灾害事件，可根据事件的基本特征来预判事件会波及的空间和人群范围，评估灾害事件影响面的广度，亦即事件对社会生活的哪些方面可能构成冲击。二是风险因素的影响与危害的强度。评估风险因素可能造成危害的强度，有助于在风险防范工作中做出更加合理的应急处理，对危害强度较高的方面，可以提前做出重点的预防和应对工作。

在风险社会中，风险评估的意义在于做到居安思危、未雨绸缪。一方面，通过对各个领域中隐形、不明的种种风险加以系统、科学地认知、分析和评估，可以提

---

① 贝克．风险社会．南京：凤凰出版传媒集团，译林出版社，2003：19.

升风险的预测能力、防范能力和应对能力；另一方面，风险评估也是治理体系与治理能力现代化建设的重要构成。

二、风险矩阵图法

科学地进行风险评估，需要运用科学的评估方法，对风险加以系统、准确分析。风险矩阵图法是常用的风险分析方法之一。

风险矩阵图法基于风险评估原理，将风险发生的可能性和风险影响的严重程度作为分析和判断风险及其水平的两个维度，并将这两个维度按照高低不等的水平加以交互分析，构成一个矩阵图，以此显示风险的特点和水平（见图 10－1）。

风险发生的可能性	风险影响的严重程度				
	很轻（0，0.2）	较轻（0.2，0.4）	中等（0.4，0.6）	较严重（0.6，0.8）	很严重（0.8，1）
很大（0.8，1）	HL	HL	HM	HH	HH
较大（0.6，0.8）	HL	HL	HM	HH	HH
中等（0.4，0.6）	ML	ML	MM	MH	MH
较小（0.2，0.4）	LL	LL	LM	LH	LH
很小（0，0.2）	LL	LL	LM	LH	LH

图 10－1　风险矩阵图

在图 10－1 的风险矩阵图中，风险发生的可能性分为"很大""较大""中等""较小""很小"五个层次。其也可用从 0 到 1 的概率来表示：风险发生的可能性"很大"用概率表示为（0.8，1），是指风险很容易发生，且发生的次数可能很多；风险发生的可能性"较大"用概率表示为（0.6，0.8），是指风险在一定条件下会发生，也可能间隔性发生；"中等"层次的风险发生的可能性用概率表示为（0.4，0.6），反映的是风险可能偶尔发生；风险发生的可能性"较小"是指风险在极少的情况下会发生，发生概率为（0.2，0.4）；风险发生的可能性"很小"表示风险基本不会发生。

风险影响的严重程度可依次分为"很严重""较严重""中等""较轻""很轻"五个层次，也可将其概率（从 0 到 1）分成五个档次，每个档次相差 0.2。风险影响的严重程度为"很严重"是指影响面很广、破坏性很大，风险影响的严重程度为"很轻"则表示风险因素几乎没有什么影响，在这两者中间的各个层次可依此类推。

在对风险发生的可能性与风险影响的严重程度的交互分析中，可将两个维度都按照高（H）、中（M）、低（L）三个等级来划分，并将两个维度进行交叉，便可将风险分为 HH、LL、HL、LH、HM、MM、LM、ML、MH 等类型。其中，HH 型风险为高风险，即发生的可能性和影响的严重程度都很高；LL 型风险为低风险，即发生的可能性和影响的严重程度都很低；其他类型的风险属于中风险，风险发生的可能性与影响的严重程度交互作用，会产生一定的中和效应。

风险矩阵图为分析风险提供了二维的框架，运用这一分析框架，不仅可以对风险因素的发生风险和危害风险加以评估，而且可以对两个方面的交互效应进行等级评判。

三、风险等级评估

在风险评估过程中，不仅需要对风险因素及其发生的可能性和影响程度做出分析，还需要在综合评价的基础上，对风险等级做出评估。所谓风险等级评估，就是按照某种评价指标或评价标准，依据风险因素的实际情况，对可能的风险做出等级评判。

风险等级评估结果可作为风险预警和风险化解的依据，具有重要的应用价值。风险预警是向公众或相关人群做出可能面临某种风险的警示，以便让人们共同防范风险，或提前做好应对风险的准备。风险预警通常参照风险等级的评估结果，做出不同等级的风险警示。治理实践中的风险化解工作通常也以风险等级评估结果为重要依据，其针对不同的风险等级，做出有针对性的应急预案和处置方案。

风险等级评估的方法较多，既有风险单因素评估法，也有风险综合因素评估法。比较常用的风险等级评估方法是根据风险发生的可能性与风险影响的严重程度的交互效应，估算出相应的风险系数，然后根据风险系数的大小，综合判断风险的等级（见图 10－2）。

风险发生的可能性	风险影响的严重程度				
	很轻 (0，0.2)	较轻 (0.2，0.4)	中等 (0.4，0.6)	较严重 (0.6，0.8)	很严重 (0.8，1)
很大 (0.8，1)	0.20	0.40	0.60	0.80	1
较大 (0.6，0.8)	0.16	0.32	0.48	0.64	0.80
中等 (0.4，0.6)	0.12	0.24	0.36	0.48	0.60
较小 (0.2，0.4)	0.08	0.16	0.24	0.32	0.40
很小 (0，0.2)	0.04	0.08	0.12	0.16	0.20

图 10－2　风险等级评估

从图 10－2 可以看出，将风险发生的概率与风险影响的严重程度的系数相乘，可以生成风险矩阵各元素的系数。根据风险系数的大小，可将风险分为五个等级。在实际应用中，通常用不同颜色来表示不同风险等级。例如，公共部门常用红色、橙色、黄色和蓝色做出四级预警，无风险或风险很低不需要预警，预警依据的主要是对相关风险因素的等级评估结果。

在风险等级评估中，虽然风险系数是以量化形式表示的，但评估过程并不属于量化评估。对风险发生概率和危害程度的测算，实际上需要在对风险因素的结构及发生条件的定性分析基础上，确立相应的测算指标，然后根据相关指标做出估算。

风险评估对于风险社会的治理越来越重要。由于风险社会的各个领域都有风险，因而风险评估方法的应用越来越广泛。对金融风险、意识形态风险、秩序风险、安全风险、灾害风险、贫困风险、环境风险、公共卫生风险等不同系统中的不同风险，如要加以科学、准确评估，还需结合相应领域的专业知识和实际经验，构建起合理、有效的风险分析框架和风险等级评估指标体系，以便为风险预警和风险化解提供可靠的评估结果。

第四节 焦点小组座谈

在应用定性研究中，为了收集研究所需的资料和信息，通常会采取一些简便且效率较高的方法。焦点小组（focus group）座谈属于这样一种方法，这一方法类似于访谈法，但又不同于访谈法。

一、焦点小组座谈的原理

焦点小组座谈是针对某个专题或问题，如贫困问题、医疗卫生问题，组织相关群体中的成员构成不同的小组并进行集体座谈和讨论，以此来获取或掌握有关问题第一手的具体信息，然后对这些由主体所提供的信息进行分析，探寻解决问题的理想对策。

焦点小组座谈是应用性研究中常用且实用的定性研究方法。在社会发展、社会问题以及公共政策研究中，焦点小组座谈常常被作为认识和把握相关社会背景的重要手段。一些社会发展项目常采用这一方法为项目评估收集资料。毛泽东在农村调查中所运用的座谈会方法，实际上类似于焦点小组座谈。

焦点小组座谈的认识论原理主要有两方面：一是个人经验的局限性，二是相互验证能提高信息的准确性。

经验是人们认识事物的重要来源之一，人类的诸多知识来源于平常的经验，即常识。在人们的日常实践中，对事物的理解和认识往往是深刻且细致的。但是，个人经验毕竟是有限的，个人不可能经历所有的实践或事件。因此，通过资料收集来间接地把握不同类型的实践经验，在一定意义上能够弥补个人经验的局限性，从而可以使认识更加全面、深刻。

焦点小组座谈是让实践的主体来讲述和回忆自己的经验，以此来了解和把握更多的经验知识。例如，在针对贫困问题而进行的焦点小组座谈中，研究者把那些处在贫困境地的人组织起来，向他们询问或大家集体讨论贫困问题。对研究者来说，由于自己并不属于贫困阶层，因此对贫困问题的认识和理解是抽象的和表面的，而那些有贫困经历的人所讲述的贫困问题，才是具体的、全面的和真切的。这些信息无疑丰富和拓展了研究者对贫困问题的认识和理解，帮助其认识到贫困问题对处于贫困之中的群体来说究竟意味着什么，由此能更好地理解贫困问题的成因，并寻找更好的解决途径。

相互验证是对来自不同源头和渠道的信息加以对照和验证，并从中选取验证结果一致的信息作为有效、准确的信息。在具体实践中，研究者通常采用三角验证法来对一些信息和资料加以验证（见图 10-3）。

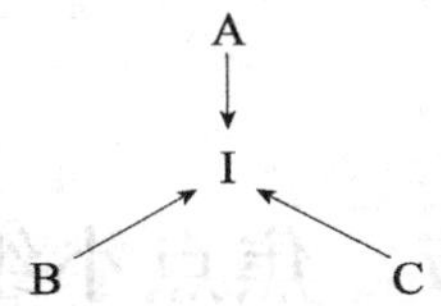

图 10-3　信息的三角验证法

三角验证法是根据三个组群所提供的信息，对某个问题的相关信息的真实性和准确性加以逻辑检验。由三个以上组群就某个问题提供的信息库，在某种意义上具有相互检验的功能。因为，如果只有 A 和 B 且二者提供了某个不一样的信息，那么我们很难辨明究竟是 A 还是 B 提供的信息不准确，但加入 C 或更多的信息之后，如果发现 A 和 C 的信息基本一致，就验证了 A 和 C 的信息可能更准确。

采用焦点小组座谈来收集资料，正是为了避免某种认识、判断和信息的局限性。如果在调查中只采信一种方式或一种来源的证据或信息，就容易做出片面的、错误的或与事实真相相背离的判断。通过焦点小组座谈，可以尽量让更多的相关参与者共同提供信息。一方面，焦点小组的成员所提供的信息会有相互印证的功能；另一方面，不同小组所提供的信息又能对相关信息做更进一步的验证，使得我们对所要探讨的问题有更全面、生动的认识和理解。

焦点小组座谈适用于以下几种情况：

(1) 为获得有关问题的背景信息。

(2) 为进一步的研究形成研究假设。

(3) 为激发新的思想和创造性概念。

(4) 为诊断新项目、服务和产品中的潜在问题。

(5) 为形成关于产品、项目、服务、制度及其他问题的一般印象。

(6) 为了解受访者是怎样讨论相关问题和现象的。

（7）为解释已有定性研究的结果。[①]

虽然焦点小组座谈与面对面访谈都包含访谈内容，但焦点小组座谈聚焦于某一专题或问题，而且座谈对象聚焦于目标群体。所以，总体来说，焦点小组座谈是一种更有针对性的访谈或调查策略。

二、焦点小组座谈的实施

实施焦点小组座谈，基本步骤大体如下：

第一步，明确界定研究问题或焦点问题。在这里，研究问题并不一定是理论问题，而通常是相对具体的社会问题和实践问题。如社会发展中的贫困问题、商业管理中的产品营销策略问题等。界定或聚焦问题，主要就是明确问题的内涵、性质及外延形式。

第二步，根据焦点问题确定焦点小组的构成原则。在明确界定焦点问题之后，需要根据问题的内涵及外延推断出这些问题所涉及的群体及其构成。譬如针对贫困这一焦点问题，可以根据贫困的内涵及外延去推断项目可能涉及的贫困群体及其构成情况，即把哪些家庭纳入贫困群体之中。在大体掌握目标群体及其构成情况之后，确定一套抽样或选样原则和标准，用以决定在目标群体中按照什么标准选取对象参与焦点小组座谈、一个小组的规模多大以及组成几个小组。

第三步，选取对象和组成焦点小组。在确定选样原则和标准后，可按照这一原则和标准从目标群体中选取参加焦点小组座谈的对象，并按照计划的人数和结构组成焦点小组。

第四步，为焦点小组座谈做好准备工作。为顺利组织焦点小组座谈，并从中获得有价值的信息，需要做的准备工作主要有：挑选合适的座谈场所；确定适当的座谈时间；备齐座谈所需的物品，如茶品、礼品、记录工具等；联络选定的小组成员，告知座谈时间、地点；准备座谈的访谈提纲。

第五步，组织和主持焦点小组座谈。焦点小组座谈的主体内容是开座谈会。通过座谈会的访谈、交流和互动形式，一方面可以收集信息，另一方面可以帮助目标群体理解和解决问题。当开座谈会时，每个小组都至少有一名组织者和一名记录员。座谈会一般由组织者来主持。组织者在主持座谈会的过程中，一方面需要按访谈提纲对小组成员进行访谈，另一方面还需要组织小组成员就焦点问题进行讨论。组织者要把访谈和座谈巧妙地结合起来。

第六步，记录焦点小组座谈的谈话内容。在开展小组座谈期间，要安排专门的记录员记录整个座谈过程的活动内容、访谈及座谈讨论内容。如果已征得小组成员同意，那么可采用音像记录器材进行记录。在记录座谈过程及内容时，应尽量避免

---

① BERG B. Qualitative research methods for the social sciences. New York: Pearson Education, 2007: 144.

记录行为对小组成员的谈话和讨论产生影响，尽量不要让记录行为过多地吸引和分散小组成员的注意力。

第七步，整理和分析座谈内容。在焦点小组座谈结束后，各小组的组织者和记录员应立即检查座谈记录，并加以补充。在汇总所有小组的座谈材料之后，研究者运用定性资料的整理方法对座谈材料加以整理，并在此基础上进行焦点小组座谈的内容分析。

第八步，撰写焦点小组座谈分析报告。撰写焦点小组座谈分析报告需要抓住以下几个基本要点：一是要突出焦点问题，呈现目标群体所反映的焦点问题的基本情况以及他们对焦点问题的理解；二是分析影响焦点问题的各种因素；三是探讨目标群体与旨在解决问题的社会项目之间的关系；四是针对焦点小组座谈所反映的情况提出有利于解决焦点问题的项目计划和实施策略。

在组织召开焦点小组座谈的过程中，组织者要有计划、有目的地引导小组成员踊跃交谈和讨论。在引导小组成员座谈时，要引导他们介绍和谈论的内容主要包括：(1) 家户日常生活背景，即让各个小组成员介绍自家的基本生活情况，如生产经营、收入、支出和交往情况等。(2) 日常生活中相关方面的突出问题，亦即让小组成员谈谈自家在哪些方面存在困难或问题。(3) 面临这些问题时主要采取哪些应对策略。如果小组成员谈到自家在某些方面遇到了较大麻烦或困境，就让其接着谈自己在遇到这些问题时，采取了哪些应对措施和策略，以及这些应对措施和策略起到了怎样的效果。(4) 所期望的理想的问题解决策略。为了解目标群体的利益需求，广泛地获取解决问题的经验，在焦点小组座谈中，可以引导小组成员谈论什么是自己所认为的理想的解决方法。

三、焦点小组座谈分析

在完成焦点小组座谈之后，还需要对从座谈中获取的信息或材料进行分析。从座谈中获取的信息或材料可分为三种：一是座谈组织者的访谈材料，主要是组织者向小组成员提出问题，小组成员做出的回答。由于这部分材料是按照预先设计而获得的信息，因此其目的性、系统性相对较强，是分析的重点对象。二是座谈期间各小组成员的谈话内容及相互讨论的内容。这部分资料是座谈资料的重要构成，能反映目标群体的主要意见和态度。因为小组成员通常是从目标群体中抽选出来的，因此焦点小组相当于这一群体的缩影。三是座谈过程中的个体行动和互动的信息。小组座谈的优势在于，这一谈话和讨论过程实际上包含了丰富的社会互动行为，很多重要信息正是在社会互动中形成的。所以，通过对小组座谈过程中人际互动现象的考察和分析，可以掌握和了解从言语或文本中无法获取的信息。

进行焦点小组座谈分析，通常要遵循这样的原则：第一，用定性分析法来分析。作为一种应用性较强的方法和研究策略，焦点小组座谈分析更倾向于使用定性分析，而较少使用定量方法，因为定性分析更加简便、更容易为人所理解。第二，焦点小组座谈分析要围绕焦点问题展开分析。或者说，焦点小组座谈分析要倾向于行动实践取向，即旨在解决某些实际问题。第三，重点分析焦点小组的利益需求和实践经验。了解利益需求，是寻找解决焦点问题的方法的重要突破口，因为问题的解决最终是为了最大化地满足目标群体的利益需求。分析实践经验，旨在为解决问题找到经验参照。

焦点小组座谈材料的分析框架主要由问题、问题描述、一致性利益及原因、冲突性利益及原因、应对策略等几个部分构成（见表 10－1）。

表 10－1　焦点小组座谈分析模式

	问题	问题描述	一致性利益及原因	冲突性利益及原因	应对策略
分析内容	（1）日常问题 （2）焦点问题	（1）问题的现状 （2）问题的性质 （3）问题的特征 （4）问题的成因 （5）问题的影响	（1）与其他群体或个人的一致性利益 （2）与拟实施项目的一致性利益	（1）与其他群体或个人的冲突性利益 （2）与拟实施项目的冲突性利益	（1）个人的应对策略、经验 （2）已有措施的效果 （3）预期的应对策略

焦点小组座谈是一种有着较好应用前景的研究方法和策略，目前在应用性研究尤其是市场调查、网络调查中得以广泛应用。在市场调查中，焦点小组座谈开始引入一些实验技术手段。在小组成员自由讨论时，研究者可以独立地观察小组座谈的全过程。此外，随着网络技术及网络应用的普及，一些焦点小组座谈研究也开始利用网络开展小组座谈。通过网络组成的焦点小组，范围更大、更广，因此小组成员所代表的群体范围也就更大、更广。而且，网络焦点小组座谈不是面对面的直接交谈，而带有匿名性，因而小组成员可以放心地谈论自已的一些敏感的、私密性的问题。但是，由于网络空间带有较强的虚拟性，小组成员的身份难以确认，他们在网络上所表达的意见是否是真实意愿也难以把握，因此，网络焦点小组座谈的可信度是难以控制的。

第五节　利益相关者分析

在推进系统的社会行动计划或发展项目的过程中，不可避免地要牵涉到多方面的利益，而且对利益关系及利益格局可能造成一定影响。利益问题是社会关系的核心问题之一，当关涉到利益问题时，社会行动计划或发展项目就要更加缜密。否则，行动计划无论设想得多好，如果遭到相关群体的阻碍甚至反对，就都可能面临失败。所以，在设计和推进那些旨在解决和改善社会问题的政策、行动和项目时，对项目的利益相关者进行认真分析显得尤为重要。

一、什么是利益相关者分析

利益相关者分析（stakeholder analysis）是指确定某个行动计划或某个项目所涉及的主要利益关系人和团体，调查了解不同利益关系人和团体对项目的利益需求，评价项目实施对这些利益相关者的利益需求可能产生的影响。利益相关者分析既包括调查、收集利益相关者的信息和资料，也包含利用这些信息和资料建立利益分析的逻辑框架和分析结果，为项目的设计和实施提供参考信息和依据。

在当代社会发展项目中，利益相关者分析已得到较为普遍的运用，并且利益相关者分析的基本原理与发展理念有密切关系。这些理念主要包括：(1) 发展应使尽量多的人或更加广泛的阶层群体分享发展的成果，实际上就是让发展更好地满足更多人的利益需求。(2) 发展需要更加广泛的人的支持和推动，发展的动力来自有着不同利益需求的社会成员。(3) 发展的可持续性取决于各方面关系的和谐与协调，亦即发展必须是协调发展，协调各种利益关系是其中的重要方面。

开展利益相关者分析，也是推进民主化社会管理和参与式社会行动的重要策略之一。利益相关者分析能使那些涉及公共利益的项目或管理实践更加开放、更加贴近社会现实，让更多的个人和团体能够参与其中，从而有助于这些社会项目实现公共福利的最大化。

利益相关者主要指与项目或行动计划有一定利益关联的个人、群体和机构。例如，一项城市节水行动计划，其最明显的利益相关者就包括城市居民个人、不同阶层的群体（如低收入人群）、不同的机构（如水务局）等等。在利益相关者分析中，为了强调项目重点，通常将利益相关者分为首要利益相关者（primary stakeholder）和次要利益相关者（secondary stakeholder）两大类。首要利益相关者指与行动计划或项目有直接关系，或者说项目会直接牵涉到其利害关系的个人、群体和机构。次要利益相关者指行动计划或项目的实施可能间接牵涉到其利益的个人、群体和机构。

在一些项目实践中，开展利益相关者分析的主要目的有：(1) 了解项目的利益相关者及其利益需求情况。利益相关者分析既包括对整个利益相关者的宏观分析，也包括对不同类型利益相关者的微观调查。通过调查，可以了解不同利益相关者的利益需求状况和结构，从而为项目的设计和执行提供重要信息。(2) 了解利益相关者之间的关系。根据不同利益相关者的利益需求，可以了解主要利益相关者在项目中可能的利害关系。处理和协调好他们之间的利益关系，对顺利推进项目有着重要意义。(3) 分析和评估利益相关者与项目的一致性和冲突性的利益关系。在分析和把握不同利益相关者的基本需求及关系的基础上，可以预测和评估项目可能给不同利益相关者带来的影响——这些影响有的是正面的，有的是负面的。预测不同的影响，目的在于谋求理想的方法，来协调和均衡利益关系，以使项目的社会收益尽量达到最大化。(4) 分析和评估不同的利益相关者在项目不同阶段的参与方式。为了发挥不同的利益相关者对一个项目的推进作用，必须选择合适的方式和途径让利益相关者参与到项目的实施之中。为此，利益相关者分析需要根据利益相关者的利益需求特征及与项目的关系，分析和判断不同利益相关者在项目实施过程中的参与方式。

二、利益相关者分析的步骤

利益相关者分析通常用于一些应用性研究或工程项目的评估。进行利益相关者分析，有两个关键性的内容：一是要明确和界定利益相关者，二是要对整个和重要的利益相关者进行分析。概括起来，实施利益相关者分析主要有以下步骤：

第一步，编制利益相关者列表。编制利益相关者列表实际上就是明确一个项目所涉及的整个利益相关者。在编制列表过程中，主要任务有：（1）用参与式方法广泛征集利益相关者名单；（2）通过小组讨论方式分析和讨论所列出的利益相关者；（3）筛选出较为重要的利益相关者；（4）把利益相关者分成首要和次要两类，并按照个人和团体顺序编制利益相关者表格。

第二步，分析描述利益相关者的属性及基本利益需求。在列出主要利益相关者之后，为了让人对这些利益相关者进行初步了解和认识，需要对他们进行简要介绍。描述和介绍主要利益相关者的内容主要包括两方面：（1）从一般事实角度了解利益相关者究竟是个人，还是团体或政府机构，即介绍利益相关者的基本属性和特征。（2）从利益相关者的属性去推断其基本利益需求，即根据各个利益相关者的属性、地位，初步推断他们的主要利益需求。

第三步，分析和列出利益相关者之间相互关系的矩阵表。分析利益相关者之间的关系，一般要根据他们的利益需求及特征来进行判断。在明确利益相关者之间关系的性质和程度之后，用矩阵表形式列出这些关系，具体程序包括：（1）用矩阵表形式列出所有的利益相关者；（2）讨论和分析利益相关者之间的关系；（3）用图示或符号表示出利益相关者之间的关系（见表 10－2）。

表 10－2　利益相关者之间关系矩阵表

	利益相关者 1	利益相关者 2	利益相关者 3
利益相关者 1			
利益相关者 2	H^{+}		
利益相关者 3	M^{-}	L^{+}	

注：H、M、L 表示高、中、低；＋、－表示一致性与冲突性。

第四步，进行利益相关者访谈或调查。调查和了解利益相关者的需求和意见既是进行分析的前提条件，也是利益相关者分析的重要目的之一。在利益相关者调查中，主要任务有：（1）设计利益相关者访谈或调查；（2）实施利益相关者访谈或调查。

为了使利益相关者调查能获得有价值的信息，必须设计合理的调查表或访谈表。利益相关者调查表或访谈表通常应包括：(1) 利益相关者的自我描述，即描述个人的基本背景情况，如果是团体或机构，就要描述其隶属关系、组织结构和人员构成等基本背景情况；(2) 利益相关者对项目有何期望；(3) 利益相关者认为自己可能从项目中获得哪些收益；(4) 利益相关者认为项目的实施可能会给自己带来哪些不利影响；(5) 利益相关者认为自己能够为项目提供什么资源或支持；(6) 利益相关者对与其他主要利益相关者的关系有何看法。

第五步，进行利益相关者分析和评估。在调查或访谈的基础上，对利益相关者加以分析和评估是一项重要且核心的工作。这项工作的主要内容包括三个方面：(1) 利益相关者影响力评估；(2) 利益相关者重要性评估；(3) 利益相关者参与方式评估。

三、利益相关者分析和评估

分析和评估是利益相关者分析的主体内容。通过分析和评估，了解和把握不同利益相关者对于一个项目的重要性及地位，并根据他们与项目的关系，评估在项目实施过程中对不同利益相关者应采取的策略。对利益相关者的分析和评估主要由三部分构成，它们分别是影响力评估、重要性评估和参与方式评估。

利益相关者影响力评估是指对利益相关者在项目实施环境中对他人及利益格局产生影响的力量和程度进行评价。所谓影响力，是指个人或机构在一定环境中对他人或其他机构的行为选择、决定和利益格局产生影响的力量。影响力分为正的影响力和负的影响力。影响力与个人或机构所拥有的权力及行使权力的方式有密切关系。

准确、合理地评价利益相关者的影响力，需要采用较为科学、合理的评价标准。由于个体的和团体的利益相关者有一定差别，因此，对他们的影响力的评估需要采用不同的标准。在通常情况下，评估利益相关者影响力的标准如表 10-3 所示：

表 10-3 利益相关者影响力评估标准

个人影响力评估标准	机构或组织影响力评估标准
(1) 经济、社会和政治状况	(1) 在合法等级体系中的地位
(2) 群体组织化程度	(2) 领导的权威
(3) 拥有和控制的重要资源数量	(3) 控制关键性资源的数量
(4) 专业技术或技能水平	(4) 专业人才及其技术拥有水平
(5) 对其他人的依赖程度	(5) 谈判地位

利益相关者重要性评估是对利益相关者在计划推进的项目中的地位进行评价。所谓重要性，是指利益相关者在拟推进的项目中的地位及项目对其优先考虑的程

度。利益相关者的重要性大体分为高、中、低三等。

评判利益相关者的重要性程度，主要从这样几个方面进行：(1) 列出利益相关者与预期项目可能一致的利益需求；(2) 列出利益相关者与预期项目可能相冲突的利益需求；(3) 分析和描述利益一致或冲突的原因；(4) 根据预期项目目标和目的来评估各个利益相关者的重要性程度。

利益相关者的影响力与重要性之间，既有联系又有区别。影响力主要反映权力及其对项目的影响，重要性则主要强调利益相关者在项目中的地位及与项目的关系。以两者为两个维度，可以构成利益相关者影响力与重要性评估坐标图（见图 10-4），根据利益相关者在坐标系中的位置，可以对其进行综合分析和评价。

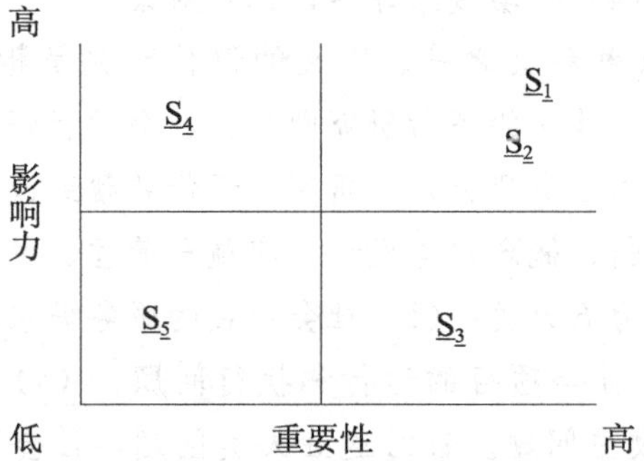

图 10-4　利益相关者影响力与重要性评估坐标图

利益相关者参与方式评估通常是在对利益相关者的重要性和影响力评估的基础上，综合评价主要的利益相关者与项目的关系，并根据这些关系的性质和特征来评估各个利益相关者在项目执行过程中各个阶段的参与方式。项目执行过程一般可分为三个阶段：项目设计阶段、项目实施阶段和项目监测阶段。利益相关者参与项目的方式大体可分为告知、咨询、合作及协商解决四种（见表 10-4）：

表 10-4　利益相关者参与方式评估

项目阶段	参与类型			
	告知	咨询	合作	协商解决
设计阶段	S_4	S_1　S_2　S_4	S_1　S_2　S_3	
实施阶段	S_1　S_4	S_1　S_2	S_1　S_2　S_3	S_1　S_2　S_4
监测阶段		S_1　S_2	S_1　S_2　S_3	S_1　S_2

对利益相关者参与方式的评估，一般要根据重要性和影响力两个维度来加以评估，即根据利益相关者在重要性与影响力构成的坐标系中的位置来评价。对不太重要的利益相关者一般采取“告知”的方式，对影响力较大的利益相关者通常采取“咨询”和“协商解决”的方式，对较为重要的利益相关者，通常在各个阶段都要与之保持“合作”关系。

作为一种定性分析的策略，利益相关者分析所提供的分析和判断属于一种较为抽象、笼统的概念。但在具体的调查和分析过程中，利益相关者分析则确立了一种视角和关怀，这种视角和关怀在确立有计划的社会行动或项目的重要策略和方向性问题上，提供了更具人文特征的取向。

本章要点

1. 行动研究或参与行动研究，是一种旨在改变个体或群体的某种问题或不利条件，研究者和当事人共同参与到具体行动方案之中以寻求解决问题途径的研究方式。行动研究的主要特点有：(1) 实践取向；(2) 参与性；(3) 协作性；(4) 反省性；(5) 价值性。行动研究的内容主要包括：(1) 诊断问题；(2) 行动方案设计；(3) 行动参与或干预；(4) 行动效果评估；(5) 对策计划。

2. 评估研究有广义和狭义之分。广义的评估研究是指所有探讨事件、事务、过程或人的价值的努力，狭义的评估研究则是指社会项目评估研究。社会项目评估研究是指评估研究者运用社会研究法，研究、评价并帮助改善社会项目的所有重要方面，包括社会问题诊断、概念化与设计、实施与管理、结果及其功效。社会评估的问题按项目主题可分为五大类：(1) 社会项目的服务需求问题；(2) 社会项目的理念和设计问题；(3) 社会项目的运行和执行问题；(4) 社会项目的结果问题；(5) 社会项目的成本-收益问题。针对这五大类问题，社会评估也可分为五类：需求评估、项目设计评估、项目过程评估、影响评估和效率评估。

3. 风险评估是指对具体的风险因素和风险影响进行评估。风险评估有两个核心要素：一是评估不安全事件发生的可能性或概率，二是评估突发事件造成危害或带来负面影响的程度。风险矩阵图法基于风险评估原理，将风险发生的可能性和风险影响的严重程度作为分析和判断风险及其水平的两个维度，并将这两个维度按照高低不等的水平加以交互分析，构成一个矩阵图，以此显示风险的特点和水平。风险等级评估是按照某种评价指标或评价标准，依据风险因素的实际情况，对可能的风险做出等级评判。

4. 焦点小组座谈是针对某个专题或问题，如贫困问题、医疗卫生问题，组织相关群体中的成员构成不同的小组并进行集体座谈和讨论，以此来获取或掌握有关问题第一手的具体信息，然后对这些由主体所提供的信息进行分析，探寻解决问题的理想对策。焦点小组座谈既包括按访谈提纲对小组成员进行访谈，也包括组织小组成员就焦点问题进行讨论，即把访谈和座谈巧妙地结合起来。焦点小组座谈是一种有着较好应用前景的研究方法和策略，目前在应用性研究尤其是市场调查、网络调查中得以广泛应用。

5. 利益相关者分析是指确定某个行动计划或某个项目所涉及的主要利益关系人和团体，调查了解不同利益关系人和团体对项目的利益需求，评价项目实施对这些利益相关者的利益需求可能产生的影响。利益相关者分析既包括调查、收集利益相关者的信息和资料，也包含利用这些信息和资料建立利益分析的逻辑框架和分析结果，为项目的设计和实施提供参考信息和依据。

关键概念

行动研究、反省性、第一人称研究、第二人称研究、第三人称研究、评估研究、社会项目、项目设计评估、项目过程评估、影响评估、效率评估、可行性评价、风险评估、风险矩阵图、风险等级、焦点小组座谈、三角验证法、利益相关者分析、首要利益相关者、次要利益相关者、影响力评估、重要性评估、参与方式评估

思考问题

1. 参与行动研究主要有哪些策略？应用这些策略在实践中有哪些具体要求？
2. 定性评估研究有哪些重要价值？
3. 什么是风险评估？评估风险等级有何意义？
4. 什么是焦点小组座谈？它有哪些优势？
5. 利益相关者分析有哪些应用价值？

推荐阅读书目

1. 邓津，林肯．定性研究：策略与艺术．重庆：重庆大学出版社，2007.

2. 罗西，弗里曼，李普希．项目评估：方法与技术（第 6 版）．北京：华夏出版社，2002.

3. 贝克．风险社会．南京：凤凰出版传媒集团，译林出版社，2003

4. BERG B. Qualitative research methods for the social sciences. New York：Pearson Education，2007.

5. SEALE C，et al. Qualitative research practice. London：Sage，2004.

主要参考文献

BAUDRILLARD J. Selecting writings. Stanford：Stanford University Press，1988.

BERG B. Qualitative research methods for the social science. New York：Pearson Education，2007.

BLAU P，DUNCAN O. The American occupational structure. New York：John Wiley & Sons，1967.

BLECHER M，SHUE V. Tethered deer：government and economy in a Chinese county. Stanford：Stanford University Press，1996.

DOUGLAS J D. Creative interviewing. CA：Sage Publications，1985.

GARFIKEL H. Studies in ethnomethodology. American sociological review，2008，33 (1).

GLASER B G. Basics of grounded theory analysis. CA：The Sociology Press，1992.

GLASER B，et al. The discovery of grounded theory：strategies for qualitative research. London：Weidenfeld and Nicolson，1968.

KOTTAK C. Anthropology. New York：McGraw-Hill，1994.

KOZINETS R V. Netnography：doing ethnographic research online. CA：Sage Publications，2009.

LIEBOW E. Tally's corner. Boston：Little，Brown，1967.

LINCOLN Y，CUBA E. Naturalistic inquiry. CA：Sage Publications，1985.

LOFLAND J，et al. Analyzing social settings. CA：Wadsworth，1971.

NEUMAN W L. Social research methods. Boston：Allyn and Bacon，1994.

PARSONS T，PLATT G. The American university. Harvard：Harvard University Press，1973.

PATTON M Q. Qualitative evaluation methods. CA：Sage Publications，1986.

PINK S. Doing sensory ethnography. London：Sage，2009.

PINK S. Doing visual ethnography. London：Sage，2001.

SPRADLEY J. The ethnographic interview. New York：Holt，Rinehart and Winston，1979.

STRAUSS A，CORBIN J. Basics of qualitative research：grounded theory procedures and techniques. CA：Sage Publications，1998.

WALLACE W. The logic of science in sociology. New York：Aldine Publishing Company，1971.

WERNER O，SCHOEPLE G. Systematic fieldwork. CA：Sage Publications，1987.

埃文思-普里查德．努尔人：对尼罗河畔一个人群的生活方式和政治制度的描述．北京：华夏出版社，2002.

奥尔森．如何进行资料收集．北京：中国人民大学出版社，2021.

巴比．社会研究方法：第 8 版（上，下）．北京：华夏出版社，2000.

巴伯．科学与社会秩序．北京：生活·读书·新知三联书店，1991.

巴顿．质的评鉴与研究．台北：台湾桂冠图书股份有限公司，1999.

北京大学社会学人类学研究所．社区与功能．北京：北京大学出版社，2002.

贝克．风险社会．南京：凤凰出版传媒集团，译林出版社，2003.

贝克尔．家庭经济分析．北京：华夏出版社，1987.

布迪厄，华康德．实践与反思：反思社会学导引．北京：中央编译出版社，1998.

陈向明．质的研究方法与社会科学研究．北京：教育科学出版社，2000.

丹皮尔．科学史：上册．北京：商务印书馆，1997.

邓金（邓津）．解释性交往行动主义．重庆：重庆大学出版社，2004.

迪尔凯姆．社会学方法的规则．北京：华夏出版社，1999.

迪尔凯姆．自杀论：社会学研究．北京：商务印书馆，1996.

费特曼．民族志：步步深入．重庆：重庆大学出版社，2007.

费孝通．乡土中国 生育制度．北京：北京大学出版社，1998.

弗雷泽．金枝．北京：大众文艺出版社，1998.

福柯．知识考古学．北京：生活·读书·新知三联书店，1998.

戈夫曼．日常生活中的自我呈现．杭州：浙江人民出版社，1989.

格尔茨．文化的解释．南京：译林出版社，1999.

格尔兹（格尔茨）．尼加拉：十九世纪巴厘剧场国家．上海：上海人民出版社，1999.

哈里斯．文化人类学．北京：东方出版社，1988.

哈维．地理学中的解释．北京：商务印书馆，1996.

汉森．发现的模式．北京：中国国际广播出版社，1988.

胡塞尔．现象学的方法．上海：上海译文出版社，1994.

怀特海．科学与近代世界．北京：商务印书馆，1959.

黄树民．林村的故事：一九四九年后的中国农村变革．北京：生活·读书·新知三联书店，2002.

黄宗智．清代的法律、社会与文化：民法的表达与实践．上海：上海书店出版社，2007.

卡麦兹．建构扎根理论：质性研究实践指南．重庆：重庆大学出版社，2009.

卡斯特．网络社会的崛起．3版．北京：社会科学文献出版社，2006.

科塞．社会冲突的功能．北京：华夏出版社，1989.

克利福德，马库斯．写文化：民族志的诗学与政治学．北京：商务印书馆，2006.

库恩．科学革命的结构．北京：北京大学出版社，2003.

拉德克利夫-布朗．社会人类学方法．北京：华夏出版社，2002.

赖特．阶级．北京：高等教育出版社，2006.

李沛良．社会研究的统计应用．北京：社会科学文献出版社，2001.

列维-斯特劳斯．结构人类学．上海：上海译文出版社，1995.

马尔库斯，费彻尔．作为文化批评的人类学：一个人文学科的实验时代．北京：生活·读书·新知三联书店，1998.

马克斯威尔．质的研究设计：一种互动的取向．重庆：重庆大学出版社，2007.

马林诺夫斯基．巫术科学宗教与神话．上海：上海文艺出版社，1987.

马凌诺斯基（马林诺夫斯基）．西太平洋的航海者．北京：华夏出版社，2002.

迈尔斯，休伯曼．质性资料的分析：方法与实践．重庆：重庆大学出版社，2008.

曼海姆．意识形态与乌托邦．北京：商务印书馆，2000.

米德．萨摩亚人的成年：为西方文明所作的原始人类的青年心理研究．杭州：浙江人民出版社，1988.

莫斯．礼物．上海：上海人民出版社，2002.

默顿．论理论社会学．北京：华夏出版社，1990.

默顿．社会研究与社会政策．北京：生活·读书·新知三联书店，2001.

诺思，托马斯．西方世界的兴起．2版．北京：华夏出版社，1999.

索绪尔．普通语言学教程．北京：商务印书馆，1980.

汤普森．英国工人阶级的形成（上）．南京：译林出版社，2001.

韦伯．经济与社会．北京：商务印书馆，1997.

韦伯．社会科学方法论．北京：华夏出版社，1999.

韦伯．新教伦理与资本主义精神．北京：生活·读书·新知三联书店，1987.

韦斯特马克．人类婚姻史．北京：商务印书馆，2002.

西美尔（齐美尔）．社会学：关于社会化形式的研究．北京：华夏出版社，2002.

夏夫利．政治科学研究方法．上海：上海世纪出版集团，2006.

休森，沃格尔，劳伦特．如何进行网络调查．北京：中国人民大学出版社，2021.

亚历山大．社会学二十讲：二战以来的理论发展．北京：华夏出版社，2000.

阎云翔．礼物的流动：一个中国村庄中的互惠原则与社会网络．上海：上海人民出版社，2000.

殷．案例研究：设计与方法．重庆：重庆大学出版社，2004.

尤伊克，西尔贝．法律的公共空间：日常生活中的故事．北京：商务印书馆，2005.

泽瑞尔．后现代社会理论．北京：华夏出版社，2003.

周星，王铭铭．社会文化人类学讲演集（上、下册）．天津：天津人民出版社，1997.

图书在版编目（CIP）数据

定性研究方法 / 陆益龙著 . -- 北京：中国人民大学出版社，2022.8（2025.8 重印）
新编 21 世纪社会学系列教材
ISBN 978-7-300-30838-8

Ⅰ.①定… Ⅱ.①陆… Ⅲ.①社会科学-研究方法-高等学校-教材 Ⅳ.①C3

中国版本图书馆 CIP 数据核字（2022）第 128351 号

新编 21 世纪社会学系列教材
定性研究方法
陆益龙 著
Dingxing Yanjiu Fangfa

出版发行	中国人民大学出版社		
社　　址	北京中关村大街 31 号	**邮政编码**	100080
电　　话	010－62511242（总编室）		010－62511770（质管部）
	010－82501766（邮购部）		010－62514148（门市部）
	010－62511173（发行公司）		010－62515275（盗版举报）
网　　址	http://www.crup.com.cn		
经　　销	新华书店		
印　　刷	天津鑫丰华印务有限公司		
开　　本	787 mm×1092 mm　1/16	**版　　次**	2022 年 8 月第 1 版
印　　张	16.5 插页 1	**印　　次**	2025 年 8 月第 3 次印刷
字　　数	340 000	**定　　价**	49.00 元

版权所有　侵权必究　　　印装差错　负责调换

关联课程教材推荐

书号	书名	作者	定价
978-7-300-30539-4	社会研究方法（第六版）	风笑天	69.90 元
978-7-300-26861-3	社会调查研究方法（第四版）	郝大海	48.00 元
978-7-300-26262-8	社会调查教程（第七版）	江立华 水延凯	58.00 元
978-7-300-20676-9	社会统计分析方法——SPSS 软件应用（第二版）	郭志刚	49.80 元
978-7-300-26569-8	农村社会学	陆益龙	49.00 元
978-7-300-27592-5	社会学概论新修精编本（第三版）	郑杭生 陆益龙	55.00 元

配套教学资源支持

尊敬的老师：

衷心感谢您选择人大版教材！相关的配套教学资源，请到中国人民大学出版社官网（www.crup.com.cn）下载。部分教学资源需要验证您的教师身份后，才可以下载，请您登录出版社官网后，点右上角“注册”，填写“会员中心”的“我的教师认证”项目，等待后台审核。我们将尽快为您开通下载权限。

如您急需教学资源或教材样书，也可以直接与我们的编辑联系：

龚洪训　　电话：010-62515637　　电子邮箱：6130616@qq.com

专业教师 QQ 群：

195761402（全国社会学教师 QQ 群）

欢迎您登录浏览人大社网站，了解图书信息，共享教学资源

期待您加入专业教师 QQ 群，开展学术讨论，交流教学心得